거시기 머시기

# 거시기 머시기

1판 1쇄 발행 2022. 4. 6.
1판 4쇄 발행 2022. 8. 26.

지은이 이어령

발행인 고세규
편집 심성미 디자인 박주희 마케팅 백미숙 홍보 이한솔
발행처 김영사
등록 1979년 5월 17일(제406-2003-036호)
주소 경기도 파주시 문발로 197(문발동) 우편번호 10881
전화 마케팅부 031)955-3100, 편집부 031)955-3200 | 팩스 031)955-3111

값은 뒤표지에 있습니다. ISBN 978-89-349-6162-8 03700

홈페이지 www.gimmyoung.com 블로그 blog.naver.com/gybook
인스타그램 instagram.com/gimmyoung 이메일 bestbook@gimmyoung.com

좋은 독자가 좋은 책을 만듭니다.
김영사는 독자 여러분의 의견에 항상 귀 기울이고 있습니다.

이어령 의

말의 힘
글의 힘
책의 힘

이어령 지음

거시기
머시기

김영사

**일러두기**

· 총 8편의 원고 가운데 〈집단 기억의 잔치 카오스모스의 세상〉을 '여는 글'로 삼았다.
· '제6회 세계번역가대회 기조 강연'의 경우 저자가 손수 정리한 강연용 원고는 제7장에
  실었고, 저자의 현장 강연 녹취록은 부록으로 실어 실제 강연의 생생함을 전달하고자
  했다.
· 저자는 본서 편집 중에 영면에 들었다.

세상에 단 한 권의 책이 있다면
우리에게 끝없이 속삭이고
끝없이 책을 읽게 만들고 쓰게 하는
큰 힘을 가진 책일 것입니다.

# 집단 기억의 잔치
# 카오스모스의
# 세상

: chaos × cosmos × osmose

여는 글

제5회 광주디자인비엔날레 주제 강연(2013년 9월). 이 강연은 주제어 '거시기 머시기'를 만든 이영혜 총감독의 제안으로 이루어졌다.

●

　　머릿속에 언뜻 떠오르는 것이 있다. 밤과 낮 사이의 노을처럼 어렴풋이 빛나는 것들. 그런데 그 이름이 생각나지 않는다. 가슴속에 잔잔히 흐르는 것이 있다. 물과 빛 사이의 안개처럼 번져가는 것들이다. 하지만 그 형상을 잡을 수가 없다.

　이름으로 부를 수도 없고 숫자로 측량할 수도 없을 때, 하지만 그것을 꼭 겉으로 나타내야만 할 때 당신은 어떻게 하는가.

　침묵.

　그렇다. 침묵도 표현의 하나다. 하지만 그것들은 너무 빠른 걸음으로 왔다 신속히 사라진다. 더 이상 침묵 속에 가둬둘 수 없을 것이다.

　말해야만 한다. 그 의미와 형상을 보여주기 위해서 그것에 이름과 형태를 부여해야 한다. 그런데 그것은 여전히 노을 안에 있고 안개 속에서 명멸한다. 처음부터 그것들은 이름도 형상도 없었는지 모른다.

　그럴 때 우리는 말을 더듬다가 잠시 고향을 생각한다. 그리고 너 나 할 것 없이 친구들과 사투리로 이야기하던 시절을 기억한다. 그 순간 바로 '거시기 머시기'란 말이 나타날 것이다.

　더듬던 말이 곤충의 더듬이(촉각)처럼 탐색하기 시작한다. 아무리 애매하고 복잡한 것이라고 해도, 오래된 과거나 먼 미

래의 낯선 풍경이라 해도 '거시기'라고 하면 그들은 미리 알
고 머리를 끄덕일 것이다. '머시기'라고 하면 말을 듣기도 전
에 미소를 지을 것이다. 한쪽은 암시하고 다른 쪽은 짐작한
다. 그래서 '거시기와 머시기'는 서로 공유하고 있는 집단 기
억에 접속하는 ID이고 비밀번호다.

　하지만 한국말의 경우, 특히 전라도 지역에서 많이 쓰는 '거
시기 머시기'는 단순히 구멍난 기억력을 땜질하는 대용 언어
가 아니다. 무슨 말이 얼른 생각나지 않거나 직접 대놓고 말
하기가 거북할 때 쓰는 토박이 말vernacular은 어느 나라에나
다 있다. 영어에서는 '그거 뭐라고 하지what you may call it'
의 준말인 'whatchamacallit'이 바로 그것이다. 캔디나 초콜
릿 이름 혹은 모자나 티셔츠의 치장 문자나 노래 제목에도 등
장하는 것을 보면 일상적으로 흔히 쓰는 말이라는 것을 알 수
있다.

　기억이란 망각의 과정이라고도 하듯이 말할 때 생각나지
않는 말이 생기는 것은 누구에게나 있고 어느 나라에도 있는
법이다.

　하지만 '거시기 머시기'는 다르다. 망각된 이름을 메우는
대명사의 용도만이 아니다. 한국말에는 이것도 저것도 아닌
흑백의 경계를 넘어선 애매하고 이상한 말들이 많다. 같지도
다르지도 않은 것을 뜻하는 '엇비슷'이 그렇고 서지도 앉은

것도 아닌 '엉거주춤'이라는 말이 그렇다.

'거시기 머시기'도 그런 탈경계를 나타내는 애매어ambiguity 가운데 하나다. 동시에 그것은 언어적 소통과 비언어적 소통의 아슬아슬한 경계선에서 줄타기를 하는 곡예의 언어이기도 하다.

이미 알고 있는 말로는 설명할 수 없을 때 그 답답함을 나타내는 주어가 '거시기'이고 언어로는 줄 긋기 어려운 삶의 의미를 횡단하는 행위의 술어가 '머시기'다. 그래서 한국인들은, 특히 전라도 지역의 사람들은 단지 이 두 마디 말만 가지고서도 서로의 복잡한 심정과 신기한 사건들을 교환할 줄 안다.

이항 대립으로 구축된 유럽 문화 풍토에서 '거시기 머시기'와 유사한 말이 나타나려면 적어도 제임스 조이스의 그 난해한 소설이 등장할 때까지 기다리거나 혹은 들뢰즈와 같은 후기구조주의자들의 낯선 담론을 이해할 때까지 참아야 할 것이다. 카오스chaos의 혼돈과 코스모스cosmos의 질서가 그 경계를 허물고 그 대립된 의미를 침투osmose시켜서 만들어낸 '카오스모스chaosmose'라는 신조어가 나타날 때까지 말이다.

'거시기 머시기'는 한국 민중이 오랫동안 사용해온 토착어다. 그것을 유럽의 학술어로 나타내자면 소설가 제임스 조이스가 만들고 후기구조주의 철학자들이 활용한 'chaosmose'라는 용어가 될 것이다. 물론 'chaos×cosmos×osmose'의 세 단어를 합성해서 만든 조어다. 그런데 이러한 말이 의미를 갖기 위해서는 서로가 지니고 있는 집단 기억을 나누고 그것을 문화 자본으로 삼을 때 가능해진다. 광주디자인대회에서 벌어지게 될 언어와 비언어 간의 탈경계를 통해서 우리는 글로벌한 집단 기억을 창조하게 될 것이다.〔이 문단은 이 글 전체에 대한 각주였으나 본문에 풀어 넣었다—편집자 주〕

우리는 카오스와 코스모스의 이분법으로 더 이상 분리될 수 없는 세상에서 살고 있다. 우리는 그 경계의 반란자들과 동반자가 되고 혼란과 질서가 겹쳐진 그 상태에서 새로운 창조의 힘을 가져와야 한다. 그러니까 '거시기 머시기'나 '카오스모스'는 절대적인 가치가 존재하지 않는 이 시대를 살아가는 암호이고 그것을 실행하는 생각 장치라 할 수 있다.

2년마다 열리는 광주디자인비엔날레에는 명확한 주제어가 설정되어 있다. 하지만 이번에는 그런 주제의 울타리가 없는 '거시기 머시기'다. 울타리의 경계를 부수는 반란의 언어가 시작된 것이다.

그래서 이 대회에 참가하는 모든 사람은 서로의 생각과 느낌을 더듬고 찾아내야 하는 상상력과 추리력 그리고 막연하고 애매한 것들을 짐작하고 이해하고, 그래서 함께 나눌 수 있는 집단 기억을 만들어내야만 한다. 그것이 진정한 창조이고 아름다움이다.

모든 사람이 거시기하여 기립 박수를 받을 수 있는 머시기
를 만들어내게 될 것이다. 왜냐하면 지금 누구나 다 거시기를
머시기하고 있기 때문이다.

# 1

# 헴록을 마신 뒤에
# 우리는 무엇을
# 말해야 하나

: 정보, 지식, 지혜

●

　　30대에 이미 두 권의 명저를 내어 유명인사가 된 요
제프 슘페터는 "당신은 진정 어떤 사람으로 기억되기를 바라
는가"라는 질문에 이렇게 대답했습니다. "유럽 미녀들 사이
최고 연인, 유럽 최고 승마인, 그다음으로는 세계 최고의 경
제학자로 기억되고 싶다."

　　그러나 하버드대학교에서 마지막 강의를 하던 무렵 똑같은
질문에 66세의 그는 다른 대답을 했습니다. "대여섯 명의 우
수한 학생을 일류 경제학자로 키운 선생으로 남고 싶다. 나도
이제는 책이나 이론으로 기억되는 것만으로는 충분하지 않다
는 것을 깨달을 나이가 된 것이다. 사람의 삶을 진정으로 변
화시킬 수 없는 책이나 이론이 대체 무슨 소용이 있겠는가."

　　한국 나이로 69세에 교단을 떠나는 이 자리에서 누가 나에
게 그런 질문을 했다면, 나는 슘페터와 똑같은 대답을 했을
것입니다. 그리고 아마도 《흙 속에 저 바람 속에》와 같은 베
스트셀러로 막 유명인이 되던 30대 무렵이었다면 역시 슘페
터처럼 그저 인기인이 되고 싶다고 말했을 것입니다.

　　그렇습니다. 나를 그렇게 변화시킨 것은 40년 가까이 이화
여자대학교에서 강단 생활을 해온 체험과 그 나이 때문이라
고 말할 수 있습니다.

## 사지선다의 덫에 걸린 〈진달래꽃〉

이화대학 교수 생활은 내가 처음 대학 입학 시험 감독을 맡았을 때 받았던 충격에서부터 시작됩니다. 국어 시험문제 가운데 김소월의 〈진달래꽃〉 주제를 묻는 문제가 사지선다형으로 출제되었는데, 놀랍게도 항목들 어느 것 하나도 선택하기 힘들었습니다. 모든 항목에 동그라미표를 달 수 있고 모든 항목에 가위표를 달 수도 있었던 것입니다.

그러나 더욱 놀라웠던 것은, 수험생들은 아무런 의심 없이 정답을 찾아내 동그라미를 치고 있었고, 그 뒤에 그것이 '무즙' 사건처럼 잘못된 시험문제라고 항의하는 소동도 일어나지 않았다는 사실입니다.

이미 사람들은 아무리 복잡한 의미를 지닌 시에 관한 문제라 할지라도 '○×'식으로 출제되는 사지선다식 시험 방식에 익숙했던 것입니다. 시의 언어도 수학의 숫자와 마찬가지로 분명한 하나의 정답으로 처리될 수 있다고 배워왔던 것입니다.

"요즘 젊은이들은 한 사람을 놓고서는 맞선을 볼 수 없다"는 농담이 있습니다. 사지선다형 시험만을 쳐 버릇해서 선을 볼 때에도 네 사람의 후보자가 앞에 있어야만 그중 하나를 고를 수 있다는 것입니다. 웃을 일이 아니지요. 〈진달래꽃〉의 의미를 사지선다로 가린다는 것은 네 사람을 앉혀놓고 선을 보는 광경과 별로 다를 게 없습니다.

우리가 지금까지 추구해온 근대 산업주의의 모델은 '공장'입니다. 공장에서는 여러 사람이 같은 시간에 모여 컨베이어 벨트 작업 라인에서 일을 합니다. 프레더릭 테일러가 생각해내고 헨리 포드가 실천했던 획일성, 반복성, 그리고 분업화와 규격화를 토대로 한 대량생산 체제입니다. 관현악단을 음악 공장이라고 불렀던 앨빈 토플러의 말대로 하자면 학교는 '교육 공장'이라고 할 수 있습니다.

농업과는 달리 시스템화한 공장 노동 작업 방식에서 가장 중요한 것은 공원들이 같은 시간에 작업 라인에 모이는 일입니다. 학교에서 가장 먼저 배우는 것이 바로 함께 모이는 훈련입니다. 그것이 바로 "학교 종이 땡땡땡, 어서 모여라, 선생님이 우리를 기다리신다"라는 동요입니다. 초등학교에서 시작하여 대학교에 이르는 그 단계별 교육과정은 컨베이어 시스템 공정과 같습니다.

졸업장은 제품의 보증서와 같습니다. 번호와 도장이 찍힌 것까지도 같으며, 공장 도장이 찍힌 자리에 학교장 도장이 찍힌 것까지 같습니다. 학교가 공장과 다른 것이 있다면 반품을 받지 않는다는 점과 애프터서비스가 없다는 점이지요.

이러한 '붕어빵 교육'의 뿌리를 거슬러 올라가면 불을 끄고도 똑같은 모양으로 가래떡을 써는 한석봉의 어머니와 만나게 됩니다. 한석봉의 어머니는 공장의 숙련공과 매한가지입니다. 글공부도 그렇게 반복해왔던 거지요.

이 세상에는 똑같이 생긴 돌이란 존재하지 않습니다. 헤르만 헤세의 말대로 돌은 하나하나가 완성되어 있습니다. 벽돌이나 기왓장은 그렇지가 않습니다. 하나가 부서져도 규격이 같은 다른 것으로 갈아 끼울 수 있습니다. 그러나 돌 하나가 깨지면 그 자리만큼 지구는 비어 있게 됩니다.

> "이 세상에는 똑같이 생긴 돌이란 존재하지 않습니다. 벽돌 하나가 부서지면 규격이 같은 다른 벽돌로 갈아 끼울 수 있지만 돌 하나가 깨지면 그 자리만큼 지구는 비어 있게 됩니다."

어떤 것으로도 대체할 수 없는 '나'의 세계를 노래하는 것이 시요, 문학이라고 할 수 있습니다. 정치, 법, 경제에서는 '베스트 원'을 추구하지만 문학과 예술의 세계에서는 '온리 원'을 지향합니다. 장미를 맨 먼저 미녀에 비유한 사람은 천재이지만 그것을 두 번째 말한 사람은 바보입니다.

제 말이 너무 추상적으로 들린다면 라파엘로 산치오의 일화를 생각해보면 됩니다. 왕은 재상에게, 천장화를 그리기 위해 라파엘로가 딛고 선 사다리를 잡아주라고 했습니다. 재상이 불만을 표하자 왕은 이렇게 대답합니다. "잔소리 말게. 자네 목이 달아나면 얼마든지 다른 사람이 재상 자리를 대신할 수 있지만 라파엘로의 목이 부러지면 저 그림을 대신 그려줄 사람은 이 세상에 한 사람도 없다네."

그러므로 시의 의미를 단순화하여 사지선다식으로 풀어가
는 한국의 교육 풍토에 분노를 느끼고, 그것과 싸우는 것이 대
학과 내 강의의 존재 이유라고 생각하게 된 것입니다. 더구나
지적으로 자유로워야 할 대학마저도, 다른 학문보다도 상상력
과 독창성에 있어서 창조적이고 다채로워야 할 문학 강의실마
저도 획일화된 이데올로기나 정형화한 학설이 지배적이었다
는 것을 솔직히 인정하지 않을 수 없는 상황이었습니다.

근대화나 산업화의 여파만이 아니라 식민주의 전쟁, 그리
고 독재와 같은 불행한 상황을 겪는 동안 절대에 가까운 정치
적 명제와 그 이슈가 하나의 이데올로기를 만들어내고 그 틀
에 의해서 문학이 재단되는 일을 감당해야만 하는 상황이었
던 것입니다. 문학이 하나의 이데올로기에 의해 재단되고 순
수냐 참여냐, 좌냐 우냐 하는 이분법의 흑백논리에 의해서 머
리도 가슴도 도배되던 때였습니다.

## 흑과 백 사이, 그레이 존

그래서 나는 교양국어나 시론 시간에는 으레 김소월의 〈진달
래꽃〉을 분석하는 일부터 시작하려고 했습니다. 한국 사람이
라면 〈진달래꽃〉을 모르는 사람은 없을 것입니다. 그리고 백

이면 백 모든 사람이 그것을 '이별을 노래한 시'라고 믿고 있습니다. 그러나 초등학생의 국어 실력 정도만 가지고 선입견이나 고정관념 없이 조심스럽게 이 시를 다시 읽어보면 그것이 단순한 이별가가 아니라는 것을 곧 알게 될 것입니다.

우선 〈진달래꽃〉의 모든 시제가 미래추정형이라는 데 주목해야 합니다. "나보기가 역겨워 가실 때에는"이 그렇고, "말없이 고이 보내오리다"가 그렇습니다. "뿌리우리다" "흘리우리다" 모두 예외 없이 미래 시제입니다. 그러니까 이 시를 노래하고 있는 화자는 이별과는 정반대로 열렬한 사랑을 하는 중입니다. 현재의 임은 역겨워하지도, 떠나지도 않았지요. 영어로 번역할 때에 분명 "If you go away", 즉 If 가정법으로 시작하는 시입니다.

　말하자면 동쪽을 가리키고 서쪽을 치는 '지동격서指東擊西' 구조의 시인 것입니다. 종래의 〈가시리〉형의 이별가로 고쳐 쓴다면 "나 보기 역겨워 가시는 임이여, 말없이 고이 보내드리옵니다" 아니면 "나 보기가 역겨워 가신 그대를 말없이 고이 보내드리었지요"와 같이 현재형이나 과거형 진술일 것입니다. 그것은 분명한 이별가입니다.

　하지만 미래추정형의 가정적 체험을 읊은 〈진달래꽃〉은 현실적으로는 이별 아닌 사랑 체험의 기쁨을 노래한 것이라고 볼 수 있습니다. 시가 아니라 러브레터에 이 같은 사연이 적

혀 있다면 누구나 이별의 슬픔을 예고한 것이 아니라, 얼마나
자기를 사랑하고 있는가 하는 고백으로 받아들일 것입니다.

그렇지요. 가장 지고한 사랑의 기쁨을 가장 슬픈 이별의 상
태로 표현하고 있는 이 시는 모든 언어의 뜻이 이중적이라는,
아이러니 구조임을 알려줍니다. 산문의 언어가 한 가지 의미
로 되어 있는 '모노세믹monosemic'(단일 기호)이라면, 시의 언
어는 〈진달래꽃〉의 경우처럼 구조적으로 '폴리세믹polysemic'
(복합 기호)이라는 것입니다.

이러한 시의 이중적이고 아이러니한 의미 파악에 익숙해지
면 사물의 의미나 느낌을 흑백으로 재단하는 것이 얼마나 큰
오류인가를 스스로 깨닫게 될 것입니다. 동시에 다기호 체계
인 시의 공화국에서는 흑백 사이에 존재하는 어렴풋한 반원
에 해당하는 '회색'이 기회주의자를 상징하는 빛이 아니라는
것을 깨닫게 될 것입니다. 시의 공화국에서는 그 '그레이 존
gray zone'이야말로 새로운 의미를 창조하고 삶의 체험을 깊
게 하는 이상향이라는 것입니다.

그러니까 사랑의 기쁨과 이별의 정한을 복합적으로 담고
있는 노래인 김소월의 시를 사지선다형 단문으로 예스냐 노
냐로 물을 때 그 어느 것에도 동그라미를 그리거나 가위를 칠
수 없게 되는 것입니다. 이 시의 구조를 무시하면 "죽어도 아
니 눈물 흘리우리다"라는 표현의 문자 그대로, 눈물을 참는

한국 여성의 부덕婦德을 나타낸 것으로 풀이되고 맙니다.

시의 수사와 그 구조 속에서는 부정을 강하게 할수록 그 전달은 긍정적으로 들립니다. "죽어도"와 "아니 눈물"의 강력한 겹치기 부정은 거꾸로, 도저히 눈물을 흘리지 않고서는 맞을 수 없을 것 같은 이별의 절실한 슬픔을 전달하게 됩니다.

그러니까 이 시의 복합적인 아이러니를 모르면 떠나는 임을 위해서 눈물조차 보이지 않으려는, 그리고 그 이별의 슬픔을 감추고 참는 한국 여성의 부덕을 노래한 것이라고 풀이하게 될 것입니다. 그래서 딱하게도 음악을 모르는 음치처럼 시치詩痴가 되고 마는 것이지요.

김소월은 〈진달래꽃〉만이 아니라 거의 모든 시에서 반대의 일치를 노래하고 있는 아이러니의 시적 구조를 보여줍니다. 그래서 높이 평가받는 국민적인 시인이 된 것입니다. '피다'와 '지다'는 흑백 양분법의 세계에서는 서로 양립 불가능한 반대말입니다. 하지만 김소월의 시적 공간인 '청산'에 들어오면 '피다'와 '지다'는 동일어가 되고 맙니다.

그 유명한 〈산유화〉의 시작 연에는 "꽃이 피네 꽃 피네 갈 봄 여름 없이 꽃이 피네"라고 되어 있고, 끝 연에는 정반대로 "꽃이 지네 꽃 지네 갈봄 여름 없이 꽃이 지네"라고 되어 있습니다. 동일한 구조의 진술문인데 하나는 '피다', 하나는 '지다'입니다. 그래서 정말 어느 시치가 편찬한 김소월 시집에는 그것이 오식인 줄 알고 마지막 연의 "지네"를 "피네"로 정정해서 꾸민 두찬杜撰도 있습니다.

　피고 지는 것이 하나가 되는 김소월의 청산 구조 속에서는 만남과 이별도, 삶과 죽음도 하나가 됩니다. 이 '반대의 일치'는 임과 만나던 때도 비단 안개였고 임과 헤어지던 때도 비단 안개라고 말한 시 구절에서도 잘 드러나 있습니다. 만남과 헤어짐이 비단 안개라는 하나의 촉매어에 의해서 연결되어 있습니다. 이때의 비단 안개는 기쁨인가요, 슬픔인가요. 김소월의 시는 'ㅇㅅ'로 답할 수 없는 그레이 존에서 탄생한 것이지요.

　김소월의 〈진달래꽃〉은 비단 안개처럼 이별을 노래한 시도 사랑의 만남을 찬미하는 시도 아닌, 그 어느 쪽의 시라고도 할 수 없습니다. 만남 속에 이별이, 이별 속에 만남이 있는, 사람의 복합적인 그레이 존에 도달하기 위해서 우리는 그것을 이별가라고 단정하고 동그라미표를 치는 교육과 고정관념에서 벗어나야 합니다. 그리고 그럴 때 가장 필요한 것이 김소월 읽기요, 시 읽기요, 나아가서는 삶의 읽기입니다.

　그런데도 '역사 바로 세우기 운동'은 일어나도 '시 바로 세우기 운동'이 벌어졌다는 소문은 들은 적이 없습니다. 역사의 고정관념이라는 벽을 허물기 위해서는 혁명과 같은 망치(권력)가 필요할지 모릅니다. 그러나 시의 의미를 가두는 고정관

넘의 철조망을 끊기 위해서는 강철의 가위를 마련해야 할 것입니다. 비유가 아닙니다. '가위바위보'의 그 가위 말입니다.

## 가위의 역할

어렸을 때부터 어떤 틀이나 일정한 이데올로기를 통해 문학을 읽도록 훈련된 사람들에게 흑백논리의 가시철망을 끊고 무한한 상상의 벌판으로 나가도록 하기 위해서는 역시 어렸을 때부터 몸에 익힌 가위바위보의 그 가위가 어떤 역할을 하는 것인지를 일깨워주어야 합니다.

보십시오. 손가락을 모두 닫으면 주먹이 되고 그것을 반대로 모두 펴면 보자기가 됩니다. 이런 게임에서는 결론이 아주 쉽고 뻔합니다. 주먹 아니면 보자기의 흑백에서는 이기고 지는 관계가 이자二者로 되어 있어 결정적입니다.

하지만 어떻습니까. 손가락의 반은 닫고 반을 열면 주먹과 보자기 사이에 가위가 생겨나고, 그 가위 때문에 그 게임은 다이내믹한 순환 운동을 하게 됩니다. 보자기는 주먹을 이기고 주먹은 가위를 이깁니다. 거꾸로, 가위는 주먹을 이긴 보자기를 이깁니다. 가위바위보에는 관계만이 있을 뿐 그 어떤 것도 정상에 선 절대적인 승자는 될 수 없습니다.

뉴턴 물리학은 주먹과 보자기 같은 이자 간의 천체 운동을

"보자기는 주먹을 이기고 주먹은 가위를 이깁니다. 거꾸로, 가위는 주먹을 이긴 보자기를 이깁니다. '가위바위보'에는 관계만이 있을 뿐 그 어떤 것도 정상에 선 절대적인 승자는 될 수 없습니다."

법칙화한 것입니다. 그것은 숫자에 의해서 계산되고 일정한 법칙에 의해서 공식화할 수가 있습니다. 그러나 주먹과 보자기의 가운데에 가위가 낀 삼자三者 사이의 운동은 숫자로 기술하거나 하나의 공식으로 묶어둘 수가 없는 것이지요. 앙리 푸앵카레는 그것을 풀어보려고 하다가 결국 실패하고 맙니다.

하지만 컴퓨터를 이용하면 삼자 간의 복잡한 운동을 그래픽으로 도형화할 수가 있고, 퍼지 이론을 이용하면 무질서 속의 질서를 찾아낼 수도 있습니다. 오늘날에는 과학에서도 주먹과 보자기만의 흑백의 세계는 통용되지 않습니다. 실체론에서 관계론으로 옮겨가고 있는 상대성이론이나 삼자 간 운동의 카오스이론, 그리고 여러 분야가 함께 링크되어 복잡과학으로 변화해가고 있는 것이 바로 그것이지요.

보십시오. 누가 주먹을 내밉니다. 대체 그 실체에 무슨 의미가 있습니까. 가위바위보의 게임 구조 속에서만 비로소 그것은 하나의 의미를 지니게 됩니다. 상대가 가위를 내면 이기는 주먹이 되고, 상대가 보자기를 내면 반대로 지는 주먹이

됩니다. 이 관계의 그물망에서 건져내는 무수한 의미의 변화
와 복합성이 지금 우리가 살아가야 할 탈근대, 탈산업사회의
조건이 되어가고 있는 것입니다.

　가위바위보는 동양에서 서양으로 건너간 거의 유일한 놀
이라고 할 수 있습니다. 그런데 신기한 것은 오늘날 인터넷을
검색해보면 한국 홈페이지에는 눈에 별로 띄지 않지만 영어
홈페이지에는 'tell and show'라는 키워드로 제법 많이 뜨고
있습니다. 실제로 미국에서는 가위바위보 놀이가 유치원 아
이들에게 서로 상대적으로 긴밀하게 연결되어 있는 오늘날의
네트워크 사회를 인식시키고 체험하게 하는 교육 프로그램의
하나로 이용되기도 하고, 실체론에서 관계론으로 변해가는
문명 패러다임에 적응하기 위한 정신 치료의 요법으로 응용
되기도 하는 모양입니다.

　사실 내가 이화에서 30년 이상 해온 문학 강의 또는 그 문
화론들은 즐거운 가위바위보 놀이였다고 정의할 수도 있습니
다. 'homeostatic'(항상성)의 근대 체험을 'homeodynamic'
(역동성)의 후기 근대 문명 체험으로 바꾸어놓는 작업이자 "두
눈으로 봐도 보이는 사물은 하나다"라는 복안의 사유였던 것
입니다. 그리고 그것을 가장 가능하게 하는 것이 김소월의 시
읽기였던 셈이지요.

　하지만 최루탄과 대자보 사이에서 잠시도 편할 날이 없었

던 학원에서는 흑백 아니고는 어디에도 발을 디딜 만한 그레이 존이 없었던 것입니다. 그런 상황에서 시적 아이러니와 복합적인 언어 체험에 대해 말한다는 것은 역사적 체험에서 도피하는 것이며, 치열한 흑백 대결 속에서 기회를 엿보는 비겁한 회색분자로 오해되거나 지탄받기 쉽습니다.

아무리 정의로운 싸움이라고 해도 동물과 새가 패를 갈라 싸우는 것 같은 양극의 갈등 구조 속에서는 진리의 진리를 얻을 수가 없습니다. 거기에 평화의 길을 놓는 것은 '역逆박쥐'의 역할입니다.

새들에게는 쥐처럼 생겼지만 그들과 같은 날개를 지니고 있다는 것을 보여주고, 동물들에게는 새처럼 생겼지만 그들과 같은 짐승의 몸을 하고 있다는 것을 보여주고 알려주는 것입니다. 새와 동물 속에 있는 그레이 존으로 그들을 융합하고 화합하여 좀 더 넓은 생명의 계보에 이르게 하는 것입니다.

이 역박쥐의 역할을 하는 것이 바로 정보입니다. 새와 짐승에게 있어 고정관념과 자신이 속한 영역의 벽을 허물 수 있게 하는 것이 역박쥐의 정보 역할입니다. 정보는 지식처럼 축적하는 데 그 가치가 있는 것이 아니라 낯선 것의 새로운 유통에 있는 것이라고 할 수 있습니다. 참된 박쥐는 짐승이나 새의 한 영역 '속'에서 살아가는 것이 아니라 그 영역과 '더불어' 살아가는 존재라고 말할 수 있습니다. 즉 에드워드 사이드가 지식인을 정의한 대로 'live in'이 아니라 'live with'라고 할 수 있습니다.

　지금까지의 모든 이

"역박쥐는 새와 동물 속에 있는 그레이 존으로 그들을 융합하고 화합하여 더 넓은 생명의 계보에 이르게 합니다."

별 노래는 과거형 아니면 현재형으로 진술되어 있습니다. 그러나 김소월의 〈진달래꽃〉만은 그것이 미래추정형으로 되어 있습니다. 말하자면 이별의 슬픔이 현실 체험이 아니라 가상 체험입니다. 사랑의 만남과 기쁨이 정반대로 이별의 고통과 슬픔으로 표현될 때, 그 만남과 이별의 그 중간에는 참으로 오묘하고 깊은 그레이 존이 만들어집니다.

## 역설의 발상

사랑을 생으로, 이별을 죽음으로 대치해보면 김소월의 시적 아이러니는 인간의 삶 전체의 공간으로 확대될 수 있습니다. 한마디로 그것은 '죽음'을 통해서 '생'을 말하는 역설의 발상인 것입니다. 그리고 그것이 김소월의 특징만이 아니라 한국 문화의 밑바닥에 깔려 있는 기저음이라는 것을 알게 됩니다. 한국인들은 기쁠 때도 슬플 때와 마찬가지로 '죽음'이라는 말을 사용합니다. "슬퍼 죽겠다"는 말과 함께 "좋아 죽겠다"라

는 말도 씁니다. 때로 죽음은 부정이 아니라 극상의 긍정어가
되기도 합니다. 아주 만족스러운 공연을 보거나 감동적인 광
경을 볼 때 한국인의 감탄사는 "죽여준다"는 것입니다. 이렇
게 한국말에서는 무엇을 강조하거나 최상급의 상태로 말할
때에 '죽는다'는 표현을 많이 사용합니다.

　〈진달래꽃〉의 마지막 연에 나오는 "죽어도 아니 눈물 흘리
우리다"가 바로 그것입니다. 그러니까 김소월의 "죽어도 아
니 눈물 흘리우리다"라는 것은 시적 표현이라기보다 한국인
이면 누구나 잘 쓰는 관용어입니다. "죽어도 아니 한다" "죽
어도 안 가겠다"처럼 아주 흔하게 쓰이는 말입니다.

　그래서 그와 같은 한국적 표현을 잘 모르는 사람이 이 대
목을 영어로 번역하면 "I will weep no tears, though I die
without you"와 같은 기상천외의 시가 나옵니다. 그것을 우
리말로 다시 옮겨보면 "당신 없이 내가 죽는다 해도 눈물을
흘리지 않고 울겠노라"가 될 것입니다. 저명한 영문학자가,
그것도 김소월의 시집 전체를 번역한 전문가가 한 번역이라
고는 도저히 믿기지 않습니다. 이러한 오역이 생겨난 것은 번
역자의 잘못만이 아니라 그만큼 '죽음'이라는 말을 유별나게
쓰고 있는 한국 문화의 특성에서 생겨난 것이라고 할 수 있을
것입니다.

　'죽음'이란 말은 어느 나라에서도 조금씩은 다 금기어로 되

어 있습니다. 아침에는 "졸려 죽겠다"고 말하면서 일어나고, 저녁에는 "피곤해 죽겠다"고 말하며 직장에서 돌아오는 한국인들도 4층이 없는 아파트에서 사는 일이 많습니다. 4층의 4가 '사死'와 음이 같기 때문입니다.

그래서 이 금기어를 사용한다는 것은 일종의 극약 처방과도 같은 효과라고 할 수 있습니다. "죽어도 아니 눈물 흘리우리다"의 '죽어도'는 눈물을 흘리지 않겠다는 '아니'의 부정어를 극한까지 끌어올리는 증폭기의 역할을 하는 관용어인 것입니다. 말하자면 '절대로'와 같은 의미를 지니고 있는 말입니다. 그러한 점에서 보면 정몽주 선생의 〈단심가〉야말로 〈진달래꽃〉의 원조라고 할 수 있을 것입니다. 〈단심가〉를 다시 한번 읊어보십시오. 대체 죽음이라는 말이 얼마나 많이 나오고 있는가.

"이 몸이 죽고 죽어"라고 죽음을 반복하고서도 부족하여 "일백 번 고쳐" 죽는다고 말하고 있는 것입니다. 그러니까 몇 마디 안 되는 시조에 죽음이라는 말이 백 번도 더 나오는 셈입니다. 죽고 난 뒤의 백골까지 진토가 되고 무형의 넋까지 없어지는 그 극한 상황 절대의 빙점까지 몰아가는 죽음의 증폭 작용을 보여주고 있습니다. 그리고 그러한 죽음의 증폭 장치는 바로 "임 향한 일편단심"을 위해서입니다. 그래서 정몽주의 일편단심一片丹心은 백골과 진토를 불사르며 붉게 타오릅니다.

정몽주의 후예들은 지금도 일상적으로 어떤 생각이나 마음의 절대 상태를 나타내려고 할 때 '죽는다'는 표현을 자주 씁니다. 서구 사람들은 신을 두고 맹세하지만 한국 사람은 죽음을 두고 맹세하는 일이 많습니다. 죽으면 아무것도 할 수 없는데도 "앞으로는 죽어도 하지 않겠다"라든가 "죽어도 널 버리지 않겠다"라는 말을 하는 것입니다. 언어 습관을 보아도 한국말에서는 죽는 것이 사는 것보다 서열상 앞에 오는 경우가 많습니다. "죽자 살자로 사랑한다"거나 "죽기 아니면 살기"라고 합니다. 그래서 한국어에서는 생사결단이라고 하지 않고 '사생결단'이라고 합니다.

셰익스피어의 《햄릿》에 나오는 그 유명한 대사 "To be or not to be"도 한국말로 번역되면 "사느냐 죽느냐"가 아니라 "죽느냐 사느냐"로 바뀝니다. 그래야 자연스러운 한국말이 되기 때문입니다. 같은 언어문화권이라고 하는 일본이지만 명번역이라고 하는 쓰보우치의 《햄릿》 번역본에는 한국어 번역본과는 달리 "사느냐 죽느냐 그것이 문제로다"로 되어 있습니다.

## 마음까지 '먹는' 한국인

이와 같이 '죽음'을 이용하여 무엇을 강조하거나 그 극한적인 부정을 통해서 오히려 긍정을 끌어내는 역설을 나는 '헴록 효과'라고 부르려고 합니다. 헴록은 아시다시피 소크라테스가 처형될 때 마신 독약 이름입니다. 한국말로는 '독미나리'라고 부르지만 유럽이 원산지인 이 헴록은 진통제로 쓰이기도 하는 약초입니다.

'죽음'이라는 추상적인 언어를 구체적인 사물로 바꿔놓으면 독약이 될 것입니다. 독극물이 들어 있는 약병에 해골 그림을 그려놓은 것을 보아도 알 수 있습니다. 그런데 '죽다'의 반대말은 '살다'이고 '살다'의 구체적인 행위는 먹는 것으로 나타납니다. 그렇다면 헴록은 죽음을 나타내는 것이면서도 그 정반대의 삶의 동사인 '먹다'와 관련됩니다. 헴록은 죽는 것이며 동시에 먹는 것(마시는 것)입니다.

'죽다'와 마찬가지로 그와 대립항을 이루는 '먹다' 역시 한국말에서는 아주 다양하고 다의적으로 쓰이는 말입니다. 그래서 인간의 삶을 구성하는 대표적인 세

" '죽다'의 반대말은 '살다'이고 '살다'의 구체적인 행위는 먹는 것으로 나타납니다. 헴록은 죽음을 나타내는 것이면서도 그 정반대의 삶의 동사인 '먹다'와 관련됩니다. 헴록은 죽는 것이며 동시에 먹는 것입니다."

가지 교환 구조 역시 '먹다'의 동사로 나타낼 수가 있습니다.

남녀의 육체를 매개로 해서 이루어지는 피의 교환에서 가족이라는 집단이 만들어집니다. 이것을 가능하게 하는 것이 밥을 먹는 일, 말하자면 '한 솥의 밥을 먹는 식구'입니다. 가족을 의미하는 식구食口는 곧 '먹는 입'이 아니겠습니까. 동지를 뜻하는 영어의 '컴패니언Companion'도 마찬가지입니다. 'com'은 '함께'를 나타내는 말이고 'panion'은 'pan', 즉 '빵'을 의미하는 말로 '빵을 함께 먹는다'는 뜻입니다.

두 번째는 화폐를 통하여 물질을 교환하는 시장 구조입니다. 그리고 그것을 가능하게 하는 힘이 이윤을 먹는 일로 자본의 축적입니다. "꿩꿩 꿩 서방 뭘 먹고 사니, 이웃집에서 쌀 한 되박 꿔다 먹고 산다. 언제 언제 갚니, 내일모레 장보아 갚지"의 그 장터, 꾸고 갚고 사고파는 그 시장의 삶 말입니다.

세 번째는 언어를 통해서 마음을 교환하는 지식, 정보, 지혜의 소통 공간 구조입니다. 이것을 가능케 하는 힘 역시 '마음을 먹는 것'입니다. 나는 이래서 한국에 절망하다가도 희망을 버리지 못하고 살아갑니다. 세상에 나이도 먹고 욕도 먹고 이렇게 '마음까지 먹고사는' 것이 한국인입니다.

아이가 돌을 맞으면 으레 온 마을에 밤새도록 떡을 돌립니다. 이때의 떡은 단순한 떡이 아니라 하나의 정보요, 마음의 덩어리인 것입니다. 떡을 보고 사람들은 "이게 웬 떡이냐"라고 합니다. 그러면 그 떡이 누구네 집 아이의 돌떡이라고 합니다. "어, 그 녀석이 벌써 그렇게 컸나." 이렇게 해서 온 동네 사람이 돌을 축복하면서 떡이 아니라 마음을 먹는 것입니다.

그렇지요. 아무리 어려워도 마음먹기에 달려 있다고 하지 않습니까. 가족의 피도, 시장의 화폐도 이 언어의 교환 원리인 마음먹기에 달려 있습니다.


## 소크라테스의 헴록

농업사회가 피의 원리, 산업사회가 화폐의 시장 원리에 의존하여 살아왔다면 앞으로의 정보·지식 사회의 원리는 마음을 교환하는 소통 원리에 의해서 살아가게 될 것입니다. 그때 크게 떠오르는 것이 '헴록 효과'입니다.

예수님이 그의 제자들과 최후 만찬을 열었을 때의 빵과 포도주 그리고 소크라테스가 옥중에서 역시 그의 제자들과 최후의 담론을 나눈 헴록, 이것이 바로 세 번째, 지식과 정보의 소통인 '마음을 먹는 자리'입니다. 예수님의 최후 만찬의 빵과 포도주는 여럿이서 나눠 먹을 수 있었고 그것이 지금도 성찬식으로 되풀이되고 있지만, 소크라테스가 마신 헴록은 분명 먹는 것이면서도 절대로 남과 함께 나눠 먹을 수 없는 음식입니다. 여럿이 함께 있지만 혼자 마셔야 하는 것이 아주 특이한 '헴록 효과'입니다.

그리고 이 헴록 효과의 패러다임을 가장 극명하게 보여주는 것이 소크라테스입니다. 옥중에서 친구와 제자들 앞에서 마지막 강의를 한 소크라테스의 담론은 전적으로 이 헴록에 의한 것입니다.

재판정에서 악법이라도 법을 지켜야 한다고 11집행위원회의 결정을 따른 소크라테스보다 우리에게 가장 중요한 문제를 제기하고 오늘날에도 여전히 우리에게 호소해오는 것은 '헴록을 마시고 그는 무엇을 말했는가' 하는 것입니다.

즉, 죽음을 앞에 둔 소크라테스는 죽음의 의미를 어떻게 생각하고 체험하고 그 메시지를 어떻게 증명해 보였는가 하는 것이지요. 삶에 대한 정보, 지식, 지혜의 모든 것이 이 헴록의 독배 속에 들어 있는 것입니다.

더구나 한국의 선비들 가운데, 특히 자신의 신념을 가지고 선비로 살아온 사람들 가운데는 사약을 받고 죽은 사람이 많습니다. 사약 문화가 곧 지식인의 문화였던 한국인에게 있어서 더욱 헴록의 담론과 그 효과는 지식인이 대학에서 다루어야 하는 최종적인 화두라고 생각합니다. 특히 인문학의 경우 말입니다.

불행하게도 나는 철학을 전공한 사람도 아니며 더더구나 소크라테스에 대해서는 아무것도 모르는 사람입니다. 다만 젊은 시절에 옥중에서 독약을 마시고 죽은 소크라테스의 마지막 담론과 행적을 상세하게 적은 플라톤의《파이돈》을 읽었던 어렴풋한 기억뿐입니다.

　30년이 넘도록 한 번도 강의실에서는 꺼내본 적 없는 이 화두를 오늘 꺼내는 것은 젊은 시절에 경탄과 회의 속에서 읽었던 그 기억이 오늘 고별 강연을 하면서 되살아난 것뿐입니다. 소크라테스가 그의 제자와 친구들 앞에서 헴록을 마시며 강의를 하는 것처럼 지금까지 30년이 넘도록 한마디도 강의실에서 언급하지 않았던 생소한 화두라 할 것입니다.

　이제 미완의 김소월 시 강의를 소크라테스의 헴록 효과, 즉 '소크라테스는 헴록을 마시고 무슨 말을 하였는가' 하는 것으로 마무리 지으려고 합니다. 우리가 주목해야 할 것은 그 철학자의 생애를 마치는 최후의 담론이 바로 헴록에 대한 옥리獄吏의 말을 전하는 크리톤의 말에서부터 시작되고 있다는 점입니다.

　크리톤은 "옥리가 아까부터 나에게 부탁한 것인데, 자네가 독약을 마신 뒤 너무 말을 많이 하지 않도록 주의를 주라는 걸세. 말을 하면 열이 많아지고 그렇게 되면 독약의 힘이 잘 듣지 않아 두 배 혹은 세 배까지 마셔야 한다는군"이라고 소크라테스에게 말합니다.

　제가 관심을 갖게 된 것은 말을 많이 하면 헴록의 효과가

줄어든다는 대목과, 과연 소크라테스는 말을 많이 하지 말라
는 그 충고를 받아들였는가 아니면 거부했는가 하는 궁금증
이었습니다.

　그러나 소크라테스는 받아들이지도 거부하지도 않았습니
다. 헴록을 건네준 옥리가 했다는 말에 아무런 반응도 보이지
않았던 것입니다. 그런 일은 옥리의 몫이지 자기와는 상관이
없다고 대답했습니다. 그러고는 곧바로 그의 친구와 제자들
앞에서 자신이 왜 헴록(죽음)을 두려워하지 않는가를 증명하
겠다고 말합니다. 말하자면 헴록은 소크라테스의 최후의 담
론에 발화점의 역할을 하고 있는 것입니다.

　플라톤의 《파이돈》은 헴록이 아니었으면 불가능했을 담론
이라고 할 것입니다. 사실 《파이돈》에는 '독약poison'이란 말
이 열여덟 번이나 등장하고 담론을 이어가는 중요한 숨은 장
치로 사용되고 있다는 점을 놓쳐서는 안 될 것입니다.

　쉽게 말해서 철학자에게 있어 헴록이 얼마나 무력한 것이
며 무의미한 것인가를 증명해 보이는 것이 그의 마지막 강연
의 주제라고 할 수 있습니다. 그의 최후를 그린 《파이돈》은
헴록과의 게임이요, 그 행동이었던 것이지요.

## 죽음을 연습하는 철학자

헴록을 마신 것은 아니지만 나의 마지막 고별 강연도 되도록 말을 많이 하지 않기 위해서 소크라테스의 말을 인용하는 것으로 축약해갈까 합니다. 실은 오늘 이 고별 강연회를 마련하면서 내 사랑하는 제자들이 나에게 여러 번 부탁한 것도 옥리의 말처럼 되도록 말을 많이 하지 말아달라는 것이었습니다. 또 정해진 시간을 초과해 행사를 망칠까 봐 두려워했던 것이지요.

그래요. 착한 크리톤은 소크라테스가 헴록을 마시고 말을 많이 하게 되면 그 효과가 더디 나타나 그만큼 고통을 더 겪어야 한다는 것을 염려했던 것입니다. (정말 그랬어요. 희랍의 사형 수들은 헴록의 약효가 금시 나타나 고통을 단축할 수 있도록 옥리들에게 뇌물을 쓰기도 했다는 거지요.)

헴록과의 게임에서 소크라테스가 이기는 것보다, 즉 철인이 죽음을 두려워하지 않는다는 걸 증명하기 위해 말을 많이 하는 것보다는 마음씨 착한 크리톤은 소크라테스가 겪을 육신의 고통을 1초라도 더 덜어주고 싶었던 것입니다.

약속대로 내 이야기가 아니라 소크라테스의 몇 구절만을 《파이돈》에서 인용해보겠습니다. 헴록에 대한 크리톤과의 대화를 끝내자마자 곧바로 그의 담론이 이렇게 시작됩니다.

"자, 그러면 나의 재판관들이여, 나는 그대들에게 참 철학자란 죽음이 임박했을 때 기쁜 마음을 가질 만한 이유가 있고, 또 죽은 후에는 저세상에서 최대의 선을 얻을 희망을 가질 수 있다는 것을 증명하려 하오. 어떻게 그럴 수가 있는지, 심미아스와 케베스여, 이제부터 증명해보기로 합시다. 참으로 철학에 몸을 바친 사람은 다른 사람들에게 오해를 사기 쉽소. 세상 사람들은, 그런 사람이 항상 죽음을 추구하고 있고 또 사실 죽은 상태에 거의 가깝다는 것을 이해하지 못하니 말이오. 이제 사실이 그렇다고 하면, 일생 죽기를 원해온 사람이, 어찌하여 그때가 왔을 때 *그가 항상 추구하고 원해오던 것을 마다하겠소?*"

그러고는 철학자란 육체를 치장하는 사람이 아니라 오히려 육체에서 분리된 영혼을 아름답게 꾸미는 사람인 것을 실례를 들어 증명해 보입니다. 그렇지요. 지금이라도 젊은이들처럼 머리에 노랑물을 들이고 이상한 몸치장을 하고 다니는 대학교수가 있다면 사람들은 그가 지식인인지 의심할지도 모릅니다.

소크라테스는 "값진 옷이나 신발이나 혹은 이 밖의 여러 가지 몸치장을 야단스럽게 추구하며 그것에 큰 가치를 둘 것인가, 아니면 오히려 이런 것들을 경시해야 할 것인가?"라고 물으면서 철학자는 어디에 속해 있는 사람인지 묻습니다.

철학자는 영혼에 마음을 쓰고 육체에 관해서는 마음을 쓰지 않는 사람, 그래서 보통 사람들이 보면 처음부터 죽어 있는 사람이라고 정의하고 있지요. 육체의 쾌락도 느끼지 않는 사람의 인생이란 살 만한 것이 못 되며, 육체적인 쾌락을 모르는 사람은 죽은 거나 다름없다고 생각하는 사람들이 많기 때문이라는 것입니다.

철학자는 신체에서 분리되기 위해서 해방되고, 자유로워지기 위해서 매일매일 조금씩 죽어가는 연습을 하는 사람으로 그려집니다. ("나는 매일매일 죽는다"는 사도 바울의 말은 바로 소크라테스의 말을 본받은 것이라고 말하는 사람도 있습니다.)

소크라테스는 또 묻습니다. 신체가 지식의 탐구에 가담할 때, 그것은 방해가 되겠는가 도움이 되겠는가? 그리고 그러한 물음을 통해서 자연스럽게 진리를 발견하는 지식에 있어 감각에 의존하는 부정확한 신체 정보나 지식은 오히려 방해물이 된다는 동의를 유도해냅니다. 소크라테스나 플라톤이 예술을 부정하고 시인을 그들의 공화국에서 추방하려고 했던 것은 바로 예술이 이데아의 산물이 아니라 신체의 감성을 통해 이루어진 것으로 보았기 때문입니다.

소크라테스는 신체가 없어지면 영혼도 따라서 사라진다는 심미아스나 케베스의 말을 부정합니다. 영혼의 불사설을 주장하는 소크라테스는 거문고가 부서지고 그 줄이 끊기면 어찌 아름다운 음악의 조화를 들을 수 있겠는가라는 심미아스의 반론이나, 사람이 살아 있는 동안에는 육체가 항상 소모되고 소멸하지만 영혼은 항상 새로운 옷을 짜서 입으며 소모된 것을 보충해가는 것이라는 케베스의 신체관에 대해서도 고개를 흔듭니다.

"영혼이 사멸하는 날에는 영혼이 그 최후의 옷을 입겠고 이 옷은 그 영혼보다 오래 있을 것"이라는 아름다운 시적 표현에 대해서도 속지 않고 소크라테스는 영혼 불사를 증명하기 위해 파이돈을 대상으로 그 유명한 영혼상기설을 끌어냅니다.

한마디로 헴록과의 게임에서 이길 수 있는 유일한 길은 신체성(육신을 한 꺼풀씩 벗겨내어 멸각시키는 방법)을 사용하는 것입니다. 영혼과 신체성을 철저하게 분리해야만 헴록에 의해서 멸해지는 것이 신체일 뿐 영혼이 아니라는 것이 증명되기 때문입니다. 한마디로 영혼을 신체와 분리하고 그와 대립시킬 때 우리는 비로소 헴록으로부터 초연할 수 있다는 겁니다.

서구 사상의 전통이 이렇게 영과 육을 철저하게 분리하고 대립시키는 이항 대립 체계binary opposition로 구성되어 있다는 것을 언젠가 롤랑 바르트도 솔직히 시인했습니다. 그러나 신체성에서 지知의 세계로 향하는 과정을 풀이한 이화여대 선배 교수 김흥호 목사님은, 귀납법이나 연역법 혹은 퍼스가 '제삼의 논리'라고 명명했던 '어브덕션abduction'과 같은 추론의 방법에 의하지 않고 서도 (소쉬르가 시적 언어의 본질이라고 믿었던) 애너그램과 비슷한 방법에 의해서 신체의 멸각을 시도하고 있습니다.

"헴록과의 게임에서 이길 수 있는 유일한 길은 신체성을 사용하는 것입니다. 영혼을 신체와 분리하고 그와 대립시킬 때 우리는 비로소 헴록으로부터 초연할 수 있습니다."

　"쌀에서 'ㅆ'을 하나 빼면 살이 되고 살에서 다시 'ㅅ'을 빼면 '알'이 된다. 거기에서 다시 'ㅏ'를 빼면 '올'이 된다"는 것입니다. 옛날 선비들이 한자를 해체하여 여러 가지 새로운 의미를 만들어내는 파자破字 놀이를 했던 것과 비슷한 방법으로 쌀과 살의 물질적 신체성으로부터 어느덧 추상적 인지(어쩌면 소크라테스가 말하는 애지愛知의 그 지知와 다를 것이 없는 영혼의 세계)를 찾아내고 있습니다.

　그러나 소크라테스 역시 헴록을 마시고 난 뒤에는 더 이상 말을 하지 않고 침묵합니다. 발에서 다리로, 다리에서 배로, 배에서 심장으로 서서히 올라오는 죽음의 마비를 지켜보면서 말입니다. 옥리가 찾아와서 물으면 어디까지 차가워졌는지를 말하는 정도였지요. 그리고 헴록을 마시고 난 뒤에 말한 것은 "크리톤, 내가 아스클레피오스에게 닭 한 마리를 빚진 것이 있네. 기억해두었다가 갚아주게나"라는 한마디뿐이었습니다.

## 헴록은 신체만 죽일 뿐이다

상상력이 부족한 사람들은 이 말을 위대한 철학자의 미덕을 한층 더 강화하는 항목으로 추가하려고 합니다. 임종의 자리에서도 외상값을 걱정하고 그것을 갚으려 했다는 점이 악법도 법이라고 하여 지키려 한 소크라테스의 착한 아테네 시민 정신을 더욱 빛나게 해주었기 때문이지요. 이런 해석을 하자면 내가 이화여대에 갚아야 할 빚은 닭 한 마리로 될 이야기가 아닙니다.

하지만 다행스럽게도 아스클레피오스는 사람이 아니라 희랍 신화에 나오는 의신醫神이었던 거지요. 희랍 사람들은 병을 고쳐주는 의사들에게 감사하는 뜻으로 아스클레피오스의 신전에 닭 한 마리씩을 바치는 것이 관례였다고 합니다. 그렇다면 소크라테스가 헴록을 마신 뒤 숨을 거두면서 닭 한 마리를 의신의 신전에 바쳐달라고 부탁했다는 것은 처음으로 영혼의 신이 아닌 신체의 신(육체의 병을 고치는 신)에 대하여 감사를 드리려고 했다는 말이 됩니다.

바로 이 고별 강연의 주제가 된 헴록의 효과가 나타난 것이라고 볼 수 있습니다. 여러 가지 해석이 있지만 전후 문맥으로 보아 분명한 것은 그것을 마시기 전에 그토록 헴록과 무관하다는 것을 강조한 소크라테스가 그것을 마시고 난 뒤에는 의신에게 신세를 졌다는 사실을 인정하게 되었다는 것입니다. 자신이 마신 헴록 자체가 아스클레피오스의 영역하에 있는 것이니까요. 헴록은 원래 진통제나 통증 해소에 듣는 약재이기도 한 것입니다. 마지막 죽을 때 헴록을 갈아서 독약을 만드는 것도 의술에 속합니다. 인간의 신체를 다루는 최고의 기술이라고 할 수 있습니다.

그렇지요. 의술은 인간의 몸을 살리는 기술일 뿐만 아니라 죽이는 약도 만들어내는 기술이니까요. 이것이 헴록의 효과이며 헴록의 담론이며 소크라테스와 헴록의 관계를 나타내는 역설이라고 할 것입니다.

의신에게 닭 한 마리를 공양해달라는 소크라테스의 이 헴록 효과가 무엇인지 지루하지만 조금만 더 참고 들어주시기 바랍니다. 헴록은 지를 통해서 도달할 수 있는 그 영혼의 반대말이면서도 동시에 신체의 반대말이기도 한 것입니다.

소크라테스가 헴록을 먹고 아무렇지 않게 죽은 것. 그 이전에는 사형 언도를 받고 도망칠 수 있음에도 법을 그대로 따른 이유가 모두 이 말 한마디를 남긴 그 태도에 있었던 것입니다. 콜린 월슨의 지적대로 소크라테스의 순교는 종교나 국가를 위한 자기희생 같은 순교와는 다른 형태라는 것입니다.

철학적인 순교라고나 할까요. 영혼을 오히려 흐리게 하고, 방해하는 적으로 보았기 때문에 신체의 죽음에 초연할 수 있는 순교에 속한다는 겁니다. 옥중 강의는 죽음이 두려운 것이

아니라 오히려 기쁨이라는 것을 증명하기 위한 담론으로 일
관해 있습니다. 마지막 강의라기보다 친구와 제자들에게 마
치 배심원들 앞에서 무죄 변론을 한 것처럼 그들을 재판관이
라고 하면서 죽음의 멸각을 증명해 보이는 과학 실험자의 역
할을 한 것입니다.

　그러나 그의 말에 동의하면서도, 그가 독배를 마실 때 제자
들은 훌쩍거리고 울었으며 절망하여 땅을 칩니다. 노예 출신
파이돈은 스승을 잃은 아테네를 버리고 길손이 되었지요.

　소크라테스의 영혼불사와 신체부정론이 정말 증명되었다
면 그의 말대로 육신에서 자유로워진 소크라테스의 순수한
영혼이나 찬란한 보석들이 지상의 돌자갈처럼 흔하게 굴러다
니는 신들의 세계, 우리의 신체 이전에도 있었고 이후에도 있
는 삶의 본질에 도달하는 지의 능력에 대해서 축배를 들었어
야 합니다.

　더구나 소크라테스가 장시간에 걸쳐 영혼불사론을 펴고 철
학자는 육체에 대해서 연연하거나 가치를 두지 않는 사람이
라는 것을 누누이 설명하였음에도 그와 가장 가까운 크리톤
은 그의 담론이 끝나고 독약 마실 준비를 할 때 이렇게 묻습
니다. "여보게, 자네가 죽은 뒤에 그 시체를 어떻게 매장해줄
까?"라고 말입니다. 여전히 크리톤의 관심은 그의 영혼이 찾
아가는 신의 세계보다 그가 죽고 난 뒤의 시체(이 세상에 남아

있는 신체의 딱딱하고도 구체적인 몸뚱어리)의 세계에 쏠려 있었던 것입니다.

그 말에 소크라테스는 처음으로 허탈한 웃음을 웃으며 이렇게 한탄합니다. "나는 크리톤으로 하여금 내가 여기에서 자네들에게 이야기하고 있는, 그리고 우리의 토론을 이끌고 있는 바로 그 소크라테스임을 믿게 하지 못했네. 그는 나를 얼마 있다가 그가 보게 될 송장이라 생각하고서, 어떻게 나를 파묻을까 하고 묻고 있네. 나는 내가 독약을 마시고 죽으면 자네들을 남겨두고 축복된 사람들이 있는 곳으로 가서 그 기쁨에 참여하리라는 것을 누누이 말해왔는데, 크리톤은 이것이 그저 나 자신과 자네들을 위안하기 위한 아무 실속 없는 소리인 줄로만 알고 있군그래."

이 말에서 우리는 이미 그것을 마시기도 전에 소크라테스의 몸 안으로 번져가는 헴록의 효과를 볼 수가 있습니다. 그렇습니다. 다빈치가 그린 최후의 만찬과 다비드가 그린 소크라테스의 옥중 최후 장면을 비교해보면 헴록 효과가 무엇인지를 실감하게 됩니다.

예수님의 최후 만찬에는 빵과 포도주가 있었고, 그는 제자들과 함께 음식을 나눠 먹었습니다. 음식을 함께 나눠 먹는 향연의 자리는 너와 나가 하나가 되는 소통의 자리인 것입니다. 그러나 헴록의 독배를 매개로 한 말잔치는 비록 대화라고 해도 함께 나누기 힘든 담론으로 끝나게 됩니다.


## 그레이 존에서 자랄 푸른 잎

내 마지막 강연의 결론은 의외로 간단합니다. 헴록을 마신 뒤 우리가 무엇을 말해야 하는가 하는 것과 그것이 왜 중요한지를 아주 극명하게 알릴 수가 있기 때문입니다.

헴록 효과에 그레이 존이나 아이러니, 역설과 같은 복합적인 의미가 없을 때 소크라테스의 영혼은, 플라톤의 이데아는 예술만을 추방하는 것이 아니라 모든 세계를 영과 육의 양극화로 파악하게 만듭니다. 우리는 이러한 극한 상황에서 너무나도 오래 살아왔던 것 같습니다.

되풀이합니다마는 일제 식민지 시대, 해방 후 좌우 이데올로기의 결사적 갈등, 그리고 전쟁과 독재 정치에 대한 민주화 투쟁 등은 우리에게는 생명이 걸린 문제였지만 그로 인해 상상력과 지식이 만들어내는 그레이 존이 폭격을 당해 황폐할 대로 황폐해지고 말았습니다.

김소월의 〈진달래꽃〉에 아이러니와 역설의 복합적 구조가 없었다면 "죽어도 아니 눈물 흘리우리다"의 그 '죽어도'는 우리가 흔히 보는 죽기 아니면 살기의 극한적 양극화의 투쟁을 의미하는 언어로 전락하고 말 것입니다.

시 분석만이 아니라 문학의 이론 구조 전체를 좌우 이데올로기나 참여·순수의 흑백논리로 황무지로 만들어놓은 대학가의 문과文科 교실을 그레이 존으로 만들기 위해서 나는 여러 가지 전략과 여러 가지 이론으로 무장하면서 30여 년 이상을 지내온 것이라고 할 수 있을 것입니다.

모든 것이 양극화한 투쟁 속에서 사람들이 민중문학을 운운할 때, 나는 집단이 아니라 한 사람 한 사람 인간의 완결성과 지존함을 이야기하려 했으며, 친체제와 반체제의 '○×' 시험 답안이 강요되는 세상에서 나는 친도 반도 아닌 비체제의 새로운 답지를 만들어 넣어야 했습니다.

아무리 추워도 거문고를 부수어 장작불을 지피는 사람들 사이에 설 수 없었던 것입니다. 나에게 있어서 역사의식이란 장작과 재 사이에서 타오르는 불꽃이었던 것이지요. 장작만 보는 사람이나 타고 난 재만을 보는 사람에게 있어 나는 역사의식이 없는 정적주의자로 비쳤을 것입니다. 불은 타는 것이지 소유하는 것이 아니기 때문에 소유의 언어만으로 문학을 하는 사람들에게는 부재하는 것과 다름없게 보였을 것입니다.

이러한 고정관념과 양분법의 풍토에서 흑백논리에 대한 가위의 세계를 가르치는 외로움은 요즘 유행하는 속어로 '왕따'가 되라는 말과 같은 것입니다.

그렇습니다. 정말 나는 문단에서도 대학가에서도 심지어

"아무리 추워도 거문고를 부수어 장작불을 지피는 사람들 사이에 설 수 없었습니다. 나에게 있어서 역사의식이란 장작과 재 사이에서 타오르는 불꽃이었던 것이지요." 제자들 사이에서도 소외된 작은 섬이라는 생각을 할 때가 많았습니다. 조류가 바빠 내 곁을 스쳐 지나고 있을 때 나만이 한자리에서 묵묵히 서 있었습니다. 고도처럼…….

뉴크리티시즘, 현상학적인 의식 비평, 그리고 구조주의와 기호학, 이것이 내가 맡았던 과목들이었습니다. 그러나 몇몇 학생들은 시류를 타지 않고 내 희미한 그레이 존에서 조금씩 자라고 있었으며, 이제 내가 대학을 떠날 무렵에는 무성한 푸른 잎이 피어 쉬어갈 만한 그늘이 생겼습니다.

나야말로 이제 다섯 명이 아니라 단 한 사람이라도 좋으니 창조적 상상력을 지닌 인간을 길러낸 교수로 기억된다면, 전 생애를 두고 문화계에서 해왔던 모든 일을 보상받게 될 것입니다.

그리고 오늘의 이 강의가 "헴록을 마신 뒤에 우리는 무엇을 말해야 하나"라는 물음에 답이 되어주기를 희망합니다. 물론 사지선다식형 답지 위에 동그라미를 치는 그런 답이 아닌 것으로 말입니다.

### 지혜의 지팡이를 놓으며

강의를 끝마치면서, 가난한 농부가 산에서 산신령을 만나 소원을 말하라고 했더니 금덩이 하나만 있으면 좋겠다고 했다는 옛날이야기가 떠오릅니다. 신선이 그의 소원을 들어주기 위해 지팡이로 돌을 건드리니까 그것이 금시 금덩이로 변합니다. 그것을 보고 놀란 농부는 금덩이에는 눈도 팔지 않고 그 지팡이를 달라고 했습니다.

나에게 만약 그런 지팡이가 있다면, 나는 지식이라는 금덩이가 아니라 지식을 창조하는 상상력의 지팡이, 지혜의 지팡이를 놓고 가려고 합니다.

이화는 내 젊음을 묻은 곳입니다. 눈을 감으면 가을날 샐비어가 붉게 불타오르는 교정이 보입니다. 아직도 나에게는 샐비어의 꽃들이 가슴속에 남아 있지만 벌써 겨울바람 소리가 들려옵니다. 겨울이 되기 전에 그 뜰에서 내려와 내 방의 창문을 닫아걸어야 합니다.

헴록을 마신 사람처럼 온몸으로 점점 냉기가 올라오는 겨울을 맞이해야 합니다. 외로운 섬처럼 어딘가에 있을 내 작은 자리를 찾아가

> "나에게 만약 건드리는 것마다 금덩이로 변화시키는 지팡이가 있다면, 나는 지식이라는 금덩이가 아니라 지식을 창조하는 상상력의 지팡이, 지혜의 지팡이를 놓고 가려고 합니다."

야 합니다. 거기에는 학생들의 웃음소리도 혹은 무슨 구호를
외치는 분노의 소리도 없을 것입니다. 훌쩍거리며 우는 울음
소리도 회한의 한숨 소리도 없을 것입니다. 다만 타다 남은
불덩이가 하얀 재 속에서 사위어가는 화롯불이 있습니다. 거
기에서 영혼이 입어야 할 마지막 빛나고 아름다운 옷을 장만
해야 하는 것입니다.

　끝으로, 헴록으로 시작하는 말잔치에서는 함께 그 말을 나
눌 수가 없습니다. 대화 없이 일방적인 강연이 된 것을 사과하
면서 끝까지 자리를 함께 해주신 여러분에게 감사드립니다.

# 2

# 동과 서,
# 두 길이 만나는
# 새로운 책의
# 탄생

: 천의 강물에 비치는
  달그림자

---

제28차 국제출판협회IPA 서울총회 개막식 기조 강연 (2008년 5월)

●

　　세계의 출판인들이 이곳 한국의 서울에서 제28차 총
회를 열게 된 것을 마음속 깊이 환영합니다. 더욱 축하를 드
려야 할 것은 여러분을 맞는 오늘이 공교롭게도 불교의 가장
큰 축제인 석가탄생일이라는 사실입니다. 종교적인 의미가
아니라 불교는 출판 인쇄 문화의 역사에 지울 수 없는 귀중한
발자취를 남겼기 때문입니다.

　　특히 한국의 경우가 그렇습니다. 유네스코 세계기록유산에
등재된, 세계에서 가장 오래된 금속 활자본《직지심체요절直
指心體要節》은 한 비구니의 발원發願으로 이루어진 책입니다.
그리고 2010년이면 1천 년을 맞게 될 고려팔만대장경 역시
목판인쇄술의 가장 높은 봉우리 가운데 하나로 현존해 있습
니다.

　　생각해보십시오. 한국은 세계 역사상 군사력이나 경제력에
있어서 결코 눈에 띄는 큰 나라가 아니었습니다. 그런데도 어
째서 인쇄 기술과 그 책의 역사에 있어서는 남보다 앞서는 자
리를 차지했는지 궁금증이 생길 것입니다. 아마도 이러한 질
문 속에 오늘 우리가 토의하고자 하는 '책의 길, 공존의 길'을
푸는 단서들이 숨어 있을는지도 모릅니다.

## 한 여인의 서원으로부터 시작된 세계 최고의 활자본

한국인에게 책의 길은 부국강병의 길과는 달랐습니다. 오히려 그것들의 위협과 압박으로부터 벗어나기 위해서 책의 힘을 선택한 사람들이라고 할 수 있습니다. 책은 그들을 가난하게 만들었고, 책은 병과兵戈 앞에 그들을 떨게 했지만 동시에 그들은 책의 힘을 믿었습니다.

앞에서 잠깐 언급했듯이, 구텐베르크의 활자본보다 70년이나 앞서 발간된《직지심체요절》은 현존하는 금속활자본 가운데 가장 오래된 보물이지만, 권말에 명기된 대로 묘덕妙德이라는 평범한 한 비구니의 발원으로 청주 지방의 흥덕사에서 활자를 주조하고 인쇄해 간행된 것입니다.

우리는 그녀의 시시절절한 서원誓願이 무엇이었는지 모르지만 그것은 분명 돈이나 권력으로는 이룰 수 없는 생명 저편의 가장 높은 곳에 존재하는 것이었겠지요.

묘덕만이 아니었습니다. 당시의 승려는 물론이고 일반 신도들은 정성과 혼을 넣어 한 자 한 자 불경을 베껴가는 것으로, 붓다와 동등한 경지에 들어가고, 그 위력으로 일체의 재화災禍로부터 자신

"한국인에게 책의 길은 부국강병의 길과는 달랐습니다. 오히려 그것들의 위협과 압박으로부터 벗어나기 위해서 책의 힘을 선택한 사람들이라고 할 수 있습니다."

을 지키고, 정복淨福을 받을 수 있다고 믿었던 것입니다. 그들
은 그것을 '사경공덕寫經功德'이라고 하여 책을 예배(공양)와
수행의 한 형식으로 만들어간 것이지요.

인쇄사상 그 유례가 없다고 일컫는 해인사 고려팔만대장경
의 목판인쇄물 역시, 불력으로 몽골군의 침략을 물리쳐 나라
를 지키려고 했던, 넓은 의미에서의 사경공양寫經供養으로 풀
이할 수 있을 것입니다.

읽기 위한 책이 아니라 책 자체가 성스러운 예배 대상이 되
는 아우라는 불교만의 일이 아닙니다. 도교나 유교에도 동일
한 현상들을 볼 수가 있습니다. 영어의 '클래식'은 한자로는
'고전'이라고 하는데, 문자대로 직역하면 오래(古)된 책이라는
뜻이고, 그 경우의 '전典' 자는 보통 책이 아니라 책상 위에 제
사를 지내듯 모셔두는 책의 모습을 본뜬 글자입니다.

## 제왕의 길과 책의 길

외부의 침략과 재앙을 막기 위해서 종이와 문자의 책으로 성
을 쌓았던 사람들은 분명 어리석고 비합리적인 존재로 보일
것입니다. 하지만 바로 그 어리석음과 비합리성으로 뭉친 책
의 특성이야말로 우리가 앞으로 이야기를 나눠야 할 중요한
토픽의 하나라고 생각합니다. 왜냐하면 책은 부국강병의 세

속적인 길이 아니라 그와는 다른 뒤안길을 통해서 오늘에 이르렀고, 디지털의 웹 컬처에서 그와 동일한 현상들이 세속화된 차원에서 재현되고 있기 때문입니다.

황제의 길과 책의 길은 서로 어긋나 있었기에 진시황이 의약醫藥 등의 실용 서적을 제외한 모든 책을 불살랐던 역사적 사실을 우리는 잘 기억하고 있습니다. 동시에 아시아의 선비들은 인간을 위협하는 많은 해충 가운데 책의 종이를 먹는 좀벌레bookworm를 제일 경계하고 멸시하였으며, 탐관오리의 권력자나 악덕 상인들을 바로 그 좀벌레로 비유해왔습니다.

유럽과 다른 지역에 있어서도 정도의 차이는 있어도 책의 길이 부국강병의 길과는 다르게 오늘에 이른 것은, 미디어 이론의 시조라 할 수 있는 해럴드 이니스가 그의 저서에서 밝힌 일화 한 편을 떠올려보는 것으로 족할 것입니다.

흉맹한 야만족은 그리스의 도시를 침공하여 많은 문명의 산물들을 가차 없이 약탈했지만, 유독 책만은 손대지 않고 그대로 두고 갔다는 것이지요. 그 이유는 아주 간단합니다. 그리스인을 겁쟁이 약골로 만든 것이 다름 아닌 그 책들이었을 것이라고 믿었던 것이지요.

그들의 판단은 옳았던 것 같습니다. 아무리 근대 과학기술로 무장되고 시장경제의 지식으로 구축되어 있다 하더라도 '부국강병'의 핏줄은 '문화'가 아니라 '자연'의 야만적 힘에 속해 있는 것이라고 할 것입니다.

책은 자연적 사물의 집합체가 아니라 인간이 만든 기호記號의 총체, 그 결정체인 까닭입니다. 그렇기 때문에 출판은 그 내용물과 관계없이 항상 '자연주의'에 대한 '문화주의'의 축으로 기울어 있었음을 부정할 수 없습니다.

정도의 차이는 있지만 세계 어디에서나 책의 탄생은 《직지심체요절》이나 고려팔만대장경과 같이 현실에 없는 것을 갈구하고 예배하는 대상으로 출현했던 것입니다. 14세기 때 처음으로 '출판publication'이라는 말이 생겨나고, 인쇄의 복제 기술로 책이 다량 생산된 다음에도 여전히 오래된 그 아우라의 흔적이 도처에 남아 있는 것을 발견할 수 있습니다.

아무리 실용 서적이라고 해도, 그리고 아무리 세속화, 시장화해도 일반 상품과는 구별됩니다. 마크 포스터의 견해처럼 책값은 그 내용이 아니라 그것을 포장한 인쇄와 종잇값, 그리고 편집비를 비롯한 각종 경상비 등에 부가된 것이라고 할 수 있습니다. 그래서 책의 내용과 관계없이 책값은 쪽수와 제책술 같은 하드웨어에 비해서 가격대가 비슷했습니다.

우리는 지금껏 책이 아니라 책을 만든 비용에 대해서 그 대가를 치러온 것인데도 그 당연한 사실을 잊고 있는 경우가 많았던 것 같습니다. 원래 정보와 지식은 상품으로서의 가격을 매길 수 없는 성질을 지니고 있습니다. 그것은 가격 시스템이 아니라 가치 시스템에 속해 있기 때문이지요.

## 납의 주조 군단과 한국의 동활자

그래서 글의 내용만이 컴퓨터의 액정 표시판에 뜨는 글들은
올리는 사람, 읽는 사람, 그리고 그것을 제작하고 배포하는
사람도 거의 무상의 행위로 이루어지고 있습니다. 책은 점차
시장경제에서 증여 경제의 시스템으로 옮겨가고 있는 현상을
보여줍니다. 한국의 젊은이들은 인터넷에 올라와 있는 글들
을 받아 옮겨오는 것을 '퍼온다'고 표현하는데, 무상으로 가
져온다는 뜻을 함유한 것입니다.

　책의 페이지 개념도 인터넷에 들어오면 옛날의 두루마리
책처럼 볼륨의 개념으로 바뀌고, 쓰는 사람과 출판하는 사
람의 역할 관계도 무너져가고 있지요. 구체적으로 말하자면
1930년대 폴란드의 한 서지학자가 책을 생산 활동 시스템의
성과로 보고 그것을 지적 활동, 편집 활동, 가공적 활동, 보급
활동으로 정의했지만 오늘날에는 그러한 활동의 경계가 점점
애매해지고 해체되어가고 있다는 점입니다.

　결론적으로 말하면 부국강병의 길 또는 산업주의, 시장주
의와는 다른 길을 걸어왔던 근대 이전의 '사경공덕'과 같은
징후군이 나타나고 있다는 겁니다. 그러므로 지금까지 '26명

의 납(鉛) 병정' 혹은 '납의 주조 군단鑄造軍團'이라고 불리던
구텐베르크의 활자 혁명 그리고 마누티우스에 의한 책 모양
의 혁명에서 우리는 눈을 돌려, 근대 이전 아시아에서 있었던
활자 문화를 재검토할 필요가 있습니다.

한국의 동銅활자는 26명의 납 병정과는 전혀 인상이 다른
모습을 하고 있습니다. 불꽃 튀는 전쟁터의 이미지가 아닙니
다. 활자를 주조한 동은 범종을 만든 바로 그 동과 같습니다.
조용한 기도와 찬미의 여운으로 잔잔하게 번져갔습니다. 그
것은 전쟁터의 군사가 아니라, 천千의 강에 비치는 달 모양입
니다. 고려 사람들에게 동활자는 달이고, 그것을 인쇄하는 종
이는 강물이었으며, 찍혀 나오는 글자들은 그 잔잔한 수면에
비치는 달그림자였던 것입니다.

달은 하나지만 천의 강물 위에 똑같이 비칩니다. 부처님도
하나지만 달처럼 만물 속에 똑같이 비치고 있습니다. 그것이
바로 '월인천강月印千江'이요, 불서를 인쇄하여 공양하는 정신
입니다.

구텐베르크의 《성경》이 등장했던 바로 그 무렵(1447년), 조
선조의 세종대왕은 세상을 떠난 소헌왕후의 명복을 빌기 위하
여, 당시 왕자였던 세조에게 불서를 편찬하도록 명합니다. 그
렇게 해서 생겨난 것이 한글과 한자 혼합의 고탁高卓한 활자
인쇄술로 제작된 《월인천강지곡月印千江之曲》이고,《월인석보

月印釋譜》입니다.

정리해서 말하자면 서구의 활자가 무엇과 싸우는 납 병정들의 모습이었다면, 한국의 그것은 천의 강물에 똑같은 모습으로 찍히는 달그림자로서의 월인月印이었다고 할 것입니다.

> "서구의 활자가 무엇과 싸우는 납 병정들의 모습이었다면, 한국의 그것은 천의 강물에 똑같은 모습으로 찍히는 달그림자로서의 월인입니다."

## 똑같은 것을 만들려는 책의 욕망

물론 서구에서도 처음 인쇄 기술이 나오게 된 것은 대량생산보다는 카드 뒷면의 모양을 똑같이 만들기 위해서였습니다. 중세 때 시작한 카드 놀이는 뒷면 모양이 똑같아야만 점을 치거나 게임을 할 때 유효하게 됩니다.

하나이면서도 동시에 여러 개로 있는 것, 하나밖에 없는 원본을 일란성 쌍생아처럼 증식시키고 재생하는 것, 그래서 완벽한 일체성을 부여하려는 것이 인쇄물을 만들어내는 원元 욕망이라고 할 수 있을 것입니다.

그것이 인쇄의 혼입니다. 정성껏 혼을 불어넣어 옮겨 쓰지 않으면 불력은 옮겨지지 않습니다. 오자, 오기가 하나라도 있으면, 이미 종교적 힘은 사라지고 말기 때문입니다.

　손으로 베껴 쓰는 필사는 양산의 한계뿐만 아니라, 원본을 그대로 정확하게 옮기는 것이 불가능하다는 약점을 가지고 있습니다. 필사본은 필사자에 따라서 탈자와 오자 그리고 첨삭에 의한 오기 등으로 원래의 내용과 다른 책이 되고 맙니다.

　공간과 시간 속에서 필사는 거듭될수록 원전에서 점점 멀어지고 만다는 것은 오늘날 고전 해석에서 원문 비평textual criticism이 얼마나 중요한 자리를 차지하는지 알면 됩니다.

　이러한 시각에서 보면 목판인쇄는 여러 장을 한꺼번에 찍을 수 있다는 양산 체재보다도 여러 사람에 의한 필사 과정에서 부득이 발생하는 오기를 최소화할 수 있다는 정확도에 더 비중을 두게 됩니다.

　하지만 목판인쇄 역시 오리지널리티와 그 정확도에 있어서 한계를 갖게 됩니다. 필사와 마찬가지로 조판하는 과정에서 오자와 오기가 발생하기 때문입니다. 그리고 그것이 반복 인쇄되기 때문에 오류의 유포 범위도 커집니다. 어떤 경우에는 일대일로 이루어지는 수기의 필사본보다 위험도가 더 높아질 수도 있습니다.

　더구나 필사할 때와는 달라서 일단 판목에 글자를 새기고 난 뒤에 오자가 발생한 것을 알아도 그것을 고친다는 것은 여간 어려운 일이 아닐 것입니다. 오자 하나를 고치기 위해서

판목 전체를 없애고 다시 파지 않으면 안 되기 때문입니다. 들인 시간과 노력으로 보나 그리고 경제적으로 보나 손실이 큽니다. 양이 아니라 정확한 판본을 만든다는 질에 있어서 필사본보다 별로 그 효율성이 높지가 않습니다.

이 같은 오류를 고치자면 필사본에서 목판본으로, 목판본에서 다시 활자본으로 복사 기술을 고쳐나갈 수밖에 없습니다. 필사나 목판인쇄의 한계를 뛰어넘어 원고와 다름없는 정확한 책을 만들기 위해서 생각해낸 것이 활자본이었다는 결론에 도달하게 됩니다.

활자는 한 자 한 자가 독립되어 있어 조판 과정에서 얼마든지 그 오자를 교체·교정하는 것이 가능해지기 때문입니다. 한 자를 고치기 위해서 판 전체를 다시 파야 하는 목판본에 비해 융통성이 크고 매우 기능적입니다.

이러한 사실에서 보면 우리는 그동안 활자 인쇄의 출판을 양산 체재의 시각에서만 바라보았고, 그 영향 역시 매스 프로덕션의 기능만을 강조했었다는 사실을 알게 됩니다. 한국의 금속활자 발명 그 자체가 다량 복제가 아니라 오자를 교정하여 좀 더 정확한 원전을 만들려는 욕망 속에서 생겨난 것이라고 추리할 수도 있는 것입니다.

이와 같이, 금속활자가 다량 복사의 수단으로 생겨났다기보다도 오자·오기를 없애고 원본과 똑같은 클론을 낳으려는

"한국의 금속활자 발명 그 자체가 다량 복제가 아니라 오자를 교정하여 좀 더 정확한 원전을 만들려는 욕망 속에서 생겨난 것이라고 추리할 수도 있습니다."

의지와 욕망의 산물이라는 것은 당시의 활자나 활판들을 조금만 관찰해봐도 알 수가 있습니다.

활자의 몸체가 얇고 펀펀하기 때문에 깊이 심을 수가 없고 그것을 고정시키는 행간의 장치도 약하기 때문에 여러 벌을 찍으면 활자가 튀어나오고 행이 비뚤어지게 되어 있습니다.

기술의 미비라기보다 여러 벌을 찍는 다량 생산의 모티베이션이 없었다고 보아야 할 것입니다. 정확도와 보존 그리고 표준이 되는 정본canon을 남기려는 데 그 목표가 있었다는 것입니다.

### 성聖과 속俗의 텍스트

문자를 하나하나 독립된 활자로 만들려는 발상은 크게 말해서 '식자植字'와 '반복'이라는 두 가지 욕망에서 생겨난 것이라고 할 수 있습니다. 전자는 조판 과정에서, 후자는 인쇄 과정에서 나타나게 됩니다.

즉 교정에 의한 콘텐츠의 완벽성과 반복성에 의한 다량 복제의 원리입니다. 어느 것에 중점을 두었느냐 하는 욕망의 차이에서 활자 인쇄된 책의 갈림길이 생겨납니다. 그것을 '클론의 원리'와 '매스의 원리'라고 부를 수 있을 것입니다.

사경공양에서 출발하여 유일 절대의 것을 옮기려고 한 한국의 동활자가 전자에 속하는 재생산 형태의 인쇄 문화라고 한다면, 마누티우스와 같은 사람들이 꿈꿔온 다량 생산, 다량 소비의 꿈에서 생겨난 것이 서구의 근대 활자 문화요, 출판이라고 조금은 성급하게 결론지을 수도 있을 것입니다.

결국 책이 걸어온 두 갈래 길의 차이는 인쇄 기술의 차가 아니라, 절대성을 추구하는 성聖의 시스템과 기능성과 양을 추구하는 속俗의 시스템 차이로 보아야 할 것 같습니다.

활자가 속의 시스템 안에 들어가면 엄정성보다는 시장성이라고 하는, 매스mass와 유통flow을 위한 반복 기능으로 기울고, 성의 시스템에서는 정확성과 절대적 전범성典範性을 추구하는, 활자의 '교체' 기능(교정술)에 중점을 둘 것입니다.

이것이 극단화하여 인쇄가 종교의식의 차원으로 치우치면 읽는 미디어로서의 기능을 상실하고, 반대로 인쇄가 다량 생산의 시장성으로 치우치면 책은 슈퍼마켓에서 소비되는 상품과 다를 것이 없습니다. 그렇게 해서 문화주의도 소멸하고 마는 것이지요.

물론 서구의 활자 문화도 발명 당시에는 성의 시스템에 위치해 있었다고 보는 것이 옳습니다. 오랫동안 고생해 만든《아미타경阿彌陀經》이 사람들 눈에 띄기 전에 어두운 탑의 혈창穴窗 속으로 영원히 들어가버리는 경우처럼, 구텐베르크가 처음 인쇄한 36행《성경》도 역시 찍자마자 교회의 어두운 서고 속으로 수납되고 맙니다.

그리고 또는 한국에서 동활자가 발명되었을 때, 한 자의 오자도 허락되지 않는 불경 아니면 역서처럼 절대적인 표준이 되는 서책들이었듯, 구텐베르크의 납활자로 인쇄한 초기의 책들 역시《성경》과 문법서와 역서였다는 공통점을 발견하게 됩니다. 그리고 구텐베르크가 인쇄한 부수 역시 200부를 넘지 않았던 것도 비슷한 현상입니다.

활자 인쇄가 근대적인 반복 시스템을 이용한 다량 생산, 다량 소비 형태를 띠게 된 것은 앞에서 말한 대로 베네치아와 같은 상업 도시에서,《성경》이 아니라 보카치오의《데카메론》을 찍을 때부터였다고 말하는 것이 정확할 것입니다.

"인쇄가 종교의식의 차원으로 치우치면 읽는 미디어로서의 기능을 상실하고, 인쇄가 다량 생산의 시장성으로 치우치면 책은 슈퍼마켓에서 소비되는 상품과 다를 것이 없습니다."

## 디지털 시대의 출판 양식

우리는 퍽 먼 길을 돌아서 이곳에까지 이르렀습니다. 결론은
디지털 시대 출판의 새로운 환경에서는 전범성을 생명으로
한 한국의 금속활자 문화로 된 책의 길과, 다량 생산으로 시
장주의와 산업주의를 연 구텐베르크-마누티우스의 책의 길
이 서로 만나 공생을 하자는 것입니다.

　애매한 절충주의가 아니라 마치 육군과 해군만으로 안 되
는 전략에서 해병대가 생겨야 하는 것처럼, 26명의 납 병정과
천의 강에 찍힌 달의 모습이 통합된 공생의 길을 찾는 것이
니지털 환경에서 출판이 생존할 수 있는 길이라는 것입니다.

　출판의 힘은 매스미디어나 블로그 같은 개인 미디어에서도
생겨나지 않습니다. 출판의 욕망은 산업 시대 매스의 양에서
하나의 달(月)이 개개인의 강江에 분산되어 떠오른 월인月印
의 네트워크 형태로 변해갑니다.

　복사기나 팩스에 복사되어 나오는 문자나 그래픽은 양에
있는 것이 아니라 원본과 조금도 다를 것이 없는 클론을 만들
어내는 일입니다. 더구나 팩스와 복사기 같은 것은 알파벳 문
화권이 아니라 한자 문화권의 개발품들이었다는 것에 유의해
야 할 것입니다.

　한자는 알파벳처럼 텔레타이프로는 전송할 수가 없습니다.
한자는 그래픽과 같이 이미지를 그대로 전송하지 않으면 안

됩니다. 그래서 팩스같이 텍스트가 아니라 이미지의 전송 인쇄가 요구되었던 것입니다. 이와 같이, 프레스되는 것이 아니라 전송되는 문자나 영상은 이미 선형으로 행진을 하고 있는 '26명의 납 병정'의 파워로는 불가능해집니다.

납의 아톰이 디지털신호로 변한 인터넷의 멀티미디어들은 새로운 읽기·쓰기의 인쇄 문화를 보여주고 있습니다. 복사기의 감광지, 잉크가 분사되거나 레이저가 투사하는 컴퓨터·프린터기에서 찍혀나오는 문자와 영상은, 되풀이하지만, 천의 강물 위에 비치는 달빛과도 같습니다. 오리지널과 복사가 구별할 수 없는 일체형이 되는 것. 그리고 금시 비쳤다가 곧 사라지고 마는 모니터의 영상이기도 합니다.

필요할 때 다운받아 한 사람씩 받아보는 맞춤 책입니다. 그것은 다량 부수를 인쇄한 책보다는 오히려 목판이든 활판이든 준비해두었다가 아무 때고 필요할 때면 조금씩 찍어낸 사경공양의 개념과 비슷한 인쇄입니다.

그렇습니다. 인터넷에서 책의 데이터를 받아 가정에서 인쇄할 수 있는 에스프레소 북이 등장하고 있습니다. 종이가 디지털과 공생하는 디지털 아날로그의 책이 등장한 것입니다. 제가 명명한 '디지로그'라는 새로운 출판 상황이 열릴 것입니다.

## 창힐의 네 개의 눈

한자를 처음 만들었다는 전설의 인물, 창힐蒼頡의 눈은 네 개나 되었다고 합니다. 눈은 빛입니다. 빛은 어둠을 정복합니다. 창힐이 한자를 모두 완성하자, 어둠 속으로부터 귀신이 우는 소리가 들려왔다고 합니다. 문자가 만들어짐으로써 어둠을 지배하는 귀신은 설 자리를 잃고 맙니다.

이러한 창힐의 전설은 중국인을 비롯하여 한자 문화권에서 태어난 사람들의 문자관을 잘 보여주고 있습니다. 눈과 빛과 문자는 하나로 연결되어 암흑의 세계를 빛으로 바꾸게 됩니다.

어둠이란 무엇인가. 그것은 잠이고 망각이고 사라지는 모습들입니다. 문자는 보는 것이고 말은 듣는 것입니다. 말은 귀신의 우는 소리처럼 어둠의 일부이기도 합니다.

말을 문자로 옮긴다는 것은 혼돈의 어둠에서 질서의 빛 세계로 향하는 것과 같은 것입니다. 붕괴되어가는 소리의 연약함에 모양과 견고함을 주는 것, 시간에 대항하는 용기와 그 장소를 주는 것, 물건을 가리키는 손이 아니라 물건 그 자체의 흔적을 밝히는 빛,

그것이 바로 네 개의 눈에서 생겨난 아이콘 문자들입니다.

재빨리 사라져가는

"망각하고 묻히고 순간 속에 현존하는 것을 아이콘의 형상 속에 가두어 두려는 욕망이 바로 인쇄의 원점이라고 생각합니다."

것, 망각하고 묻히고 순간 속에 현존하는 것. 그러한 세계의
사물과 관념들을 아이콘의 형상 속에 가두어두려는 욕망이
바로 인쇄의 원점이라고 생각합니다. 그냥 가두어두는 것이
아닙니다. 악보와 같이 소리들을 가두어두었다가 재현하는
부호 이상의 것입니다. 저장에서 연주로 이행하려는 것이 악
보의 욕망이며 유혹입니다.

　문자가 읽히기 위해서 있는 것처럼 컴퓨터 네트워크의 모
든 홈페이지 속 그래픽이나 하이퍼 텍스트들은 읽히고자 하
는 강렬한 욕망으로 발열을 하고 있습니다. 그 욕망의 회로들
이 출판이라는 몸을 빌려 탄생합니다.

　그래서 종이는 천의 강물이 되어 인간의 정신, 오리지널의
영혼에 각자의 몸을 제공해줍니다. 그것이 종이책이 결코 지
상에서 사라지지 않는 이유이며, 디지털의 이북e-book이 그와
행복한 동행자가 되는 이유이기도 한 것입니다. 그래서 여러
분은 오늘 이 자리, 동과 서의 문화가 공생하는 자리에서 위
대한 승리자가 되는 것입니다.

3

# 페이퍼로드에서
# 디지로그로

: 종이의 과거와 미래

'페이퍼로드 지적 상상의 길' 국제 심포지엄 주제 강연 (2012년 5월)

반갑습니다.

여기 와서 보니까 인문학이나 문학 쪽 관계자는 없고 전부 디자인 쪽, 특히 시각디자인 쪽 사람들이 많습니다. '종이' 하면 나는 우선 '글 쓰는 사람들의 원고지'를 생각하는데, 역시 나는 늙었구나, 요즘 종이는 원고지로 대표되지 않는구나 싶어 좀 당혹스러우면서도 기쁜 마음으로 이 자리에 섰습니다.

옛날 희랍의 수사학에서 이야기하는 방법 중에 '이야기 속으로'라는 것이 있습니다. 우리가 불을 지필 때 불쏘시개를 사용하면 매운 연기가 나죠. 마찬가지로 이야기를 할 때도 화두부터 꺼내면 듣는 사람들이 다 도망갑니다. 그래서 이야기는 발단, 그러니까 불쏘시개부터 시작하지 말고 아예 활활 타는 불 속으로 들어가라, 이런 얘기가 있습니다.

여러분도 잘 아시는 《일리아드》는 어떻게 성공했습니까? 왜 전쟁이 일어났는지, 어떻게 모여서 트로이로 갔는지가 아니라 그냥 아킬레스의 분노부터 시작하죠. 그것을 본떠서 종이의 여러 배경이나 종이의 여러 의미를 저는 불쏘시개처럼 쓰지 않고 지적 종이의 한복판으로 그냥 들어가려고 합니다.

우선 내 개인적인 종이 여행 이야기부터 할게요. 나는 글을 쓰는 사람이기 때문에 나의 개인적인 종이 여행은 어떻게 시

작되었고, 지금 그 여행은 어디쯤 왔는가를 단도직입적으로
꺼내겠습니다.

## 지지자불여호지자 호지자불여락지자

아주 단순하게 나의 종이 여행, 특히 지적인 종이 여행은 세
가지 길이었습니다. 우리가 가장 지적이라고 말할 수 있는,
우리의 '지知'를 개발한 유교에 따르면 공자께서는 인간을 셋
으로, 그러니까 세 가지 길로 나누었습니다.

유교의 《논어》 중 〈옹야〉 편에 "지지자불여호지자知之者不
如好之者, 호지자불여락지자好之者不如樂之者"(아는 사람은 좋아
하는 자만 못하고, 좋아하는 자는 즐기는 자만 못하니라)라고 했습니다.
여기 앉아 계신 여러분 모두 어떤 것에 대하여 내가 지지자인
지, 호지자인지, 낙지자인지 한번 생각해보세요.

지식을 가진 인간이 가는 길, 그 즐거운 길을 가는 데 있어
최하위가 지지자예요. 이렇게 얘기하면 사람들이 잘 모르는
데, 술 얘기를 하면 다 알아듣습니다. 지지자는 술에 대한 정
보를 아주 많이 아는 사람이에요. 와인은 몇 년도산이고 시장
가는 얼마고. 이런 사람하고 술 마시고 싶어요? 그게 지지자
예요.

호지자는 술을 부어라 마셔라 하면서 함께 막 마시는 사람

"종이의 발상은 지지자의 뜻이요, 지성의 길이에요. 지지자는 기록을 위한 종이, 즉 종이의 기록성을 봅니다."

들이에요. 그런데 뒤끝이 별로 안 좋아요. 술주정이 있어서, 호지자는 좋긴 좋은데 뒤끝이 좀 흐려요.

낙지자는 누가 있건 없건, 혼자서건 여러 사람하고건 술을 조금씩 즐기는 사람이죠. 술 속에 그가 있고 그 사람 속에 술이 있는, 술과 함께하는 사람이죠.

종이도 마찬가지라는 거죠. 종이의 발상은 지지자의 뜻이요, 지성의 길이에요. 지지자는 기록을 위한 종이, 즉 종이의 기록성을 봅니다. 호지자는 종이를 좋아해요.

왜 파피루스와 양피지가 종이한테 졌을까요? 파피루스는 그냥 식물 자체죠. 그것도 나일강이라는 특수한 지역에서 나오는 것입니다. 양피지는 동물의 가죽을 벗겨서 만드는 것입니다. 엄격하게 말해서 파피루스가 페이퍼로드의 시작이라고 하지만, 파피루스에서 나온 페이퍼라는 말은 우리가 지금 쓰고 있는 종이와는 전혀 다른 의미예요.

그러니까 종이 여행의 출발점은 파피루스나 양피지이지만, 우리가 종이 이야기 속으로 들어가서 '종이가 뭐냐'라고 할 때는, 파피루스는 양피지에 밀렸고 양피지는 종이에 밀렸다고 할 수 있습니다.

　그런데 이렇게 이야기를 하기 시작하면 저에게 주어진 시간 동안 종이 여행의 목적지에 못 갈 것 같죠? 그러니까 이런 자세한 이야기는 여러분도 이미 알고 있으리라 믿고, 어쨌든 지금 지자의 길은 '지지자의 종이의 길, 호지자의 종이의 길, 낙지자의 종이의 길' 이렇게 세 가지 길이 바로 종이의 역사이고 오늘 여기에 모인 우리의 화두를 이루는 중요한 키워드라고 아주 단순하게 생각하겠습니다.

## 파피루스, 양피지, 종이

지자의 길을 볼 때 파피루스나 양피지는 지자에게 좋은 파트너가 아니었어요. 지자의 길에서 가장 필요한 것은 말을 글로 옮기는 것이었습니다. 글이 없었다면 파피루스, 양피지 같은 것은 큰 역할을 하지 못했겠죠. 소크라테스, 플라톤도 글을 쓰긴 썼지만, 글이라는 것은 한번 써놓으면 시간과 공간 대상이 없이 추상화되는 거예요.

　여러분 중에 내 책 읽으신 분들, 내가 나온 방송 보신 분들, 오늘 이 자리에서 나를 만난 분들이 있을 텐데, 글로만 되어 있던 것을 말로, 혹은 직접 내 목소리로 듣는다는 것은 전혀 다르다는 것이죠.

　왜 그러냐 하면 글이라는 것은 대상을 누군가로 상정하긴

하지만 대상이 눈앞에 있는 것은 아니에요. 그런데 내가 여기서 여러분을 보고 말하는 것은 이 시간과 공간 속에서, 내 신체에서 나오는 것입니다. 즉 내 음성 영역에서 나오는 것입니다. 이때 내 말의 소재에는 여러분도 있고 시간, 공간, 그리고 내 관념이 사용되지요.

언어를 문자로 이야기하고자 하는 것이 지자예요. 지자가 곧 오늘날의 지식인들이죠. 21세기 새로운 인터넷 시대 이전의 소위 프린팅 미디어 시대에는 인쇄하는 사람들이 바로 지자였어요.

여기에서 지자와 종이의 관계가 생겨요. 르네상스 이전 시대에 지식이 지지자에서 호지자로 바뀌는 순간, 종이도 가치가 바뀌어요. 마찬가지로 호지자가 낙지자가 됐을 때 종이의 콘셉트가 달라진다는 거예요.

이번에는 여러분의 상상력을 자극하기 위해서 초등학생 시절로 가봅시다. 여러분, 교과서 재밌어요? 교과서는 종이에 찍히죠. 더군다나 '교육부에서 찍은 것'이라고 명조체로 딱딱하게 씁니다. 그래서 그때 나는 제일 싫었던 게 방학 숙제장이었어요. 이 즐거운 여름방학에 말이죠, 하얀 공백이나 메워야 하는 방학 숙제장이 제일 싫었어요.

나는 그런 점에서도 지금까지 지지자를 경멸하는 사람이에요. 나는 그림 그리고 종이접기해서 비행기 날리고 바람개비 만드는 게 더 좋은데 학교에서는 글 써라, 책 읽어라, 한 거죠.

실제로 파피루스는 습기에 약해 잘 썩습니다. 보존성이 아주 나빠요. 이집트는 건조하기 때문에 파피루스가 살아남지만 로마-그리스인이 파피루스에 쓴 글은 전부 사라져버립니다.

글 쓰는 것을 지식인의 변절이라고 생각했던 플라톤도 글을 쓰긴 썼습니다. 물론 여전히 내가 진실한 것이고 글자는 가짜라고 생각했기 때문에 많은 작품을 구어체로, 주로 파피루스에 썼어요. 그런데 그것들이 다 사라진 것이죠.

그럼 양피지는 어떠냐 하면, 양피지는 터키 쪽에서 왔습니다. 양피지는 양가죽이기 때문에 무거워서 책으로 만들 수가 없었어요. 그러나 놀랍게도 양피지는 당시 지식인들이 가장 좋아하는 책에 가까웠어요. 두루마리로 된 파피루스는 말 수밖에 없어요. 죽간도 마찬가지입니다.

그런데 양피지는 어쨌든 가죽이기 때문에 두꺼워도 꺾을 수가 있어요. 접을 수가 있다는 것이죠. 그렇지만 무겁기 때문에 사방을 잡아당겨서 얇게 만들었어요. 그러다 보니 오늘날 코덱스라고 하는 종이 형태의 사각형 페이지가 생겨난 거예요.

## 정보의 분절, 디지털의 시작

오늘은 시간이 없어서 이 정도만 이야기하지만, 이것은 굉장한 변화예요. 아날로그라는 것은 이어져 있기 때문에 두루마리로, 페이지 없이 쭉 이어지는 거예요. 인위적으로 1페이지, 2페이지, 3페이지 하는 식으로 하나의 사상이 페이지에 의해 분절되는 것은 디지털화라고 할 수 있어요. 파피루스와 양피지 시대에 벌써 아날로그와 디지털의 싸움이 일어난 거예요.

쭉 이어지는 방식에서 1페이지, 2페이지로 분절할 수 있는 정보 단위가 종이의 페이지에 의해서 분열되는 방식으로 변화하면서 인간의 사고가 달라지기 시작한 것이죠.

띄어쓰기, 옛날에는 띄어쓰기가 없었어요. 모음도 안 썼어요. 자음만 쫙 붙여 썼어요. 이게 아날로그 형태입니다. 그런데 띄어쓰기를 하면서, 즉 디지털화하면서 단어가 생기기 시작했어요. 정보 단위가 생기기 시작한 거예요.

디지털이나 아날로그 하면 많은 사람이 시계를 떠올려요. 시계의 아날로그 자판과 디지털 자판만 알지만 자연에도 디지털과 아날로그가 있고, 우리가 일상적으로 사용하는 정보도 디지털 정보, 아날로그 정보가 있어요. 디지털과 아날로그는 인간의 문화가 표현될 때부터 등장했어요. 지식이 되는 모든 것은 분절돼요. 그래서 오늘날 문자는 훨씬 디지털화하기 쉬워요. 카운트할 수 있기 때문이에요.

## 백지의 공포

여러분, 오늘 내 말을 녹음해가지고 집에 가서 풀어보세요. 무슨 말인지 알 수 없을 거예요. 그것을 문자로 고쳐보세요. 내가 봐도 참 정떨어질 거예요. 내가 말한 걸 글로 쓰는 것, 글이라는 게 얼마나 자연에서 멀리 떨어진 것인지 알 수 있을 거예요.

나는 지금 열심히 내 신체 기관을 쓰고 있습니다. 이것은 호흡이나 마찬가지예요. 나는 말을 많이 합니다. 나에게는 그게 숨 쉬는 거예요. 지식인들이 이 호흡을 안 하면 죽어요.

누군가와 가만히 앉아서 맞선 같은 거 볼 때 말이죠, 말 안 하고 가만히 있어보세요. 숨 막힐 거예요. 그런데 글도 마찬가지예요. 글을 안 쓰고 있으면 지적 경련이 일어나요. 그래서 아까 내가 방학 숙제장이 무섭다고 했는데, 백지의 공포, 흰 종이의 공포 때문이에요.

흰 종이가 앞에 있을 때 지식인에게는 그것을 메워야 할 의무가 있어요. 《모비딕》에서 흰고래를 쫓아가지요. 왜 죽여야 하는지도 모르고 흰고래를 쫓아가서 막 죽이잖아요.

결국 작가란, 시인이란, 지식인이란 '모비딕'과 같은 거예요. 백지를 문자로 채워야 한다는 강박관념, 이게 《모비딕》의 흰고래의 공포이고 흰고래를 죽이고자 하고 대결하고자 하는 강박관념이 지식인에게는 백지라고 하는 종이, 아무것도 쓰여 있지 않은 종이를 만난 것이죠.

최초에 우리는 동굴 속 바위 같은 곳에 그림을 그렸어요. 바위는 보존성은 있어도 무거워서 가지고 다닐 수가 없어요. 그래서 결국은 가볍고 보존성이 있는 책의 형태를 찾게 되는데, 기원전 1세기에 오늘날의 책 형태처럼 손으로 들 수 있는 양피지 책이 나옵니다. 그 시대 양피지 책에 마르티알리스라는 사람이 이런 글을 썼어요.

"무거운 책은 다 서재에 두고 한 손으로 들 수 있는 책, 먼 여행을 하는 사람들의 반려가 될 수 있는 책, 그것을 사라."

자기 책이죠. 마르티알리스는 양피지를 아주 얇게 만들 수 있었으니까, 그런 양피지로 만든 책을 사라고 한 거죠.

## 종이, 지지자의 길에서 시작하다

기원전 1세기에 나온 그 책은 오늘날 여러분의 스마트폰처럼 가지고 다닐 수 있었어요. 얇은 양피지가 파피루스나 양피지에 대한 당시 지식인들의 꿈을 가능하게 만들었어요.

그런데 백지나 종이, 얇은 양피지가 왜 지식인들에게 꿈이 되었을까요? 기록할 수 있는 모든 생각을 말이 아니라 글로 적기 위해서 책이나 종이라고 하는, 오늘날의 우리가 자기 생각을 쓰는 이 흰 종이에 대한 여행이 시작된 거예요. 지지자의 여행이 시작된 거예요.

　지혜의 태산은 종이의 태산이에요. 처음 종이는 지지자의 길이었어요. 그러다 종이가 지금 우리가 얘기하는 종이, 디자인하지 않고 문자화

"지지자가 뭐냐, 호지자가 뭐냐, 낙지자가 뭐냐, 하는 것은 종이가 어떻게 변천해서 종이와 인간의 관계가 어떻게 달라졌는가, 왜 인간의 문명이 달라졌는가를 묻는 것과 같아요."

하지 않고 인쇄하지 않은 종이와 같은 프린트 미디어가 되면 호지자의 길이 시작되는 거죠. 이러다 정보 단위가 달라지고 정보 매체가 달라지면서 호지자가 낙지자로 되는 거예요.

　그러니까 지지자가 뭐냐, 호지자가 뭐냐, 낙지자가 뭐냐, 하는 것은 종이가 어떻게 변천해서 종이와 인간의 관계가 어떻게 달라졌는가, 왜 인간의 문명이 달라졌는가를 묻는 것과 같아요.

　즉 인간의 문명은 종이 발달사에 둘러싸여 있다는 이야기입니다. 이런 점에서 서양 학문인 이데아론의 생각과 전 세계에 종이를 퍼뜨린 아시아의 이데아론은 대단히 다릅니다.

　지식인 지지자만 알고 호지자와 낙지자를 모르는 문화권에서는 종이의 발달사도 이해할 수 없는 거예요. 이 종이를 누가 만들었어요? 채륜이 만들었다면 거짓말이죠. 그 이전에도 종이가 있었어요. 물론 종이로서가 아니라 넝마를 값싸게 눌

러놓은 게 있었죠. 그것을 종이로, 기록물로 응용한 사람이
채륜이에요. 채륜이 만든 게 아니에요.

## 보존성과 기록성 사이에서

종이라고 하는 것의 첫 번째 특성이 기록성이에요. 그런데 이
기록성에는 모순이 담겨 있어요. 무조건 가벼워야 한다. 기록
하는 대로 가지고 다니면서 봐야 하니까. 그 대신 무조건 보
존성이 있어야 된다. 기록이라는 것은 오래오래 보존해야 하
는 거니까.

보존성과 기록성의 모순에서 탄생한 아이가 바로 '가벼운'
종이예요. 이 '가볍다'는 성질 덕분에 종이가 다른 것을 무찌
를 수 있었어요. 보존성으로 따지면 종이는 바위에 비해서 떨
어져요. 파피루스나 양피지에 비해서도 떨어져요. 기록성과
보존성을 고루 충족시키는 것은 종이뿐이에요.

양피지는 두꺼워서 들고 다닐 수가 없어요. 파피루스는 보
존성이 없어요. 꼭 여러분들 스마트폰의 모순과 똑같아요. 액
정은 넓어야 하고 가지고 다니기에는 편해야 하고……. 이거
미치는 거 아니에요? 그래서 액정 크기에 따라 스마트폰의
판매량이 달라지는 거예요. 너무 무거우면 안 가지고 다니고
너무 작으면 화면을 못 보니까요.

보존성과 기록성, 종이는 이 모순의 아이예요. 종이의 모순은 참 상징적이에요. 사실 말을 글로 옮기고자 하는 것도 모순이죠. 여러분, 밤에 쓴 연애편지 보내지 말라는 말 있잖아요. 밤에는 근사하게 들렸던 말을 글로 옮겨 적어놓고 낮에 읽어보면 유치하고 정 떨어져요.

지자의 길에서 가장 성공한 것이 산업사회의 원고지 인쇄예요. 인쇄하는 것, 책을 만드는 것, 심지어 사전과 같은 용량의 종이를 만드는 것, 이러한 것들이 우세하던 시대가 이제 겨우 한 세기 지났어요. 그렇다면 지지자의 세계도 지났다는 거예요.

이제는 계산하고 기록하고 보존하는 종이가 아니라는 거죠. 이제 호지자의 길이라고도 할 수 있는데, 나의 경우에는 순서상으로 보면 거꾸로 종이 여행을 했어요.

지지자의 길이 뒤에 오고 호지자의 길이 먼저 왔어요. 그게 뭐냐 하면 나는 어렸을 때, 글을 몰랐을 때도 어디서 종이를 구하거나 또는 누님들이나 형님들 교과서 찢어다가 종이접기를 해서 비행기 날리다가 매 맞고 그랬거든

> "보존성과 기록성의 모순에서 탄생한 아이가 바로 '가벼운' 종이예요. 이 성질 덕분에 종이가 다른 것을 무찌를 수 있었어요. 기록성과 보존성을 고루 충족시키는 것은 종이뿐이에요."

요. 그러니까 나에게는 종이가 지식으로 오기 전에 먼저 장난의 소재 중 하나로 왔던 거죠.

글 쓰는 소재로서의 기록성이나 보존성하고는 아무 관계없이 종이가 가지고 있는 부드러움, 매끄러움, 찢을 수 있다는 행복을 먼저 경험한 거죠. 책장 찢는 것처럼 재미있는 게 어디 있어요?

옛날 선비들은 말이죠, 책 속의 어렵고 딱딱한 내용을 다 외워가지고 말이죠, 착 찢어가지고 입에다 넣었어요, 양들처럼. 진짜예요. 먹었어요. 한국 사람들은 뭐든지 먹지만 종이도 먹었어요.

이건 다른 얘기인데, 달에 대해서 전 세계의 많은 사람들이 시를 썼지만 한국 사람이 쓴 달에 관한 시에는 못 당하죠. 다른 나라 사람들은 달을 눈으로 보고 아름답다고 해요. 또 달빛에 목욕을 한다는 식의 신체성을 가져요.

그런데 한국의 달은 먹는 달이에요. 술잔에 뜬 달을 마시는 것이고, 내 배 속에 달이 들어가서 훤하게 비춘다 이거예요. 외국의 시 중에서 이런 시를 아직 내가 못 봤어요. 달을 먹어버린다.

한국 사람들이 꽃구경 가서 꽃 보는 거 봤어요? 도시락 먹지. 몸으로 체험하는 거예요. 배고파서 먹는 게 아니라 인터넷이 못 하는 것, 스마트폰이 못 하는 것, 스티브 잡스가 못

하는 것, 먹는 거예요. 그래서 내가 씹는 디지털을 만드는 나
라가 세계를 지배한다고 한 거예요.

여러분, 연애할 때 디지털로 해보세요. 스마트폰으로 밤낮
얘기하고 채팅만 하지 손 한 번 못 잡아봐요. 그래서 제가《디
지로그》를 쓴 거고 오늘 강의도 '디지로그라는 게 뭐냐' 그걸
이야기하자는 거예요.


## 종이를 자유자재로 사용하는 호지자의 길

종이가 어떻게 발달했느냐로 돌아가면, 호지자의 종이는 이
미 기록성, 보존성을 넘어서 패키징하는 거예요. 쌀 수 있다
는 것, 래핑을 할 수 있는 것이 아주 중요해요. 참 상징적이에
요. 디자인을 하건 포장을 하건, 실제로 포장을 안 해도 디자
인이라는 것은 포장하는 거예요. 어떤 개념을, 오락을, 철학을
포장하는 거예요.

우리가 그림을 그린다는 것은 궁극적으로는 자기 프레임을
만드는 거예요. 여기 그림이 걸려 있다면 이 한정된 공간에서
그림 공간을 별도의 공간으로 잘라낸 거예요. 여기에 똑같은
것들이 여러 개 있는데, 이 중에서 내가 하나를 골라 보자기
로 싸게 되면 그것은 대단히 다른 것이 돼요.

동양의 도시는 래핑이에요. 사람이 있고 도시가 싸는 거예

요. 그런데 서양은 미리 도시를 만들어놓고 사람이 들어가요. 그것이 늘 얘기하는 보자기와 트렁크의 차이예요.

내가 어렸을 때 대부분의 사람들은 보자기를 가지고 다녔어요. 도시 사람은 란도셀(일본의 초등학생용 책가방)을 가지고 다녔죠. 나는 시골 아이라서 학교에 갈 때 책을 보자기 싸서 다녔어요.

넣는 것과 싸는 것의 차이가 얼마나 큰지 아세요? 서양은 싸는 것이 아니라 만들어진 것 속에 넣는 것이에요. 넣는 것, 말하자면 들어가는 거예요. 옷으로 따지면 한복은 전부 싸는 거예요. 양복은 넣는 거죠. 그래서 양복은 걸어놓으면 사람처럼 보이죠. 한복은 걸어놓을 수가 없죠. 개어놓죠. 이게 중요한 차이예요.

종이는 부드럽기 때문에 래핑이 가능해요. 그런데 이것이 딱딱할수록 종이성을 상실하고 나무로 되돌아가요. 인간이 종이를 만든 것은 나무의 딱딱함을 부드러움으로 만든 거예요. 부드럽다는 것, 찢어질 수 있다는 것, 인쇄 가능한 것이 종이예요.

그러니까 래핑한다는 것은 인간의 사고 속에 개어놓느냐 걸어놓느냐의 차이예요. 보자기로 싸가지고 학교 다닌 세대는 알 거예요. 나는 보자기를 갖고 다니다가 어느 날 란도셀을 메고 학교에 갔어요. 얼마나 기분이 좋겠어요. 더군다나

가죽의 냄새라는 건 말이죠. 가죽과 종이를 비교해보면 잘 알 수 있어요.

우리 짚신과 고무신은 왼쪽 오른쪽이 없어요. 서양의 신데렐라 유리 구두는 절대로, 억지로라도 못 들어가요. 딱딱해서 그래요, 딱딱해서. 그런데 싸는 것은 별 규격이 필요 없어요. 한복 바지 보세요. 얼마나 넓은가. 풀어 입고 조여 입고. 바로 호지자의 종이가 래핑을 하듯 말이죠.

그러니까 사실 나는 학교에 란도셀을 메고 가는 날 너무 기분이 좋고 근대인이 된 것 같았어요. 책보는 풀면 책보가 없어져버리는데 란도셀은 책을 꺼내도 그대로 있는 거예요. 그래서 옆의 다른 애들이 툭툭 치고 다니는 거예요.

나는 온종일 학교에서 공부는 못 하고 란도셀을 지키느라 정신이 없었어요. 그걸 메고 돌아오는데 보통 시골에서는 저기 참외 있다, 감자 있다, 그러면 책보에 그냥 쑤셔 넣으면 되는데 란도셀은 규격이 정해져 있기 때문에 들어갈 공간이 없어요. 007 가방은 기가 막히게 멋진 가방이지만 친구가 복숭아 하나, 토마토 하나 줘도 들어갈 데가 없는 가방이에요. 시스템이 무너지면 꼼짝 못 하는 거죠.

그러니까 호지자의 길은 아까 얘기한 방학 숙제장의 공포, 흰 것을 내가 메우지 않으면 안 된다는 것으로부터 자유로워지면서 호지자가 되는 거예요. 종이를 소비하던 것에서 종이

"얼굴을 가릴 수도 있고, 말 수도 있고, 멜 수도 있는 보자기를 보세요. 자유자재예요. 뭐든지 래핑할 수 있어요. 종이에 자유롭게 인쇄할 수 있게 되면서 호지자는 뭐든지 할 수 있게 되었어요. 접고 찢고 별짓 다 할 수 있어요."

접기가 나오고 패키지가 나온 거예요.

일본에 우키요에라는 그림이 있어요. 일본에서 서양 사람들에게 도자기를 판매할 때 이 그림으로 포장해줘요. 그런데 서양 사람들에게는 도자기보다 도자기 싸는 종이가 더 관심을 끌었어요. 우키요에라는, 당시 서양의 인상파들이 열광했던 일본 화풍이 그대로 드러났거든요.

그러니까 호지자의 종이는 뭐든지 할 수 있어요. 보자기 보세요. 얼굴을 가릴 수도 있고, 말 수도 있고, 멜 수도 있고 자유자재예요. 뭐든지 래핑할 수 있어요. 도둑이 들어올 때는 얼굴에 썼다가 나갈 때는 벗어요. 종이에 자유롭게 인쇄할 수 있게 되면서 호지자는 뭐든지 할 수 있게 되었어요. 접고 찢고 별짓 다 할 수 있어요.

그러니까 한국 최초로 신문이 나왔을 때 "신문 사세요" 하면 아무도 안 샀는데, "이것을 가져가면 뭐도 할 수 있고 뭐도 할 수 있어요"라고 해서 신문을 팔았어요. 신문을 읽으려고 사가는 것이 아니라 그걸 가지고 가서 보자기처럼 덮기도 하고 깔기도 하면 아주 편리하니까.

지지자는 신문을 읽지만 호지자는 여러 가지로 쓰는 거예요. 그렇게 해서 초기의 한국 신문은 주로 래핑물이었다는 거죠.

최서희라는 가난한 사람이 있었어요. 참 가난해. 그런데 이 사람이 죽을 때 유언이 뭔지 알아요? "내 머리맡에 마음껏 쓸 수 있는 원고지를 쌓아놓고 죽을 수 있었으면"이었답니다. 최서희는 원고지가 없어서 글을 못 썼어요. 참 슬픈 얘기죠.

낙지자로 가면 놀랍게도 아까 양피지와 파피루스로 다시 관심이 돌아가요. 보존성을 따지자면 종이는 몇 년 못 가지만 양피지는 1천 년을 가요. 보존력이 탁월하죠. 게다가 흡수성이 있어요. 그래서 그림을 그려 넣으면 아주 생생하게 살아 있어요.

그런데 흡수성으로 따지면 한국 종이예요. 한국 종이는 흡수하기 때문에 그러데이션, 말하자면 바림 때문에 붓글씨 쓸 때 우연히 아름다운 색깔이 나오는 우연의 미학이 생겨나는 거예요.

## 쓰고 버리는 것, 낙지자의 길

호지자가 종이를 자유롭게 사용했다면 낙지자는 종이를 버리지요. 기록성과 정반대예요. 한국 사람들은 버린다는 말을 잘 써요. "버려버려" 그러잖아요. 이게 바로 낙지자예요. 인생의 모든 가치가 쓰고 버리는 거예요.

이쯤 되면 이게 해탈한 상태의 종이가 되는 거예요. 그게 휴지예요. 여러분이 쓰는 티슈야말로 낙지자의 종이예요. 뭘 남겨요, 남기길. 애당초 버리라는 얘기예요.

그런데 그냥 버리는 것이 아니에요. 역 앞에서 뭘 줘요? 광고 잔뜩 써놓은 휴지 주면 그걸 어떻게 해요? 그거 발명한 사람은 천재예요. 광고지만 주면 다 내버리니까 휴지 위에 광고를 쓴 거예요. 그러면 휴지 다 쓸 때까지 보잖아요. 이게 낙지자죠. 쓰고 버리는 것, 그런데 그냥 버리는 것이 아니라 쓰고 버리는 것. 이젠 종이라는 것 자체를 의식하지 않는 상태인 거죠.

디자이너가 최대로 꿈꾸는 것, 낙지자의 종이를 만드는 것이 여기에서 시작됐어요. 여러분, 디지털이 왜 재밌어요? 켰다가 끄면 없어지고, 얼마든지 변천하고 말이죠. 반도체를 통한 새로운 기술이지만 보존성은 양피지만도 못 해요.

> "쓰고 버리는 것, 그런데 그냥 버리는 것이 아니라 쓰고 버리는 것. 이젠 종이라는 것 자체를 의식하지 않는 상태인 거죠."

지금 여러분이 쓰는 디지털 미디어라는 것은 20년 가기도 힘들어요. 그것은 날아가버려요. 자기 컴퓨터 없으면 못 써요. 그것도 전기 없으면 못 써요. 기록성이 제일 나빠요.

오늘날 반도체라는 것이 마치 달처럼 비칠 땐 존재하고 없을 땐 없는 거예요. 더군다나 요즘은 클라우딩 컴퓨팅이 생겨서 자료가 나한테도 없잖아요. 구름 위에 있어요. 드디어 낙지자들이 120자씩 막 써서 내버리고 이상한 댓글 써서 버리는 정도로 종이가 발전했어요.

그런데 이건 어디까지나 종이 얘기예요. 이 종이하고 디지털을 어떻게 연결시키느냐, 지금은 디지털이 아날로그가 되고 아날로그가 디지털이 되는 QR코드 정도이지만, 곧 갖고 다닐 수 있고 보존할 수 있는, 날려버릴 수도 있고 마음껏 쓸 수도 있는 디지털 종이가 나오기 시작할 거예요. 그게 낙지자의 종이예요.

시간이 다 됐으므로 오늘 이야기를 정리하겠습니다.

지지자의 종이는 지식인의 여행으로 기록성과 보존성을 동시에 만족시키려고 하니까 자연으로부터 너무 동떨어진 생각을 했다. 그다음으로 호지자의 종이, 종이접기, 말하자면 창조하는 종이는 미디어가 아니라 대상물이 되고 창조물이 됐다.

추억의 방학 과제보다 우리의 즐거운 종이접기, 바람개비 이런 것들이 덜 억압적이었다. 이것들은 지적 억압을 주지 않는다. 내 신체성을 살리고 나의 상상력을 키운다.

　그다음으로 마음대로 지우고 사라지고 그러나 종이와 비슷한, 앞으로는 접는 디지털 종이가 나올 것이다. 그냥 종이처럼 접을 수 있고 구길 수 있다. 구긴다는 것, 찢는다는 것, 날린다는 것이 낙지자의 종이다.

　이렇게 해서 지지자의 디자인, 호지자의 디자인, 낙지자의 디자인을 여러분이 오늘 이 모임에서 마음껏 논했을 때 우리는 산업형 인간에서 21세기형의 좀 더 자유로운 지식인이 될 수 있다. 이것이 지지자의 여행, 호지자의 여행, 낙지자의 여행이다.

　이것이 오늘 제 발표의 요약이었습니다. 감사합니다.

4

# 시의
# 정체성과
# 소통

: 시는 언제 필요하고
　언제 쓰는가

〈시인세계〉 발간 10주년 특별 좌담(2012년 7월)
대담자: 이어령, 강정, 김언, 김경주, 서효인, 김산

## 시란 무엇인가

**서효인**　오늘 대담 주제는 시의 정체성과 소통입니다.

먼저 '시란 무엇인가?'에 대한 이야기를 해볼 텐데요. 내가 생각하는 시의 모양새, 형식, 정의에 대해 말씀해주시면 좋겠습니다. 굉장히 크고 추상적인 내용일 텐데요, 첫 번째 질문에 대한 답은 등단 역순으로 해보도록 하죠. 그럼 김산 시인 말씀부터 들어보도록 하겠습니다.

**김산**　가장 원론적이기도 하고 기본적인 질문일 텐데요. 사실 시가 무엇인지 아직 모르겠어요. 머릿속으로는 개념을 갖고 있지만 정형화된 패턴으로 한정해서 정의를 내리기는 쉽지 않은 문제인 것 같습니다.

더군다나 아직 첫 시집을 발행한 지 채 1년도 되지 않았고, 계속해서 스타일을 찾아가는 과정이라 시라는 텍스트를 가두는 것보다는 무한 열려 있는 상태, 즉 감각의 열려 있는 지점에 대해 계속 고민하는 작업인 것 같습니다.

**서효인**　처음에 저도 인터뷰나 지면을 통해 이런 질문을 받을 때 "그냥 쓸 뿐입니다"라고 대답한 적이 많았는데요, 지금 이 자리에서는 크게 영양가 없는 답변일 것 같네요.

제가 생각할 때 예전에는 시라는 장르가 특정한 형식이 정해져 있다고 봤어요. 요즘은 다른 장르들이 차지하고 있는 형식적인 면의 바깥에 있다고 보는데요, 소설·희곡·드라마 등은 고유의 쓰임이 있는 거죠.

그렇지만 "이렇기 때문에 시가 필요해"라고 즉각적으로 말할 수 없는 점이 시가 가진 특징이고, 그것이 시를 정의할 수는 없을 것 같다는 생각을 해봅니다. 그럼 바로 이어서 김언 시인의 말씀을 들어보도록 하겠습니다.

**김언** 사실, 이 질문과 연관해서는 아주 첨예한 문제인 것 같습니다. 이 질문이야말로 시의 정의이기도 하면서 시의 정수에 대한 물음일 텐데요.

그러니까 '시란 무엇인가'란 질문은 '시가 아닌 것이 무엇인가'와 맞물려서 질문이 이루어졌을 때, 생산적인 이야기들이 나올 것 같습니다. 현 시단에서 시대별 핵심적인 질문들은 그 경계에서 문제를 일으키고 시를 다시 한번 생각해보게 만드는 것 같습니다.

그렇다면 그 경계에 대해서 생각해본다면 시시각각 변하기도 하면서 그 변해가는 과정 속에서 가장 민감하게 생각하는 사람이 시인이라는 생각을 해볼 수 있겠지요. 그러한 것을 발견하기 위해 애쓰는 사람이 시인이어야 하겠고요. 제 입장에서는 변해가는 것에 대해 손을 들고 싶고 시 또한 역사를 반복하는 것이 아닌가 생각해봅니다.

**서효인** 네, 시의 경계를 찾아가는 것이야말로 시의 정의라는 말씀인 것 같네요. 다음으로 강정 시인의 말씀을 들어보도록 하겠습니다.

**강정** 세 분 말씀을 잘 들었는데요, 질문 자체가 크다 보니다 비슷하게 들렸어요. 고정불변하는 그런 실체가 아닌 것 같고 문학 장르로서의 시, 예술 양식으로서의 시, 이런 형식적인 질문들은 가능하겠지만 이 질문 자체를 충족시킬 만한 대답은 나오지 않을 것 같아요.

제가 시를 쓸 때 경험해보면 시가 무엇인지 알아서 쓰지도 않았고, 그런 질문들에 대해 크게 신경을 쓰지도 않았습니다. 시를 다른 것과 대입해서 생각해볼 수는 있을 텐데요. 가령 시는 마누라 같구나, 시는 술 같구나와 같은 단발적인 대답들은 나올 수 있겠지만 문학 안팎으로 개념과 정의들은 완벽하게 규정할 수 없고, 저도 그것들에 기대서 시를 접하지도 않았어요. 저 또한 이런 명분에 사로잡히면 시를 못 쓸 것 같다는 생각을 해봅니다.

**김경주** 시에 대한 어떤 담론이나 제도권에서 접했던 모범답안 안에서 저 역시도 출발했지만 정작 시라는 자체가 수치나 통계로 환원될 수 없는 문제 같아요. 개인적으로 언어의 질감에 대해 생각할 수 있는 항상 설레는 작업 같습니다. 담론이나 정의를 쉽게 할 수 없는 민감한 질문 같습니다.

**이어령** 시인들은 시에 대한 정의나 자신의 입장을 직접 시로 쓰는 경우가 많습니다. 'ars poetica'(시작법)라는 말을 시의 표제로 한 작품을 발표하는 경우가 많아요. 난해한 시를 써온 말라르메가 그랬어요. 직접 시론을 쓰기도 했지만 시 작품을 통해 혹은 시의 구절 속에 "오, 돈키호테여 너의 생애는 한 편의 시니라"라는 말을 넣어 간접적으로 자신의 생각을 드러냈지요.

그러니까 여러분들도 시에 대한 정의를 시로 쓴 경우 또는 탐구한 작품들이 있을 것이라고 생각해요. 구체적으로 그런 시를 놓고 이야기하면 자신의 시적 정체성을 쉽게 풀 수도 있을 텐데요.

**모두**　네, 한두 편씩은 다 있을 것 같습니다.

**서효인**　이 부분에서 실제로 자신의 시에 시론을 개진했던 시인은 그 예를 들고, 시에서 이야기했던 자신의 시론을 간단히 정리해주세요.

**이어령**　시 쓰는 행위 자체가 '시란 무엇인가?'에 답하는 것이라고 생각할 수도 있죠. 그러니까 "인생이란 무엇입니까"라고 막연한 질문을 하는 사람에게 "네가 한번 살아봐"라고 대답하는 것처럼 시가 무엇인지 알고 싶으면 "너도 시를 써봐"라고 체험에 호소하는 수밖에 없지요.

흔히 설명할 수 있는 것을 설명하는 것이 과학이고, 설명할 수 없는 것을 설명하는 것이 문학 예술이라고 하지요. 그리고 설명해서는 안 되는 것을 설명하는 것이 종교라고 말이지요.

"시 쓰는 행위 자체가 '시란 무엇인가?'에 답하는 것이라고 생각할 수도 있죠. "인생이란 무엇입니까"라고 막연한 질문을 하는 사람에게 "네가 한번 살아봐"라고 대답하는 것처럼 시가 무엇인지 알고 싶으면 "너도 시를 써봐"라고 체험에 호소하는 수밖에 없지요.

예술은 철학이나 과학과 달라서 개념적인 의미와는 다른 것인데, 문학이나 시를 자꾸 개념화하려고 하는 사람이 많아요.

오죽했으면 아치볼드 매클리시는 시란 무엇인가를 시적 이미지와 은유로 표현하면서 "시란 의미하는 것이 아니라 그냥 존재하는 것A poem should not mean But be"이라고 했을까요.

지금 이야기하는 것을 들으니 여기 모인 젊은 시인들의 하나같이 공통되는 말은 "시를 정의할 수 없다" "시는 정의하는 것이 아니다" "시란 무엇인가 하는 물음 자체가 시를 쓰는 데 중요한 것이 아니다"라는 점이지요.

그런데 내게는 바로 그러한 태도 자체가 이미 시에 대한 정의를 내리고 있는 것으로 들려요. 그리고 놀라운 것은 내가 생각하고 있었던 젊은 세대의 시가 우리 시대와 그렇게 먼 곳에 있지 않구나 하는 안도감 아니면 실망도 있습니다.

## 어려운 시, 쉬운 시

**서효인**  격려가 되는 말씀을 잘 들었습니다. 두 번째 '시의 난해성과 소통'에 관한 질문인데요. 젊은 시인들의 시가 암호문자처럼 난해하여 일반 독자들은 접근이 어렵고 해독 불가능한 경우도 있는데, 이런 난해성은 어떻게 받아들이고 풀어야 할지요? 그럼, 이번에는 강정 시인 말씀부터 들어보도록 하겠습니다.

**강정**  저는 개인적으로 난해하다는 언어의 그 말 자체를 잘 이해 못 하는 편인데요. 그렇다면 난해하지 않다는 것은 그것들이 논리적으로 질서 정연해서 그런 것인지 다시 반문을 하고 싶네요.

그러니까 난해하다는 것이 선전되는 것 같아요. 난해하지 않은 시가 또 생겨야 될 문제고, 예전 1960년대만 해도 '난해의 장막'이라는 논쟁이 많이 있었고, 그것은 이미 50년이 지났고 시가 쓰이는 훗날에도 계속 이어질 것이라 생각합니다.

사물을 자꾸 해석하려 하고 기존의 질서를 설명하고 이해시키려는데, 그 코드 안에 들어오지 않기 때문에 그것을 난해하다고 규정하는 것은 아닐까 생각이 듭니다.

모든 언어는 논리적으로 이해가 되어야 한다는 편견, 사회성이 있어야 한다는 하나의 코드 안에 가두고 몰아넣기 위해 조장된 분위기가 아닐까 생각해요. 시인이라면 그런 것들에 대해 짓궂게 더 몰아가야 하는 것이 아닐까 생각해봅니다.

**김언** 우선 시를 이야기할 때 더 이상 시에 대해 난해성이나 소통이란 말이 나오지 않았으면 좋겠어요. 이런 것들로 시를 재단하고 평가하는 행위는 더 이상 논쟁이 되지 않았으면 좋겠다는 것이죠.

**이어령** 잠깐, 왜 우리가 소통 문제를 다루고 난해성을 이야기하는가 하면 사회를 변화시키려고 하는 뚜렷한 목적의식을 가진 시인, 그리고 누구에게 말할 것인지 확실한 대상을 독자로 삼고 있는 시인, 그런 사람들의 시는 대중과 소통이 잘 되는 시를 쓰고 있어요. 그래서 시집이 수십만 부 나가기도 하고 네티즌들이 블로그에서 퍼 나르기도 하지요.

그런데 과연 시의 언어라는 것이 선전문의 카피처럼 투명한 것인가. 목표물을 맞히는 총탄같이 단순한 도구인가라는 점에서 많은 시인들이 말을 더듬게 됩니다. 그런 문제는 순수·참여의 문단 논쟁으로 선배 문인들이나 하던 과거지사로 돌린다 해도 젊은 시인들은 140자로 트위터를 하고 아이콘 문자로 카카오톡을 하고 있는 디지털 키드의 언어 환경을 피해가기란 힘들 거라는 생각이 들어요.

아무리 시대가 변하고 시적 환경이 바뀌어도 "시의 미디어는 언어다"라는 울 안에서는 벗어나기 힘들 거라고 생각해요.

**김언** 우선 시를 포함해 말 자체가 소통을 원하는 것이거든요. 그렇지만 이 세상 모든 사람과 소통을 한다는 것은 불가능하다고 생각하고요. 누구나 알아들을 수 있다고 말하고는 있지만, 그것의 코드에 대해 배제되는 경우도 자연스러운 문제인 것 같아요. 거기서 수(독자)가 많냐 적냐는 큰 의미가 없는 것 같고요. 시는 이 세상에 몇 안 되는 애인을 찾아가는 과정일 수 있다는 것이죠.

**김경주** 제가 축구를 굉장히 좋아하는데요. 골을 많이 넣는 것이 중요한 것이 아니라 사람들이 축구를 좋아하는 이유 중에 전술의 중요성도 있어요. 시에 대해 소통을 이야기할 때 점유율의 문제는 아닌 것 같고요. 언어의 질에 대한 고민인 것 같아요.

개인적으로 시란 고백의 문학이고 많은 사람과의 문제보다는 은밀하고 비밀스러운 작업인 것 같고요. 때론 내 소통의 문제를 다수가 알았을 때 수치스러운 마음을 가질 때도 있는 것 같습니다. 본질적인 시의 속성 자체가 양쪽으로 환원되기는 어려운 문제가 아닐까 하는 생각이 듭니다.

**강정** 제가 잠깐만 총괄해서 말씀을 드릴게요. 김언 시인이 몇 안 되는 애인을 찾아가는 과정이라고 표현을 했는데요, 많은 사람들의 사랑보다는 내가 원하는 사람이 있는데 그 사람에게만 마음을 얻기 위한 작업인 것 같네요. 그게 어쩌면 가장 큰 의미인 것 같습니다.

"애인은 고사하고 시인이 자기와는 소통이 되는가 하는 문제가 있어요. 남하고의 소통이 아니라 언어를 통해서 내가 나와 소통이 되는지. 시인이라면 누구나 그런 생각을 해요."

**이어령** 내 이야기를 좀 좁혀서 하면 애인은 고사하고 시인이 자기와는 소통이 되는가 하는 문제가 있어요. 남하고의 소통이 아니라 언어를 통해서 내가 나와 소통이 되는지. 왜냐하면 김소월만 해도 "그립다 말을 할까 하니 그리워"라는 말처럼 나는 말 바깥에 존재해요. 생각의 바깥 존재의 바깥.

나의 주체가 일치하지 않고 늘 간극이 있지요. 시인이라면 누구나 그런 생각을 해요. 아주 옛날 문인들도 언어가 끊긴 상태, '언어도단'이라는 말을 썼어요.

시인은 어떻게 해서든지 자기의 생각과 언어의 간극을 없애기 위해서 노력해왔지요. 말은 내 것이 아니라 사회의 공유물이기 때문에 내가 쓰는 말이 위조지폐가 아니라는 것을 공인받고 싶은 거죠.

그래서 언제나 독자, 혹은 자기라고 해도 됩니다, 그 눈치를 보는 거죠. 아무리 강심장의 나르시스라 해도 어쩔 수 없이 타협을 해요.

가령 김언 시인의 시 〈기하학적인 삶〉을 예로 들어볼게요.

기하학적인 언어, 점이니 선이니 하는 것들은 일상 언어가 아니기 때문에 정서나 가치가 들어가는 말들이 아니에요. 그러니까 시의 첫마디가 "미안하지만 우리는"이란 말로 시작하고 있어요. 시를 읽는 사람들에게 미리 소통의 코드를 던져주는 거예요.

왜냐면 "미안하지만"이라는 관용구는 항상 그 뒤에 부정적 의미와 연결되거든요. 그러니까 반드시 그 말 뒤에 이어지는 선이니 점이니 하는 것들에 대한 의미를 한정시켜서 애매성을 덜어주는 겁니다. 난해하지 않도록 배려하고 있는 셈이지요. "미안하지만" 우리는 점이고 부피를 가진 존재라고 할 때 그 존재의 의미가 코드화되지요.

사실 나는 요즘 시를 읽지 않아요. 특히 젊은 세대의 시는 거의 읽지 않아요. 막연하게 '읽어봐야 그저 그렇겠지'라는 편견을 가지고 있었던 거요. 그런데 이 좌담회에 나오려고 참석자의 시들을 꼼꼼히 읽어봤어요.

조금 충격을 받았어요. 놀랍구나. 개념적이고 엽기적이고 작위적이겠지라고 생각했는데, 새로운 감성과 다양한 언어 선택, 눈치 보지 않고 아주 자유롭게 달리는 초원의 말들 같아요. 산골짝 분지의 시인들과는 많이 달라요. 그리고 내가 생각해온 지적 유목민과도 다른 시들이에요.

**서효인** 논의를 구체적으로 해서 자기 시나 겪었던 것에 대해 이야기하면 좋을 것 같습니다.

저는 제 시를 굉장히 쉽게 쓴다고 생각했는데요, 주위 사람들도 제 시를 어렵게 생각하진 않았던 것 같습니다. 인터넷에서 김수영문학상을 받은 제 시에 대해 어렵다, 무슨 말인지 모르겠다는 평가를 받았는데요, 그분이 문학작품을 아주 많이 읽는 파워 블로거더라고요. 근데 유독 시에 대한 평가가 박하고 그중에서도 특히 제 시에 대해 평가가 박한 것을 보고 5분 정도 충격을 받은 적이 있어요.

평론가들이 어렵다, 어렵다 하는 그 아우라 안에 독자들이 쉽게 인정을 하는 것 같기도 하고요. 예를 들어 김언 시인이 아까 애인 말씀을 하셨는데 애인 많이 만나고 싶거든요. 날마다 얼마나 팔렸는지 체크하고 세일즈 포인트 확인하고 2쇄 찍으면 기쁘고 돈도 들어오니까요.

제가 안양예고에서 고등학생 상대로 작년에 시 창작 강의를 했는데요, 그중에서도 김언 시인의 〈소설을 쓰자〉를 학생들이 가장 어렵게 생각하더라고요. "왜 어렵다고 느꼈어?" 하면 검색을 하거나 문예지에서 보면 그것을 해석한 것이 어렵다는 것이죠.

제 두 번째 시집 중에 제1부를 보면 세계의 지명이나 역사를 저는 그냥 우리 이야기라고 생각하고 썼는데 어렵게 풀이하시더군요. 한국 시의 정치성으로 접근을 하시더라고요.

다섯 분의 시인들은 자신이 의도했는데 독자들(일반 독자, 주변 시인, 평론가 등)이 이해하지 못했던 경우나, 의도하지 않았는데 비평가들이 오역했던 경우가 있다면 자신의 시와 관련된 구체적 경험을 이야기해주세요.

**이어령** 그럼 반대로 이야기해보겠습니다. 세상에 쉬운 시란 없어요. 김소월의 〈엄마야 누나야 강변 살자〉를 예로 들어볼게요. "이런 시는 쉬워?" 하고 물으면, "그야 애들 동요 같은 건데 그걸 모를 사람이 있겠어요?"라고 반문하거든요. "그럼 왜 하필 엄마, 누나야? 아빠, 형님은 어디로 갔어?"라고 물으면 사람들이 깜짝 놀라요.

그렇구나, 왜 '아빠야 형님아'라고 하지 않고 '엄마야 누나야'라고 했을까. 대답을 못 합니다. '엄마야 누나야'는 시적 젠더의 공간이에요. 강변은 생식과 자궁의 공간, 생명의 장소입니다. 아버지, 형님의 공간은 역사와 사회의 투쟁 공간, 공장이거나 전쟁터이거나 경쟁을 하는 불모의 도시예요.

이렇게 시적 공간이란 창조된 공간이므로 먹고 자고 일하는 일상적인 공간하고는 거리가 있지요. 이 거리가 바로 난해성을 낳게 하는 공간, DMZ입니다.

## 시의 세대론

**서효인** 지금 말씀하신 부분이 '시의 세대론'과 자연스럽게 이어질 것 같습니다. 그렇다면 최근에 시집을 낸 김산 시인이 할 말씀이 많을 것 같습니다.

**김산** 네, 좋은 말씀 많이 들었습니다. 강정 시인도 '난해하다'라는 말 자체에서 느껴지는 부정적인 측면을 말씀하셨고, 김언 시인 역시 귀에 딱지가 앉을 정도로 작금의 문단에서 너무나 많이 이야기가 진행되었다고 생각하고 있고요.

이런 것들에 대해 답안이 나오리라 생각지 않을뿐더러 답이 있어서도 안 된다고 저는 생각하고 있어요. 난해성 자체가 가지고 있는 시의 폭력성에 대해 말씀드리고 싶습니다.

기성세대가 말씀하실 때, 너희만 알아듣는 이야기를 하기 때문에 서점가에서 지금의 시가 홀대받는다는 식으로 재단해버리는 경우를 자주 봅니다. 이런 것들이야말로 시의 본질에 대해 고민하지 않고 무책임하게 젊은 세대들에게 책임 전가를 하는 것은 아닌가에 대한 문제도 있는 것 같아요.

저의 구체적인 경험담을 말씀드릴게요. 인천의 주안도서관에서 일반 시민을 상대로 시 창작 강의를 진행하고 있는데요, 대부분 40대, 50대, 60대의 장년층입니다. 그중에는 시를 감상 차원에서 생각하는 분들과 이제 막 시를 직접 써보려는 '문청'이 고루 분포되어 있는 상태예요.

본격적으로 시 창작 수업을 하기 전에 우리나라의 대표적인 시인 몇 분의 시를 감상해보고 토론해보는 시간을 가졌는데, 그분들의 시에 대해 청강생들이 공통으로 합일한 점을 압축하면 김남주는 '강하다', 곽재구는 '아름답다', 문태준은 '깊다', 권혁웅은 '재밌다', 김중식은 '숙연하다'라는 결론이 나왔습니다.

그런데 문제는 이런 의식들조차 제가 이런 분들의 대표 시들을 언급하고 한 행 한 행 그것에 대한 해석을 하고, 그 기저에 깔린 배경에 대해 이야기해주었을 때 고개를 끄덕였다는 것이죠.

제가 생각하는 시는 시의 해석이나 의미의 차원이 아닌 전체를 뭉뚱그려서 표현할 수 없는 발생의 지점이고 감각의 지점으로 다가왔을 때 시의 격이 높아진다고 생각해요. 그런데 지금의 일반 독자나 상품의 구매욕을 가진 장년층은 그것들에 대한 이해를 직접적인 해석이나 의미에서 찾으려고 한다는 것이죠.

그것은 아마도 오랫동안 비평가들이나 중견, 원로 시인들 시의 정형화된 패턴에 익숙해진 독자들에게서 나타나는 고질적인 문제 아닌 문제가 아닌가 생각해보는 기회였던 것 같습니다.

**서효인**  네, 자연스럽게 세대론으로 진행이 된 것 같고요.

이런 세대론은 어느 시기에나 논쟁이 있었던 것 같습니다. 이런 시적 세대의 교체가 필요한 것인지? 시적 세대가 있다면 나는 무엇으로 명명될 수 있는지에 대해 이야기를 했으면 좋겠는데요, 김언 시인 말씀부터 들어보도록 하겠습니다.

**김언**  세대가 바뀌는 것은 자연스러운 현상 같고, 여기서 당연한 명제로 접근하는 것은 어려운 것 같네요.

**이어령**  세대가 바뀌어도 시의 투쟁은 결코 잠들 날이 없어요. 셰익스피어를 봐요. 그의 문학이 쉽게 시대의 정상에서 인도와도 바꾸지 않는 영국의 보물이 된 것으로 알면 큰일이지요. 뉴턴이 총재로 있었던 영국의 왕립협회, 그러니까 자연과학자와 수학자로 구성된 지식인 학자의 모임으로 당대 대단한 문화 권력을 쥐고 있었던 집단이지요. 이들은 셰익스피어의 문학을 깔아뭉개기 바빴지요. 반드시 셰익스피어를 노린 것은 아니라고 해도 극장을 폐쇄하기까지 해요. 수학자들은 개념이 명확하지 않은 언어를 경계하고 배제하려는 온갖 힘을 기울였던 거지요.

가령 셰익스피어의 대사 가운데 '선'이란 말이 나오는데, 그것은 해를 의미하는 'Sun'으로 해석되고 아들을 뜻하는 'Son'으로도 읽혀요. 이를테면 문학적 언어의 생명이라고 할 수 있는 양의성과 애매성의 효과를 왕립협회 회원들은 부정하고 억압했던 것이지요. 그래서 셰익스피어의 극은 죽지 않는 햄릿, 미치지 않는 리어왕 등 멋대로 합리적으로 재단되어 왜곡된 채 상영되기도 했어요. 20세기가 되면서 문학의 애매성을 중시하는 엘리엇 등의 작가들이 등장하면서 셰익스피어는 다시 제 모습으로 부활한 셈입니다.

이런 사실을 문학인들도 잘 몰라요. 문학은 끝없이 문학 아닌 것, 과학이나 경제나 정치에 의해서 문학의 언어 자체가 위협을 받아왔지요. 어느 시대건 문학을 압박하는 힘이 존재하기 마련이거든요. 네트 없이 테니스를 칠 수 없듯이 시적 언어를 방해하는 망들이 깔려 있어요. 세대론을 따지지 않는다 해도 전 시대와 다른 새로운 언어의 적이 어디에 숨어 있는지 분명히 알아야 하고, 그것들과 싸워야 하지요.

**김언** 조금 전에 김산 시인의 이야기 중에 기성세대의 시를 바라보는 입장의 차이에 대해 말씀을 드리면요. 이런 갭이 분명히 있지만 그것에 대해 합의를 이끄는 방법보다 오히려 투쟁의 과정이라 생각하고 있고요.

그런 점에서 1970년대생 시인 같은 경우에는 불과 몇 년 전이지만 첫 시집, 두 번째 시집을 출간하기도 어려울 정도로 기성 문학으로 편입되지 못했고, 어느 순간 미래파와 맞물려서 시집들이 봇물 터지듯 나오기 시작했는데요. 오히려 세대에 눌려 자기 목소리를 낼 수 없는 상태에서 더욱 자신만의 목소리를 냈다고 봐요.

 지금 이 자리에 있는 시인들이 젊은 시인들이지만, 젊다기보다 어린 시인에 가까운 지금의 1980년대생의 시인들을 보면 바로 위 세대들의 압박감이 별로 없다는 것이죠. 건국 이래 시집의 풍년 속에 너무나 쉽게 허용되고 편입되는 것이 꼭 긍정적이지만은 않다는 생각을 해봅니다.

 **강정**  개인적인 경험을 말씀드리면, 제가 1996년에 첫 시집을 냈는데 문단에서도 그렇고 독자들 사이에서도 그렇고 평가나 반응이 미미했어요. 저조차도 시에 대한 열망이 사그라들기도 했는데 몇 년 전, 여기 있는 시인들이 데뷔해서 시집을 냈을 때 제 시집에 대해 이야기하더라고요. 이런 시집들이 일반 독자 사이에서는 잘 읽히지 않는데, 관심을 갖고 읽는 사람이 있구나 알게 됐을 때 신기하고 반갑기도 했고요.

 최근엔 재밌었던 것이 프랑스 시인들의 초청을 받아 프랑스에 갔었는데, 그쪽 문예지에 실린 대부분의 작품들이 제 첫 시집에 실린 것들이었습니다. 어떤 시대가 지나면 그 시가 사라지는 것이 아니라 어디선가에선 분명 시를 읽고 그것들이 유전되어서 또 다른 시인들이 출현하고 이어진다고 생각하고 있지요.

 **이어령**  어때요, 서정주 시인의 시를 보면 위화감이 있나요? 젊은 시인들 가운데도 아마 문태준의 시를 보면 서정주 시인과의 거리를 느낄 수 없는데, 오늘 이 자리에 나온 시인들의 시를 보니까 조금은 세대 차이를 느낄 것 같은데.

**강정** 저는 서정주 시인도 그렇고요, 1960, 1970년대의 시인들도 그렇고 시대성의 차이를 그다지 못 느끼고 있어요.

**이어령** 그렇다면 왜 서정주 같은 시를 쓰지 않죠?

**강정** 그것은 그 시대에 쓰는 언어의 일반적 양식도 있을 수 있고 말투의 차이도 있을 수 있지만 저는 크게 차이를 못 느끼겠더라고요.

**이어령** 세상이 많이 바뀌었어도 1천 년 전 고전들을 읽으면서 여전히 우리는 감동을 받죠. 감동을 받으면서도 우리는 그 고전처럼 쓰려고 하지 않아요. 고려청자가 아무리 아름다워도 현대의 도예가는 고려청자를 재생하려고 하지 않아요. 그렇게 한다면 모방이겠죠.

본인이 쓰는 시가 어째서 서정주의 시처럼 쓸 수 없는가. 거기에서 나만이 나만의 세대가 갖고 있는 시의 목소리를 스스로 발견할 수 없는가라는 이야기지요.

**강정** 네, 제가 일제시대에 살든, 21세기를 살

> "세상이 많이 바뀌었어도 1천 년 전 고전들을 읽으면서 여전히 우리는 감동을 받죠. 감동을 받으면서도 우리는 그 고전처럼 쓰려고 하지 않아요. 고려청자가 아무리 아름다워도 현대의 도예가는 고려청자를 재생하려고 하지 않아요. 그렇게 한다면 모방이겠죠."

든 기본적인 시를 쓰는 사람의 심성이랄까, 사물을 대하는 태도는 변하지 않는다고 생각하는데요. 서정주 시인에 대해서 말하면, 저희도 배웠고 지금도 진행되고 있지만, 저도 강의를 하면서 지금 갓 스무 살 된 친구들이 시를 대하는 태도가 상당히 정형화되었다는 것을 느끼죠.

어쩌면 나이가 어리니까 더욱 새롭고 신선한 사유를 할 것 같은데 그렇지가 않더라는 것이죠. 그것들을 제대로 전달할 수 있는 사회적인 장치가 상당히 뿌리가 얕고 편견이 심한 것 같다는 거죠.

**이어령**  이해가 가요. 억지로 나는 젊은 세대니까 젊은 세대로 다른 시를 써야겠다는 태도가 아니라는 것이지요. 정말 세대 차가 나는군요. 나만 해도 어떻게 해서든 기성세대와 같아지면 나의 설 자리와 숨 쉴 수 있는 공간을 찾지 못할 줄 알았지요. 그런데 요즘 젊은이들은 애써 그렇게 의식하지 않아도 서정주와 다른 목소리로 세상을 노래할 수 있으니 행복해 보여요.

**김언**  제 일화를 잠깐 소개할게요. 제 고향이 부산인데 20대에 한창 시를 쓰려고 할 때였어요. 지하철 문고에서 책 하나를 뽑아 들었는데 아주 오래된 잡지더라고요. 〈현대문학〉 1956년 7월호였는데요, 70인 초대 시인 특집이었어요.

그중에는 아는 분도 있었는데 김수영이나 김춘수, 서정주 시인 이런 분들이 있었는데 쭉 읽어보고 느낀 점이 있어요. 선입견 없이 읽어보더라도 지금까지 이름이 남아 있는 몇몇 시인들을 보면 그 작품들이 대표작이 아니더라도 어떤 당대 에서든 자기 목소리로 새로운 것을 건드려준다면 변별되는 무언가를 가질 수 있는가 없는가가 가장 큰 문제인 것 같다는 생각을 해봅니다.

**서효인** 지금 이야기가 서정주 시인부터 세대론에 대해 진 행되었는데요. 좀 더 논의를 좁혀서 바로 앞선 세대들에 대한 이야기나 내가 생각하는 세대의 불안감에 대해 논의를 해봤 으면 좋겠어요. 그럼 김경주 시인 말씀을 한번 들어보도록 하 겠습니다.

**김경주** 네, 저도 현장에서 겪었던 일로 이야기를 시작하고 싶어요. 저는 위 세대들의 텍스트들을 읽으면서 고민을 많이 했고, 고등학교 일선에서 오랫동안 시 창작 수업을 진행했어 요. 그 제자들이 지금 막 첫 시집을 내고 있고요.

저희 세대는 학교에서 문학을 하면 소위 말하는 왕따라는 느낌보다는 자기 세계에서 무언가를 하고 있구나라고 생각했 다면, 지금은 저능아 취급을 받는 것 같아요. 지금은 자극적 이고 말초적인 것들이 성행하는 시대니까요.

그런 친구들이 자연스럽게 시를 접하게 되는 백일장 문학 이 입시에 관련되다 보니까 '백일장 키드'라는 말이 나올 정도로 시를 가볍게 생각하는 것이 큰 것 같고요.

저희 세대 같은 경우 선배들에게 흡수받았던 숭고성에 대해 고민하며 접근했는데 막상 이 시단 자체가 작고 대단히 폐쇄적이고 밀폐되었고 생활적인 측면에서 실존이나 생존 자체가 힘들다고 생각해요. 그런데 지금 친구들은 처음부터 마니아 문학이라는 것을 대했는데, 공부를 하다 보니까 의외로 숭고한 것도 있고 그런 과정들이 다르다는 것을 많이 느꼈고요.

기본적으로 여기에 있는 선배님들과 비슷한 이야기지만 세대론보다는 인간의 감정에 대한 내밀한 고백과 가까운 것이 아닌가 생각이 듭니다.

## 한국 시의 미래

**서효인** 네, 말씀 잘 들었고요. 그렇다면 이와 관련해서 자연스럽게 한국 시의 미래와 가능성에 대해서 이야기할 수 있을 것 같은데요, 제가 먼저 말씀드리겠습니다.

2009년이었나요? 6·9작가선언을 하면서 대한문 앞에서 집회를 했는데요. 그때 우리 작가들이 선언문을 낭독하니까 경찰들에게 잡혀갈지도 모른다고 해서 심문을 받게 되면 이래저래 대처하자고 A4 용지에 쓴 요령을 나눠 읽기까지 했거든요. 그런데 반대편 서울광장 쪽에서 집회를 하니까 경찰들이 거들떠보지도 않더라는 거죠.

저는 시를 쓸 때 사회와 정치에 깊이 천착을 하고 있기 때문에 한국 시에서 정치성에 대해 논의한다면 제 시가 분명 나와야 한다고 생각하고 있어요. 그럼에도 불구하고 좋은 시를 쓰려면 제 나름의 갈등과 고민이 있다는 것이죠.

설득해야 한다는 것과 조금 더 시적으로 써야 하는데 하는 두 마음 사이에서 시가 충돌하는 것 같습니다. 선택의 주도권이 시인에게 왔다는 것은 시집의 판매 부수와 관련 없이 좀 더 제대로 된 시의 시대가 온 것이 아닌가 하는 생가을 해봅니다. 그럼 한국 시의 미래와 가능성에 대해 김산 시인의 말씀을 들어보도록 하겠습니다.

**김산** 제가 생각하는 앞으로의 시는 '시 밖의 시' '시 건너의 시'인 것 같습니다. 저희 위 세대들의 말씀들을 직간접적으로 느꼈을 때 시인은 시만 써야 한다는, 시인은 자의적으로 숭고하고 신성시하는 경우를 많이 봤습니다.

지금 일군의 젊은 시인들을 보면 결코 시만 쓰고 있지는 않거든요. 이 자리에서만 봐도, 강정 시인 같은 경우는 비평집도 내고 2006년부터 밴드 생활도 하고 있고, 김언 시인은《소설을 쓰자》라는 시집을 통해 타 장르와의 마찰과 충돌을 통해 시가 가질 수 있는 영역을 넓혔다고 생각하고요. 김경주 시인 같은 경우에 잘 알려졌지만 희곡과 함께 전방위적인 예술 활동을 펼치고 있고, 서효인 시인도 야구 산문집을 낼 정도로 타 장르와 접점을 생각하고 있지요.

저 역시도 아직 눈에 보이는 결과물은 없지만 시 외에 소설, 시나리오, 동화 등의 문학 장르에도 깊은 관심을 갖고 습작을 진행하고 있는데요. 한국 시의 미래와 가능성 자체가 탈장르화되고 퓨전화되고 있다는 생각을 하고 있습니다.

여기서 시와 타 장르의 에너지 자체의 비율을 나눠 갖는다는 것이 아니라 시를 통해 교류할 수 없는 부분들에 대해 크로스오버하면서 진행한다면 일반 독자들에게 시인이 시라는 텍스트를 넘어 안과 밖에서 보여줄 수 없는 많은 재미와 즐거움을 통해 상호 교류가 이뤄질 수 있겠다는 생각을 해봅니다.

**이어령**  그러니까 이종격투기 선수가 되어야 한다는 말이군요.

**김언**  아까 서효인 시인이 6·9작가선언에 대해 이야기를 했는데요. 작가들이 아닌 연예인 몇 명만 동원했어도 훨씬 이슈화되었으리라 생각해요. 이런 것들이 지금의 문인의 위상이 드러나는 부분인 것 같고요.

불과 20년 전만 해도 가난하지만 시인은 지식인이었거든요. 가진 것은 없어도 엘리트로서 시대의 목소리였거든요. 그러나 한편으로는 구석으로 몰린 상태에서 더욱 가능성을 찾을 수 있지 않을까 하는 생각도 들고요.

아까 선생님 말씀 중에 나왔지만 직접적으로 대중에 가지 않더라도 말의 힘은 분명 전달되리라 생각하고 있어요. 자신만의 목소리를 발견했는가가 절실한 문제이고 소통이지 않을까 생각이 들어요. 조금 전에 김산 시인이 말한 장르 융합과 퓨전화도 너무나 중요한 문제 같고요.

**강정** 거의 비슷한 말이지만 제가 프랑스에 갔을 때 거기서 이런 말을 하더라고요. "시인은 개도 피한다." 그만큼 실체가 없어진 존재가 되었더라고요. 우리나라도 그런 것 같고 세계적으로 시인 자체가 박물화되고 있는 것 같고요. 그럼에도 저를 미롯해 여기에 있는 시인들에게는 시라는 것은 생사의 존재 이유가 될 수 있는 대단히 중요한 문제일 수도 있다고 생각하고요.

**이어령** 오늘처럼 영상 미디어의 시대에 살고 있는 시인들은 자기들이 덕을 보고 있다고 생각하나요, 아니면 불행하다고 생각하나요? 퓨전 또는 크로스오버의 예술에 대해서도 언급했지만 우리가 시를 낭송할 때 배경으로 음악이 깔리거나 영상이 있으면 텍스트가 도움을 받을까, 아니면 오히려 방해를 받을까의 문제에 대해서도 생각해보면 재미있을 것 같아요.

다른 사람 말할 것 없이 자기 시를 봤을 때 생각해보자는 거예요. 더 쉽게 말하면 종이책 시대의 시인과 디지털 미디어 시대 시인의 서로 다른 특성 같은 것을요.

**김산**  네, 제가 아까 타 장르와의 퓨전에 대해서 말씀을 드렸는데요. 이런 영상물들과 합쳐졌을 때 상호 교류가 원활히 된다는 데에서 순기능이 있다면, 그렇기 때문에 시라는 텍스트를 통해서만 시가 시다운 장르에서 폭발할 수 있는 에너지 또한 중요한 지점이 있다고 생각해요.

개인적으로 제가 요즘 준비하고 있는 것이 있습니다. 제가 어릴 적부터 음악을 많이 좋아했는데요, 조용필부터 홍대의 인디 밴드나 지금의 아이돌까지 총괄해서 일종의 작사집을 만들어보고자 합니다. 그러니까 작사집이면서 시집으로서도 가능한 작품집을 고민해보고 있습니다.

**서효인**  네, 앞으로의 작업에 대해서도 언급해주셨네요. 그럼 이제 이어령 선생님이 젊은 시인에게 바라는 점에 대해서 들으면서 마무리하도록 하겠습니다.

**이어령**  좀 딱딱한 말로 내 소감을 말하고 싶네요. 우리나라에서도 잘 알려진 일본의 평론가 가라타니 고진은 〈근대문학의 종언〉이라는 평문에서 "오늘의 문학은 앞에서 사회와 시대를 이끌어가는 선단先端의 의미를 상실했다"고 말하면서 "이런 사태를 실감하게 된 것은 한국에서 그 문학이 급격하게 영향력을 잃고 있다는 사실"이라고 지적했어요.

그 이유를 영상 문화가 우세해지고 활자 문화가 위축되고

상업주의의 물결에서 문학이 몰락하고 있는 2000년대 중반
한국 시의 상황을 두고 한 소리라고 어느 비평가가 토를 달았
지요. 1970년대의 민중 참여, 1990년대의 포스트모더니즘 열
풍 같은 것이 한 시대의 지표가 되었던 적이 있었다는 겁니
다. 시인을 평가할 경우 작품 자체보다 먼저 그가 어떤 유형
에 속하는가를 먼저 따지는 경우가 많았다는 겁니다.

　가령 참여/순수, 리얼리즘/모더니즘, 민족문학/자유주의
같은 대립항에서 어느 쪽에 자리하고 있는가로 시와 시인의
가치를 식별하는 중요한 기준으로 삼아왔다는 것을 부연하고
있어요. 그리고 노동시, 농민시, 도시시, 해체시 등 일련의 주
제적 이념적 속성을 개별 시 속에서 얼마만큼 담고 있는가도
판단 기준이 되었고요.

　그러니까 당대의 시가 단순한 미적 산물이 아닌 사회 현실
과 긴밀한 유연 관계를 갖고 있다는 사실을 토로한 것으로 보
이지요. 그런데 문제는 2000년대에 들어와서 한국 시가 예술
적 완결성과 진정성이라는 척도에 의해서 평가되고 있는 현
상을 가라타니의 주장대로 선도성을 잃은 문학의 소멸로 보
아야 하는 것일까요?

　2000년대 이후 새로운 시를 쓰고 있는 여러분들은 그런 지
적을 어떻게 생각하고 있는지 궁금합니다. 가라타니와는 반
대로 정치적·사회적 영향력이 작아지고 그 선도성을 잃었다

는 한국의 문학, 한국의 시를 오히려 문학의 소멸이 아니라 진정한 문학의 복권으로 볼 수도 있기 때문입니다.

2000년대 이전 한국의 문학은 외상 치료 같은 것이었지요. 칼이나 총탄에 맞은 외상 말입니다. 그리고 문학은 거기에 붙이는 고약과 붕대 같은 역할을 했습니다. 외부의 정치적 독재와 경제적 빈곤이 있었기에 문학은 그만큼 영향력을 갖고, 그러한 체제에 저항하는 힘이 생겼던 것이지요. 그래서 외부의 상처에 바르는 고약과 같은, 붕대와 같은 언어가 절실히 필요했는지 모릅니다.

하지만 2000년대 산업화와 민주화가 다 같이 그 유효 한계에 이르자, 이제는 위기가 안이나 밖에서 오는 것이 아니라 외부와 내부의 경계 영역에서 일어나고 있지요.

비유적으로 말하자면 요즘 국민 병처럼 번지고 있는 아토피성 피부 질환이라고 할 것입니다. 아토피에 걸리면 피부가 가려워서 긁게 됩니다. 긁는 순간은 시원하지요. 그러나 긁을수록 아토피의 증상은 더 악화되어 심각해지지요. 오늘날 엔터테인먼트로 불리는 대중문화의 자극과 쾌락을 많이 닮았지요.

아토피는 희랍어로 장소를 뜻하는 토포스에 부정사가 붙은 단어입니다. 일정한 장소가 없다는 뜻입니다. 다문화의 문제와 글로벌리즘에 의한 로컬 문화의 붕괴, 다양성과 혼돈을 구분할 수 없게 된 요즘, 문자 그대로 아토피가 우리를 괴롭히는 것입니다. 더구나 아토피에는 별 신통한 약이 없지요.

충고할 게 있다면 "긁지 마세요"라고 말하는 수밖에 없습니다. 아무리 가려워도 긁지 마세요. 여러분 젊은 세대가 만들어내는 희망의 언어는 손톱에 있지 않습니다. 면역 체계의 이상에서 생기는 과잉 반응, 그리고 거절 현상을 완화해 알레르기를 다스리는 근원적인 처방을 찾아내야 할 것입니다.

내 정체성을 지키려면 내 안으로 들어오는 바깥의 이질물을 공격해야 합니다. 일종의 거절 현상이지요. 하지만 음식물처럼 나와 다른 이물들을 받아들이지 않으면 살 수가 없지요. 다행히도 우리의 몸 안에는 필요한 이물질들을 T세포로 만들어 수용할 수 있는 기능이 있다고 해요.

한마디로 이 시대의 시인들은 면역 이상으로 생긴 거절 현상을 소거해 바깥에서 들어온 이물질을 융합, 수용할 수 있는 새로운 언어(세포)의 창조자들이라고 할 수 있겠지요.

이렇게 복잡한 은유로밖에 설명 못 하는 80대의 늙은 비평

> "이 시대의 시인들은 면역 이상으로 생긴 거절 현상을 소거해 바깥에서 들어온 이물질을 융합, 수용할 수 있는 새로운 언어(세포)의 창조자들이라고 할 수 있겠지요."

가를 용서하세요. 이따금 탕자가 돌아오듯이 나는 떠나온 문
단의 내 빈방으로 돌아올 때가 있지요. 그때 나는 여러분들처
럼 생생한 생채기가 있는 시를 읽게 되고, 그러면 마치 은성
한 잔칫상으로 날 맞이해주고 있는 것 같아 즐겁고 행복해집
니다. 여러분들의 시를 나를 포함해 더 많은 사람들이 읽게
된 것만 해도 이 좌담회의 큰 수확이라고 생각합니다.

5

# 디지털 시대, 왜 책인가

: 인류의 집단 기억과
 기억 장치로서의 책

제20회 도쿄국제도서전 특별 대담(2013년 7월)
대담자: 이어령, 다치바나 다카시

# 이어령의 강연

## 80년 책 인생의 시작

사회자께서 제게 60년 책 인생을 이야기하라고 했는데, 그건 사실과 다릅니다. 저는 80년 동안 책과 함께 살아왔습니다. 여러분은 과장이라고 하시겠지요. 그리고 이렇게 반문하실 겁니다. 그럼 한 살 때부터 책하고 살았느냐고요. 맞습니다.

한국에서는 돌상을 차리고 활도 놓고, 돈도 놓고, 책도 놓습니다. 일본에서는 돌에 아기에게 떡 한 되를 짊어지게 해놓고는 두 발로 설 수 있는지를 봅니다. 일본어 '잇쇼いっしょう'에는 '평생'이라는 뜻과 '한 되'라는 뜻이 있지요. 일본 아이들의 돌잔치는 떡 '한 되'를 등에 짊어지고, '평생' 먹을 것을 짊어지고 걸어가는 돌을 맞이하는 겁니다.

제 어머니 얘기로는 저는 돌에 활, 돈, 쌀, 장난감을 놔두고 책을 집었다고 합니다. 그러니 저는 한 살 때부터 책과 함께 살게 된 겁니다.

우리 어머니는 제게 항상 "너는 책을 집었단다" 하며 기뻐하셨는데, 어머니 당신이 책을 무척 좋아하시고 문학을 아주 좋아하셨기 때문인지도 모르지요. 이처럼 저의 첫 번째 책은 돌에 집었던 책입니다. 그리고 저의 두 번째 책은 바로 어머니라는 책입니다.

어머니는 저에게 항상 책을 읽어주셨습니다. 《장발장》도 읽어주셨고, 《천로역정》도 읽어주셨습니다. 제가 글을 깨치기 전에 어머니가 책을 읽어주셨기 때문에 어머니의 가슴, 어머니의 말, 어머니께서 읽어주신 수많은 자음과 모음이 저의 상상력을 키운 책이었습니다.

이미 저는 〈어머니를 위한 여섯 가지 은유〉라는 글에서 "어머니는 나의 책이었다. 영원히 읽어도 읽을 수 없는 도서관이고 수만 권의 책이었다"고 밝힌 바 있습니다.

작가나 시인들은 흔히 비유를 쓰고 과장을 많이 합니다만 비유가 아니라 사실, 저의 두 번째 책은 어머니였습니다. 어머니는 끝없이 소리 내어 제게 책을 읽어주셨기 때문에 제게 책이란 묵독黙讀(혼자 조용히 읽는 것)이 아닌 어머니와 공유하는 소리의 세계였습니다.

세 번째 책은 슬프지만, 돌에 잡았던 첫 번째 책과 두 번째 만난 어머니라는 책과는 달리 책으로부터 한없이 멀어지는 체험이었습니다. 그 책은 《천자문》이었습니다.

그 시절에는 보통학교(지금의 초등학교)에 들어가기에 앞서 여섯 살, 일곱 살이면 데라코야寺子屋(서당에 해당함)에 갔습니다. 저도 다른 아이들과 마찬가지로 데라코야에 갔죠. 그런데 거기서 배운 《천자문》은 어머니의 몸에서 느끼던 살아 있는 책이 아니었습니다. 모국어가 아닌 한자로 되어 있었고, 선생님이 가르쳐준 첫 문장은 '천지현황天地玄黃'이었습니다. 하늘은 검고 땅은 노랗다니!

저는 실망했습니다. 내 눈에는 하늘이 파란데, 서당에서는 하늘이 까맣다고 가르쳤기 때문입니다. 내가 경험하는 세계와《천자문》에서 읽는 세계가 전혀 다르다는 것에 참을 수 없어 선생님께 물었습니다.

"선생님, 하늘은 파란데 왜 까맣다고 하나요? 그리고 밤에 보면 세상이 전부 까맣잖아요. 그러면 땅도 까맣다고 해야 되는데 왜 노랗다고 하세요?"

저는 그날로 서당에서 쫓겨났습니다. 제 인생의 세 번째 책인 천자문은 그렇게 어설프게 끝나고 말았습니다.

그러나 책 속에는 내 감각으로만 도달할 수 있는 세계가 아닌 또 다른 세계가 있음을, 내 눈에는 파랗게 보여도 책 속에서는 까만 하늘이 있을 수 있다는 것을 그때 배우게 되었습니다.

《천자문》을 한 달 만에 뗐다, 두 달 만에 뗐다고 자랑하는 사람들이 있습니다. 양주동 선생님은 3주 만에 떼어 신동이라는 소리를 들었답니다. 하지만 하늘이 까맣다는 걸 무조건 외워 3주 만에《천자문》을 깨쳤다고 신동이나 천재라고 할 수 있을지 의문입니다.

《천자문》을 3주 만에 떼지 못했다고 해서 콤플렉스 같은

것은 없습니다. 하늘이 왜 까맣다고 했는지, 감각은 파란데
왜 까맣다고 했는지 제힘으로 풀었던 것이니까 저는 스스로
가 자랑스럽습니다.

  어쩌면 우리의 기억에 없는 책, 그것이 최고의 책일지도 모
릅니다. 세상에 단 한 권의 책이 있다면 그것은 기억할 수 없
는 책으로, 우리에게 끝없이 속삭이고, 끝없이 책을 읽게 만
들고 쓰게 하는 어떤 큰 힘을 가진 책일 것입니다. 그것은 여
러분이 어머니의 자궁 속에서, 따뜻한 모태 속에서 어쩌면 읽
었을지도 모를 근원적인 책입니다.

  오늘 우리는 그 얘기를 해야 합니다. 생명의 책을 이야기해
야 합니다. 어떤 말이나 문자로 쓰인 책이 아니라 어머니의
몸인 생명의 근원에 있는, 우리가 기억할 수 없는, 기억에 없
는 책이 바로 디지털 시대와 연결된다는 것을 저는 오늘 화두
로 삼고 싶습니다.

  저는 한 살 때부터 80 넘은 오늘날까지 에누리 없이 책 체
험을 했습니다. 그런데
슬프게도 80세가 되면
일어나는 일과 한 살 때
일어나는 일이 참 비슷
합니다.

  대개 30대에 교수가

"어떤 말이나 문자로 쓰인 책이 아니
라 어머니의 몸인 생명의 근원에 있
는, 우리가 기억할 수 없는, 기억에
없는 책이 바로 디지털 시대와 연결
된다는 것을 화두로 삼고 싶습니다."

되면 자기도 모르는 소릴 많이 합니다. 40대가 되면 자기가 아는 것만 얘기합니다. 50대가 되면 학생이 알아듣는 얘기만 합니다. 그런데 정년퇴직할 때쯤이면 입에서 나오는 대로 얘기를 합니다.

제가 80 아닙니까. 무슨 이야기를 할지 나도 궁금하고 두렵습니다. 지금 여러분과 나누는 책 얘기도 무슨 내용이 나올지 전혀 모릅니다. 조금 전 다치바나 선생과 여러 얘기를 했습니다. 그 직전까지도 저는 헤매고 있었습니다. 이런저런 메모를 했지만 메모대로 한 적이 한 번도 없습니다.

모국어로 된 어머니의 책. 'ㅓ' 'ㅏ' 같은 최초의 모음이 저의 텍스트이고 저의 책 이야기는 여기서부터 시작됩니다. 디지털 시대에 육체는 있는가. 어머니의 몸은 있는가.

이런 문제를 따져보면서, 제가 최근에 작업한 것이 '80초 메시지'입니다. 그 영상을 책과 함께 제작해 지금까지 세상에 없는 것을 만들었습니다. 금년 3, 4월 전 세계적으로 많은 책이 나왔지만, '80초 메시지'에 관한 책은 처음으로 나왔습니다. 처음 한 살 때 잡은 책과 지금 80세에 마지막으로 낸 내 책의 거리가 바로 저의 책 체험이고 책 세상입니다.

## 일제강점기의 독서 체험

오늘 일본에서 강의를 합니다만, 학교에 들어가자마자 제가 만난 책은 《천자문》도 아니고, 한글로 된 책도 아니고, 일본 말로 된 교과서였습니다. 이것이 세계 다른 나라 지식인과는 전혀 다른 책 경험입니다. 초등학교에 들어가자마자 제가 만난 책은 세 살 때 어머니한테서 들었던 말과는 전혀 다른, 온통 일본 말로 된 교과서와 책이었습니다.

　제 나라말을 사용하지 못하고, 제 나라말을 쓰면 벌을 받고, 모국어의 어머니로부터 세 살 때 내놓은 말을 쓰지 못하는 경험을 여러분은 상상하지도 못할 겁니다. 여러분은 누구나 제 나라말은 공짜고 제 나라 책을 읽는 것을 당연하다고 생각하는데, 저는 그것이 전혀 당연하지 않은 현실을 체험했습니다. 그것은 제게 귀중한 책 체험이었습니다. 남들은 태어날 때부터 당연히 가질 수 있는 제 나라말을 해방이 되고 나서야 마치 외국어처럼 배우고, 겨우 모국어로 된 교과서를 읽게 된 것입니다.

　이 이야기는 중요합니다. 앞으로 일본과 한국과의 관계, 지식인들의 연대, 전자책을 만드는 데 어떻게 해야 되느냐 하는 문제에서 이것은 반드시 다루어야 할 문제이고, 한·일 모두가 함께 고민하고 참여할 문제입니다. 또 하나 중요한 문제는 바로 교과서입니다.

교과서는 선생 입장에서 만든 책입니다. 옛 일본 교과서는 편지를 주고받고 하는 형식으로 되어 있었다고도 합니다. 그런데 일본도 근대화되면서 교과서가 가르치는 책으로 바뀐 것입니다. 학생 입장에서 보면 교과서가 아니라 학습서입니다.

교과서는 가르치는 책입니다. 교과서는 선생이 가르치는 책이었기 때문에 학생의 입장에서는 그 지식이나 정보가 재미없고 어려울 수밖에 없습니다. 선생에게는 가르치는 책이고 학생에게는 배우는 책일 뿐 선생과 학생이 서로 소통하는 책이 아닙니다.

교과서는 선생과 학생 사이에 어떤 공통의 집합적 기억을 가지게 하는가 하는 문제 또한 굉장히 중요합니다. 한국도 일본도 종이책 없는 디지털 책을 사용하는 것이 어쩌면 2~3년 안에 현실화됩니다. 트위터를 하며 디지털로 배우는 아이들이 느끼는, 어른들이 어른들의 입장에서 가르치려고 만든 책과 학생들이 자기들의 고민과 관심 속에서 스스로 만들어가는 책과의 괴리, 이것이 오늘 여러분과 함께 풀어야 할 또 다른 문제입니다.

'글'은 암벽 같은 딱딱한 것을 긁는 것을 어원으로 합니다. 흔적을 남기는 것이죠. 긁다, 그리움, 그림 전부 글에서 나온 겁니다. 책은 글입니다. 말과는 다릅니다. 어떤 흔적을 남기니까 시간이 공간화됩니다. 말한 것은 사라지지만 긁는 것은 흔적으로 남습니다. 그리움도 마찬가지입니다. 모든 것은 사라지지만 그리움은 마치 책에 글자처럼 여러분 가슴속에 긁혀져 있죠. 좋은 의미든 나쁜 의미든 글은 말과 달리 흔적을 남깁니다.

"'글'은 암벽 같은 딱딱한 것을 긁는 것을 어원으로 합니다. 흔적을 남기는 것이죠. 긁다, 그리움, 그림 전부 글에서 나온 겁니다. 책은 글입니다. 말과는 다릅니다."

　이것을 가장 극적으로 말한 삶이 바울입니다.
　"이것은 먹으로 된 글씨가 아니요, 석판에 새긴 글자가 아니라 하나님의 말씀이 내 마음에 쓴 흔적이다."
　책을 읽는다는 것은 글에 참여하는 것입니다. 그래서 책을 읽을 때 우리는 마음속에 하나의 글자를 남기게 됩니다. 프란체스코 페트라르카도 그런 얘기를 했습니다.
　"책을 책장에 쌓아두지 말고 마음속에 쌓아두라. 기억 속에 집어넣어라."
　페트라르카는 책을 책장에 쌓아두는 사람과 마음속에 쌓아두는 사람을 서로 다르게 얘기하는데, 저는 교과서에서 그러한 경험을 했습니다.
　일본에는 초등학교마다 니노미야 손토쿠 동상이 있습니다. 비록 식민지의 교정이었지만 지금도 강렬하게 남아 있습니다. 뒤로는 장작을 쌓은 지게를 진 채로 책을 읽는 모습이 말입니다.

사실 교과서는 책이 아닙니다. 교과서처럼 싫은 책도 없습니다. 특히 수학책은 숯빛이었는데, 얼마나 싫었던지 저는 지금도 숯을 보면 두통이 일어납니다. 교과서는 싫습니다. 교과서 아닌 건 재미있습니다. 교과서 외에 다른 책을 보면 공부 안 한다고 야단치는데, 그것은 강요된 폭력의 독서입니다. 오늘 우리가 이야기하려는 책은 교과서처럼 우리를 세뇌하고 강제하는 권력의 책이 결코 아닙니다.

니노미야 손토쿠는 지게를 짊어지고 있습니다. 의식주를 위해 그는 노동을 합니다. 앞에는 책을 들고 있습니다. 하지만 책은 의식주를 위한 게 아닙니다. 지금까지도 유럽에서는 노동의 세계와 의식주의 세계가 별개입니다.

플라톤도 마찬가집니다. 민중demos의 가치관은 딱 하나, 의식주뿐이며 더 이상 원하지 않는다고 했습니다. 민주주의 democratic하에서 대중이 원하는 것은 먹고 입고 자고 배설하는 것이라고 했습니다. 플라톤은 인간이 추구하는 가치는 그것보다 더 높은 데 있다고 생각했습니다.

그리하여 플라톤은 그의 명저 《국가론》에서 국가는 국민과 국민의 재산을 지켜주는 것뿐만 아니라 진선미가 무엇인지, 왜 우리가 사는지를 국민에게 알려주어야 한다고 했습니다.

장작 지게를 지고 책을 든 모습을 통해 '노동과 교양' '의식주와 진선미' '생활과 생명'이 함께 있는 두 모습을 저는 무의식적으로 봤습니다. 책과 장작은 떨어져 있는 게 아닙니다. 지식을 사랑하는(philosophi) 것과 노동을 통해 의식주를 해결하는 것에서 귀족과 대중의 차이가 없습니다. 니노미야 손토쿠는 제게 굉장히 충격을 주었습니다.

일본에선 책을 '혼本'이라고 합니다. 같은 한자를 쓰는데 일본은 '혼'이고 우리는 '책'입니다. 자기 남편을 서방書房이라 하는데, 책방이라는 뜻입니다. 세상에, 남편을 책방이라고, 서점이라고 부르는 민족은 한국인밖에 없을 겁니다.

한옥에는 흔히 물고기 세 마리가 그려져 있었습니다. '어魚'와 '여餘'는 통하는 글자입니다. 삼어三魚는 삼여三餘와 통하고 삼여는 비 오는 날, 겨울, 밤을 뜻합니다. 아무리 바빠도 세 가지 여유는 있다는 뜻입니다. 어렸을 땐 그냥 물고기 세 마리인 줄 알았는데, 사실은 비 오는 날, 밤, 겨울이 되면 반드시 여가가 있으니 책을 읽으라는 가르침이었던 것입니다.

어렸을 때부터 만나는 책이라는 세계는 '노동의 세계와 분리되어 있기 때문에 책 좋아하면 가난하게 산다, 선비는 가난하다 그랬습니다. 책은 경제적이고 현실적인 것과 동떨어진 것으로 생각했기 때문에 한낱 고급한 이상일 뿐이고, 현실을 택하면 책은 버려야 했습니다.

"일본어를 한국어로 번역할 수 없는, 한국어를 일본어로 번역할 수 없는 그 사이에서, 나의 언어와 영토에 갇힌 지식의 폭이 일본과 접하며 넓어지고 일본이 한국과 접해 넓어지는, 지식의 확충 작용을 경험했습니다."

중국에서 책은 '서書'입니다. 한·중·일 세 나라 사람이 책을 한자로 썼을 때 세 나라가 다 다릅니다. 앞으로 이 세 가지 다양성이 묶이면 아주 흥미로운 일이 벌어질 겁니다.

한국에서는 '공부' 하면 'study'를 뜻합니다. 중국어로는 '시간 있느냐?' '여유 있느냐?'라는 뜻입니다. 희랍어의 'skole'과 같습니다. 여유, 시간, 휴가를 뜻합니다. 일본어로는 아이디어를 말합니다.

세 나라 말을 합치면 기가 막힙니다. 여가가 있어야 공부하고, 공부하면 아이디어가 생깁니다. 공부를 세 나라 말로 읽으면 희랍에도 없는 말이 탄생합니다. 희랍에는 '쉬는 시간'이란 뜻밖에 없는데, 한·중·일은 '쉬고 공부하고 아이디어(생각)까지 나온다'는 뜻이 되는 겁니다.

제 독서 체험의 시작이 일본 강점기에 이루어졌고 먼 훗날 책 쓰고 책을 읽는 사람으로서 가장 슬펐던 기억이지만 인간에게 절대 불행이라는 것은 없습니다. 어떤 환경이든 전화위복을 만들 수 있기 때문에 저의 경험은 훗날《축소지향의 일본인》이라는 책을 쓸 수 있는 바탕이 되었습니다.

저는 일본을 통해 한국을 알게 되고, 한국을 통해 일본을 알게 되었습니다. 일본어를 한국어로 번역할 수 없는, 한국어를 일본어로 번역할 수 없는, 그 사이에서, 나의 언어와 영토에 갇힌 지식의 폭이 일본과 접하며 넓어지고 일본이 한국과 접해 넓어지는 지식의 확충 작용을 우울했던 그 시절에 경험했던 것입니다.

《축소지향의 일본인》 전문에 쓴 것처럼, 지식으로 이 글을 쓴 것이 아니라 초등학교 때 가졌던, 일본은 뭔가 한국과는 다르구나 하는 제 체험으로부터 시작되었던 것입니다. 자기 나라말을 쓰면 혼이 났던 세계 역사에서 드물었던 책 체험을 한 지식인으로서 일본에 와서 일본어로 책을 내게 된 것입니다.

《천자문》에는 국적이라는 뜻의 '국國', 봄이라는 뜻의 '춘春' 이 들어 있지 않습니다. 그래서 실용적인 책이 될 수 없었던 겁니다. 실용적인 책과 생각하는 책의 차이는 굉장히 큽니다. 디지털 시대에 새로운 책을 체험했을 때 그것이 네 번째, 다섯 번째 책이 될 것입니다.


### 디지털과 아날로그가 하나가 된 책

제가 《디지로그》라는 책을 쓴 것을 알고 계실 겁니다. 저는 다른 한국인보다 일찍 일본에서 워드프로세스를 접하고, 미국에 가서는 워드스타를 배웠습니다. 마이크로소프트가 나오기 전이었습니다. 그때 큰일 났다, 가뜩이나 뒤늦은 한국이 여기서도 뒤처지면 안 되겠다 싶었습니다. 검색이라는 것을 처음 접하면서 그게 얼마나 중요한지 실감했습니다.

가령 소설을 쓰는데, 누구 이름을 쓰고 어느 단어를 썼을 때 해당 이름과 단어를 찾아내고, 비슷한 단어를 찾아낼 수 있습니다. 글을 손으로 쓰는 것과 전자 환경에서 쓰는 것의 큰 차이를 느껴 한국에 돌아오자마자 아는 사람들을 전부 찾아다니면서 컴퓨터로 글을 쓰라고 했습니다. 당시 사람들은 글을 붓으로 써야 영혼이 있지 컴퓨터로 써가지고 글이 나오겠나 했습니다.

나는 반문했습니다. 헤밍웨이가 타이프라이터로 찍어낸 작품은 영혼이 없는 것이냐고. 붓으로 글을 쓰던 옛 사람들이 펜으로 쓰는 것도 안 된다고 한 것이나 펜으로 쓰는 사람들이 워드프로세스 쓰면 안 된다고 생각하는 것 모두 한낱 습관에 지나지 않는 것입니다.

저는 서울올림픽 때 모든 시나리오를 처음으로 워드프로세스로 쓰고 책을 만들었습니다. 손기정 선생이 베를린에서 가슴에 단 일장기를 우리 신문에서 태극기로 바꿔 고초를 겪은 한이 있기 때문에 이분께서 서울올림픽 최종 주자로 자신이

뛰겠다고 했습니다. 그러자 금방 외국 주간지에 손기정 선생
이 파이널 러너로 들어오는 사진 표지까지 나오는 겁니다. 최
종 주자가 누군지 개막식 이전에 미리 약속된 언론이 아닌 다
른 언론에 새어나가 전 세계에 보도된 일은 올림픽 역사상 한
번도 없었고, 그것은 개막식 행사 전체를 망치는 일이 될 수
도 있었습니다.

이래선 안 되겠다 싶어, 정보가 바깥으로 새나가면 위원장,
저, 또 한 명의 올림픽 위원 세 사람 중 한 사람 책임이라고
결의를 했습니다. 인쇄를 맡기면 정보가 또 샐 수 있다는 것
을 그때 알았습니다. 컴퓨터나 사이버 세계처럼 폐쇄적인 공
간이 없다는 것을 그때 알았습니다.

혼자서 워드프로세스로 작성해 새벽에 기자들한테 돌려 완
벽하게 보안이 됐습니다. 인쇄소에 가면 이런저런 프로세스
를 거치다 틀림없이 정보가 새나갔을 겁니다. 저는 우리나라
가 선진국에 산업화는 뒤졌지만 정보화는 앞서야겠다고 생각
했습니다.

'벽을 넘어서'라는 구호를 만든 것도 그런 취지였습니다.
그때만 하더라도 그 구호가 이처럼 빠르게 현실이 될 거라는
생각은 못 했는데, 실제로 정보화는 우리가 앞서게 되었습니
다. 우리 스스로도 깜짝 놀랄 정도였죠.

한국이 브로드밴드를 쓰기 시작할 무렵 〈요미우리신문〉에

서 마라톤 대담을 했어요. 현장 중계를 하는데, 한국은 방송
이 잘 나가는데 일본은 가다 서다를 반복했습니다. 〈요미우리
신문〉 기자가 이럴 수는 없다, 우리가 얼마나 앞선 나라인데
왜 이러는지 모르겠다고 했습니다. 우리나라에서는 브로드밴
드를 가지고 게임을 했기 때문에 인터넷 게임 3대륙이 유럽
대륙, 미국 대륙, 한국 대륙이었을 정도였습니다.

　　세계 인터넷 게임을 주도하는 나라는 한국이고, 겨우 패키
지 게임만을 일본이 주도하고 있었습니다. 한국 애들은 촌스
럽게 노는 아이를 '닌텐도스럽다'고 놀릴 정도가 되었습니다.

　　움베르토 에코의 《책의 우주》라는 대담집이 있습니다. 원
제가 '우리가 책에서 멀리 떨어질 수 있느냐?'인데 그 책 곳
곳에서 에코와 대담자들은 인터넷이 뭔지 모르고 몇 년 전 얘
기를 하고 있습니다.

　　여러분과 인터넷 사이에 있는 것, 여러분과 어떤 지식 사이
에 있는 책이 인터페이스입니다. 내가 여기서 저기로 전화를
걸려면 반드시 하드웨어가 있어야 하는데, 그게 인터페이스
입니다. 옛날에는 키보드가 있었습니다. 키보드가 없으면 아
무것도 할 수 없었습니다. 컴퓨터 없이도 제가 여러분과 교신
할 수 있으면 사이버 세계의 모든 비트를 여러분 육체에 쏘아
주고, 여러분 육체를 사이버 세계에 쏘아주면 키보드가 없어
집니다.

그러면 종이책이냐 전자책이냐는 아무 소용없습니다. 종이책 자체가 인터페이스입니다. 자기가 만드는 겁니다. 키보드를 누르지 않아도 영상으로 나옵니다. 쉽게 말해서 아날로그 정보를 사이버 세계에 인터페이스 없이 직접 전달해주는 겁니다. 사이버 세계의 것을 아날로그 세계로 직접 쏘아주면 전자책과 보통 종이책 사이에 아무런 인터페이스가 없다는 겁니다.

지금처럼 종이책을 옮겨놓은 게 전자책이 아닙니다. 인터페이스 없이 음성도 나오고, 인터넷에도 접속되는 것이 진정한 전자책이지 텍스트를 전자 환경에 옮겼다는 건 검색 기능 외에는 아무 쓸모가 없습니다.

공자는 난초꽃을 보고 세 번 울었습니다. 그 한 번이 골짜기를 지나다가 아무도 보아주지 않는데 너무나 향기로운 난초가 피어 있어 자신을 떠올리고 한탄하면서 그 마음을 달래기 위해 운 것입니다. 그때 공자가 작곡한 노래의 악보 사본이 일본국립도서관에 있습니다. 디지털 복원으로 2천 년도 더 된 공자의 악보를 재생했습니다. 문자로 돼 있기 때문에 해독이 안 되던 것을 지금 틀 수 있습니다.

베트남전은 최초의 디지털 전쟁입니다만, 당시 쓴 디지털 리소스를 지금은 하나도 못 씁니다. 디지털이라고 하는 CD는 인쇄랑 똑같습니다. 날아가면 그냥 없어집니다. 디지털로 만

들어진 스프레드 속에 들어가 있는 재료들은 다 헛것이 되고
포맷이 달라지면 아무 소용없습니다. 이 종이에 적은, 2천 년
전에 작곡한 공자의 악보는 지금 재현이 되는데, 우리가 생생
하게 여기 집어넣는 디지털 재료들은 50년 후에 존재하기란
대단히 힘들 것입니다.

　제가 《디지로그》라는 책에서 얘기했듯이 종이 환경과 앞으
로 나오게 될 전자 환경을 따로 보지 않고 아날로그와 디지털
리소스를 합쳐 인터페이스 혁명을 이루어야 합니다.

　트럭을 몰고 와서 짐을 내린 후에 그걸 다시 배에 옮겨 실
어야 했습니다. 그 짐을 배에서 내려 또 짐차에 옮겨 실어야
했습니다. 맬컴 매클레인이라는 트럭 운전사는 육로 수송과
해상 수송의 인터페이스를 없앨 방법이 있으면 트럭과 배가
하나가 될 거라고 생각했습니다. 그게 바로 컨테이너라는 기
적의 상자입니다. 매클레인의 컨테이너가 있었기에 자유무역
이 가능했고, 오늘날 여러분이 칠레산 와인을 싼값에 먹을 수
있는 것입니다.

　똑같은 일이 사이버와 아날로그상에서 일어났습니다. 여러
분이 쓰고 있는 키보드는 120~130년 전에 처음 나왔습니다.
당시에 엉터리로 만들었습니다. 자판이 아주 이상하게 되었
습니다. 가장 많이 쓰는 'a'를 가장 안 쓰는 왼쪽 새끼손가락
으로 누르고, 가장 손이 쉽게 가는 위치에 제일 안 쓰는 'y'를

누르게 되어 있습니다. 인류가 130년 동안 그렇게 썼습니다.

컴퓨터도 발달하고 사람도 발달했는데, 사람과 기계 사이의 인터페이스는 130년 동안 누구도 개량하지 않았던 겁니다. 이걸 개량하고 없애준 사람이 스티브 잡스입니다. 키보드, 즉 인터페이스를 없앴습니다. 인간하고 자연 사이에 코드가 다르고 시스템이 다른 것을 바꿔준 것입니다.

최근에 CNN에서 어린아이들을 대상으로 실험했어요. 아이패드를 놓고 툭 치면 그림 나오는 걸 아이한테 보여줬습니다. 그러고 나서 엄마와 아이패드를 나란히 두고 "이리 와" 했더니 엄마한테 안 가고 아이패드로 갔습니다. 더 놀라운 아이패드에서는 가짜 소리가 나고, 장난감에서는 진짜 엄마 소리가 나게 한 후 "이리 와" 하고 재생할 때도 장난감으로 안 가고 아이패드로 가는 거예요.

인간과 컴퓨터 사이에 키보드 하나 뗀 것이 새로운 삶의 환경을 만들었습니다. 아이패드는 키보드만 없앤 것이 아니라 환자와 의사의 관계도 바꾸어놓았습니다. 전에는 의사가 혼자 화면 보면서 "당신 간이 어떻느니" 했는데, 이제는 의사와 환자가 같이 화면을 보면서 "이게 당신 간인데" 이렇게 되는 겁니다.

환자와 의사 사이에 벽이 쳐져 있는데, 내가 만든 구호처럼 '벽을 넘어서' 키보드를 없애니까 환자하고 둘이서 한 화상을 놓고 인터넷 채팅이 가능해진 겁니다.

책이라는 게 시간이 없어 못 읽고 흥미가 없어 안 읽지 디지털로 만들어진 건 읽고 종이책이면 안 읽습니까? 더구나 한국처럼 책을 억지로 읽히려고 수능 시험에다 지문을 길게 책처럼 만들어놓으니까 애들이 독서의 즐거움이라는 것을 다 빼앗겼습니다. 수능 시험 보면서 문단이 어떻고, 주제는 어떻고 해놓으니까 우리 어렸을 때 그냥 좋아서 읽었던 소설, 내가 너무나 즐거워 눈물을 흘렸던 그 시절의 책들을 요즘 애들은 수능 시험을 보기 위한 것으로 강압적으로 접하고 있습니다. 독서를 위한 독서가 되면 안 됩니다.

내가 마지막 만난 책, 디지털과 아날로그가 하나 되는, 어머니 몸의 책. 살이 있고 피가 흐르는 따뜻한, 그것에서 얻어지는 음성·시각·촉각이 살아 있는 생명의 책을 우리는 만들어야 합니다.

희랍어에는 '읽는다' 뜻의 동사만 열 개가 넘습니다. 그중에 희랍 시대에 제일 많이 썼던 '레게인λέγειν'이라는 동사는 '소리 내서 읽는다'는 뜻입니다. 소리를 내야 서로 같은 정보를 나눌 수가 있다는 겁니다. 그래서 희랍어에서는 '읽는다'가 '나누다'의 뜻으로 쓰이기도 합니다.

법도 옛날에는 전부 큰 소리로 읽고 그 뜻을 함께 나누었습니다. 그러니까 소리에는 공유할 수 있는 공동체가 생기는 겁니다.

묵독은 자기 혼자만 읽는 겁니다. 일본은 아직도 띄어쓰기 안 합니다. 중국도 띄어쓰기 안 합니다. 유일하게 한국에서만 합니다. 서양도 원래 띄어쓰기 안 했습니다. 묵독을 하면서부 터 띄어쓰기를 시작하게 되었습니다.

묵독을 했느냐, 소리로 읽느냐, 액정으로 보느냐, 넓은 화 면으로 보느냐, 몇 미터 거리에서 보느냐에 따라 새로운 세계 가 만들어지기 때문에 미래의 책이 무엇인지를 여러분이 말 할 것이 아니라, 미래의 책을 위해 여러분이 지금 무엇을 할 것인지를 생각하고 토론할 때 정말 읽어서 행복했던 책, 내가 최초로 만났던 기억할 수 없는 책, 생명의 책, 즉 어머니의 몸 이라는 책이 우리에게 올 것입니다.

미래의 책이 어떤 것인지 묻지 말고, 미래를 위해 우리가 어떤 책을 만들어야 할 것인지 생각해봅시다. 그게 바로 지금 우리가 해야 할 발명입니다.

종이책을 그대로 사이버 세계로 옮기는 것이 전자책이라고 생각하는 어리석음은 오늘로 끝냅시다. 그건 전자책이 아닙 니다. 어머니의 몸처럼 육체가 있고, 관념이 있고, 감성이 있 는 그런 책이 반드시 나올 것입니다. 인간이 육감이라고 하는 새로운 미디어의 책이 생겨날 것입니다.

앞으로는 이게 디지털이다, 이게 종이다, 하는 세계 없이

> "종이책을 그대로 사이버 세계로 옮긴 것이 전자책은 아닙니다. 어머니의 몸처럼 육체가 있고, 관념이 있고, 감성이 있는 그런 책이 반드시 나올 것입니다. 인간이 육감이라고 하는 새로운 미디어의 책이 생겨날 것입니다."

아날로그와 사이버 세계를 그대로 넘나드는 책이 나올 겁니다. 그때 진짜 전자책이 나오는 겁니다. 내가 가지고 있는 이 책의 키보드도 액정이고, 이것들이 바로 사이버 세계이고, 사이버 세계에 있는 것이 그대로 나한테 투영돼 내가 이렇게 하면 그대로 비치는 그 세계가 옵니다.

'80초 메시지'가 있습니다. 어떤 사람들은 왜 80초냐고 묻습니다. 100초로 했으면 아무도 안 물었을 텐데, 80초라고 하니까 다들 궁금해하며 묻습니다. 그러면 내가 80세라 80초다, 그러고 맙니다.

8자를 눕혀보십시오. 무한대가 됩니다. 80에는 0이 몇 개 있습니까? 하나인 줄 알지만 8에도 0이 두 개 있습니다. 이런 걸 생각하는 게 80초 메시지이고, 그 80초 메시지는 아날로그 책과 디지털 책이 하나 되어 방송 동영상을 그대로 책에서 볼 수 있도록 만들어졌기 때문에 'http' 프로토콜 없이도 직접 들어갈 수 있는 책입니다. 이 책에 바로 영상이 뜹니다.

사라지는 책들을 무수히 만들다 보면 진짜 어머니가 돌아와 여러분에게 속삭이는 그런 책이 새로운 책으로 올 겁니다.

　지금까지 제 얘기가 뜬구름 잡는 얘기였다면 다치바나 선생께서 철학자로서 아주 치밀하고 현실적인 이야기를 들려주실 겁니다. 내일 아침에는 그야말로 디지털 시대가 오지 않을까 생각하면서 끝냅니다. 감사합니다.

# 다치바나 다카시의 강연

## 책 만드는 세계의 다독가

제가 이야기를 시작하기 전에 객석에 계신 분들에게 물어보고 싶은 것이 있습니다. 이 중에서 책 쓰는 일을 직업으로 삼고 있는 분들 손들어주시겠어요? 의외로 적네요. 더 많을 거라 생각했거든요.

어떤 사람이 제일 책 많이 읽는지 아십니까? 책을 만들거나 쓰는 사람들입니다. 책 만드는 것을 업으로 삼는, 책 만드는 세계에 있는 분들이 책을 압도적으로 많이 읽으시요. 그 다음으로는 학생들이 책을 많이 읽습니다. 책을 제일 많이 읽는 시기는 학창 시절입니다. 졸업하고 사회인이 되어 책과 전혀 관련 없는 세계에서 일하게 되면 우리는 더 이상 책을 읽지 않게 됩니다. 읽는다 해도 독서량은 굉장히 줄어듭니다. 책의 이런 성격을 전제로 몇 가지 말씀을 드리고자 합니다.

우선 '디지털 시대, 왜 책인가' 하는 주제와 관련된 이야기입니다. 저는 책을 꽤 많이 썼고, 지금도 책 쓰는 것을 업으로 하고 있습니다만, 꼭 책을 쓴다는 생각보다는 한 문장 한 문장 써나간다는 생각으로 글을 씁니다.

미야자키 하야오의 새 작품 시사회가 며칠 전 시작되었습

니다. 7월 말이나 8월 초에 상영됩니다. 제목은 〈바람이 분다風立ちぬ〉인데, 바람이 일어나지 않는다는 내용입니다. 스튜디오 지브리가 만들었는데, 팸플릿에 실을

"어떤 사람이 제일 책을 많이 읽는지 아십니까? 책을 만들거나 쓰는 사람들입니다. 책 만드는 것을 업으로 삼는, 책 만드는 세계에 있는 분들이 책을 압도적으로 많이 읽지요."

글을 조금 전까지도 열심히 다듬고 있었습니다.

이 영화는 '호리코시 지로에게 경의를 표한다'라는 부제가 붙어 있습니다. 호리코시 지로는 비행기 '제로센零戰'을 만든 사람입니다. 그리고 호리 다쓰오는 일본의 소화 시대 초 꽤 유명했던 소설가입니다. 이번에 〈바람이 분다〉라는 작품의 주인공은 이 두 사람을 합해놓은 인물입니다.

비행기를 동경하면서 꿈속에서 비행하는 상상을 했던 소년 호리코시 지로가 어른이 되어 진짜 비행기를 제작하는 세계에 들어가 상상과는 전혀 다른 아름다운 비행기를 만드는 이야기입니다.

그는 어렸을 때 어떤 이탈리아 디자인의 비행기를 선망하게 되었습니다. 제2차 세계대전 당시 카프로니 백작이라는 유명한 사람이 비행기를 디자인했는데 '카프로니'라는 이름이 붙은 비행기가 역사 도감을 보면 몇 가지 나옵니다.

　스튜디오 지브리가 카프로니가 만든 비행기 '지브리'에서 이름을 따왔다고 하는데 그것은 잘못 알려진 겁니다. 지브리가 아니라 '기블리ghibli'라는 이탈리아어 이름이었습니다. '사막의 폭풍'이라는 의미인데 잘못 읽은 것입니다. 그래서 '스튜디오 지브리'라고 한 겁니다.

　이 영화는 지금까지 나온 미야자키 하야오의 애니메이션 작품과는 전혀 다른 구조를 가지고 있습니다. 카프로니 백작은 역사 속 실제 인물입니다. 세계적으로 유명한 항공 잡지에 카프로니가 만든 비행기 이야기가 나옵니다.

　지로는 그걸 초등학교, 중학교 때부터 애독합니다. 머릿속에 카프로니에 대한 경외심 같은 것이 있어 카프로니 백작이 꿈속에서 나옵니다. 꿈속에서 카프로니 백작과 소년 지로가 대화를 나눕니다. 그러한 세계가 어렸을 때 만들어집니다.

　그런데 실제로는 카프로니 백작을 모른 채 머릿속에서 대화를 하고 있는 겁니다. 그런 대화가 이번 작품의 세계를 형성하고 있습니다. 지로는 도쿄대 항공학과에 입학해 열 명 남짓한 동기들과 일본 비행기 역사를 개척해나갑니다. 인생의 여러 시기에 카프로니와 대화를 하면서 시대 전체를 바라보는 것이 그 작품 세계를 형성하고 있습니다. 꿈인지 현실인지도 모르는, 굉장히 이상한 구조를 지닌 영화입니다.

　저는 이 영화의 프리뷰를 써달라는 부탁을 받았습니다. 팸

플릿에 실릴 글을 제가 쓰게 된 거죠. 대략 2,400자 정도의 글
이었습니다. 그나마 절반은 그림 설명이라 실제 제가 써야 할
원고량은 더 적습니다. 그런데도 그 적은 글을 쓰기 위해 얼
마나 많은 책을 읽었는지 모릅니다. 책을 읽는 사람은 사실
책을 쓰는 사람입니다.

　원래 저는 비행기에 대해 자세히 알고 있습니다. 제가 교수
로 근무하기 시작했던 곳은 도쿄대 첨단연구센터였는데 원래
는 항공연구소였습니다. 일본에서 최초로 비행기 연구를 시
작한 곳이 도쿄대 항공연구소였죠. 그 연구소가 제가 말씀드
렸던 오리코시 지로가 학생으로 있었던 도쿄대 항공학과의
일부였습니다.

　이번 영화에서 간토 대지진이 시대적 배경이자 전체 이야
기의 골격을 이루고 있습니다. 당시는 일본에서 본격적으로
비행기를 만들기 시작한 시기였습니다. 도쿄대 항공연구소가
후카가와라는 지역에 자리 잡은 지 얼마 안 되어 항공연구소
는 괴멸됩니다. 그 후 지금의 도쿄대 교양학부가 있는 고마바
옆 지역으로 이전되었죠.

　현재 도쿄대 고마바 제2캠퍼스가 있는 곳인데 조금 전 말
씀드린 항공연구소는 거기에 있습니다. 그것이 간토 대지진
후 도쿄대의 새 항공연구소가 되고, 전쟁이 끝난 뒤에는 항공
연구가 금지되어 항공 이외에 이화학을 연구하는 연구소가

되었다가 나중에 우주연구소가 됩니다.

　지로가 대학에 들어간 시기에 비행기의 소재는 나무에서 금속으로 바뀌어가고 있었습니다. 그래서 그런 설비가 제가가 있던 시기에 캠퍼스 안에 많이 남아 있었습니다. 당시 알루미늄을 주성분으로 하는 두랄루민이라는 금속이 있었습니다. 가볍고 견고해 그 시절 금속제 비행기는 두랄루민으로 만들어졌습니다.

　그런데 일본에는 두랄루민이라는 금속이 없었습니다. 그래서 도쿄대 연구소는 제2캠퍼스 부지에 두랄루민 공장을 지었습니다. 두랄루민을 만드는 것으로 비행기 제작을 시작한 것입니다. 금속을 녹이고 합금해서 여러 형태로 가공해 비행기 기체를 만드는 공장이 그곳에 있었습니다.

　당시 일본엔 기술력도 없고 설비가 제대로 갖춰져 있지 않았습니다. 제가 부임했을 때 대규모 캠퍼스 공사가 있었습니다. 남아 있는 여러 공작기계를 하나하나 조사해봤더니 이만큼 재미있는 게 없다고 생각해 첨단 항공단을 만들었습니다. 도쿄대는 이 공간을 철거해야 한다는 적잖은 압력을 받았고, 적어도 역사는 남겨야 한다는 생각에 보존 활동을 전개했는데, 지금은 당시 학생들이 만든 팸플릿밖에는 남아 있지 않습니다. 그런 시대였거든요.

　호시코리 지로는 비행기 제작을 위해 고심했습니다. 일본

에는 두랄루민이 없어 독일로 갑니다. 당시 독일에는 스팀 난
방 기계가 있었습니다. 스팀 난방 기계가 두랄루민으로 만든
것이었습니다. 지로는 놀랐습니다. 비싼 가스로 난방하던 시
대에 두랄루민으로 가정용 난방기를 만들고 있구나, 기술력
의 차이가 하늘과 땅만큼 있구나.

우리가 비행기를 만들 수 있을까? 이런 상황에서 실패만
거듭하게 됩니다. 일본은 유럽과 비교하면 기술의 격차가 굉
장히 컸습니다. 그 시대 사람들이 얼마나 고생했는지 그런 스
토리가 있는 작품입니다.

저는 시로의 스토리를 쓰기 위해 서점에서 엄청난 양의 책
을 사왔습니다. 두랄루민에 관한 책이 일본에는 열 권 이상
있었습니다. 비행기 역사와 관련된 책은 어딜 가나 있었습니
다. 스토리의 골격을 잡기 위해 소설가 호리 다쓰오의 책《바
람이 분다》도 사 왔습니다. 학창 시절에 읽은 적이 있긴 했지
만 내용이 기억나지 않았기 때문입니다. 2,400자를 쓰기 위
해 책을 산처럼 쌓아놓고 읽었답니다.


## 한자, 한·중·일 문화의 근원

그 정도 문장을 쓰기 위해서는 프로 작가에게도 그 정도의 책
이 필요합니다. 글을 적당히 쓰는 사람은 책을 읽지 않고 머

릿속에서 <u>끄</u>집어내 쓰기도 하겠지요. 저는 그런 사람이 아니어서 실증적으로 조사해 쓰기 때문에 반드시 그런 작업이 필요합니다.

시중에 엄청난 양의 책이 나와 있습니다. 최근에 조금 줄었다고는 하지만 연간 5~6만 권의 책이 나온다고 합니다. 앞으로도 계속 나올 것입니다. 그만큼 책 읽는 사람들이 있고, 책에 싫증을 내지 않는 사람들도 있는 것입니다. 어느 정도 선진 문화권이라고 불리는 곳에서는 여전히 책이 중심입니다.

한 권의 책을 쓰기 위해, 심지어 2,400자의 칼럼 하나를 쓰기 위해 산더미 같은 책을 산 것처럼, 책을 쓰는 사람, 책을 만드는 사람들이 자기 책상에 엄청나게 책을 쌓아둡니다. 어느 정도 수준을 유지하고 있는 문화국가에서는 계속 책이 재생산되고 있습니다. 그리고 그것이 그 국가의 문명을 유지해주는 것입니다.

이런 것들이 언제부터 시작이 됐을까요? 사실 아주 옛날부터 시작됐습니다. 어느 시대를 보더라도 책의 재생산에 종사하는 사람들, 이른바 지식인이라고 불리는 사람들이 책을 쓰면서 동시에 책을 읽는 사람이었습니다. 이러한 현상은 전 세계적으로 오랫동안 유지되어왔습니다. 구텐베르크 이전보다 훨씬 앞선 그리스 시대에도 그랬습니다.

알렉산드리아에 세계적으로 유명한 도서관이 있습니다. 그 이전에도 페르가몬이라 는, 도서관의 원형으로 보이는 아주 큰 도서관 이 소아시아에 있었습 니다. 그 전에도 도서관 의 원형이 많았습니다.

"어느 정도 수준을 유지하고 있는 문 화국가에서는 계속 책이 재생산되고 있습니다. 그리고 그것이 그 국가의 문명을 유지해주는 것입니다."

아주 옛날에는 책을 금방 서점에 가서 살 수는 없었으니까 도 서관에 가서 책을 구해 읽고 필요한 부분을 써놓았다가 보고 공부했습니다. 그것이 이어져 내려와 오늘날 책이라는 존재 가 유시뇌어왔습니다.

　조금 전 이어령 선생께서 움베르토 에코 이야기를 하셨는 데,《장미의 이름》이라는 책에 나오는 수도원에도 거대한 도 서관이 만들어졌습니다. 그리고 구텐베르크 시대가 도래합니 다. 이어령 선생과 식사하면서 여러 가지 이야기를 나눴었는 데, 사실 구텐베르크 이전에 존재했던 훨씬 더 훌륭한 조선의 금속활자《직지심체요절》에 대해 선생께서 잠깐 소개하셨습 니다. 이어령 선생께서 삼성 스마트폰이 얼마나 뛰어난지 말 씀하셨는데, 그 바탕에는 먼 옛날 금속활자를 만든 것이 기반 이 되었다고 합니다.

　오늘날을 지탱하는 모든 문화는 거슬러 올라가보면 그 근 원이 있습니다. 이러한 사실을 나중에 알게 됩니다. 이어령 선생의 말씀 중에 굉장히 흥미로운 것은 한·중·일 3국이 한자 문화권에 속한다는 대목이었습니다. 일본에는 한자가 상당히 강하게 남아 있고, 한국은 4·19혁명 시절, 제 대학 시절이기도 했습니다만, 그 무렵 일본 신문에 한국 학생들의 시위 기사가 자주 실렸는데, 제목이 한자로 나와 한글을 모르는 저도 제목만으로도 대충 내용 파악이 가능했습니다.

그런데 어느 때부터인가 신문에 한자가 나오지 않게 되었습니다. 한국의 한자 문화는 많이 변했습니다. 옛날 한국의 지식층은 한자를 깊이 알고 한문에 굉장한 식견을 가지고 있었습니다. 조선통신사 일행이 사용한 서적들이 지금 이번 도서전에도 전시돼 있는데, 그 책들을 보면 그 시절 한국의 한자 문화 수준이 상당했었음을 알 수 있습니다.

일본도 어느 한 시대는 교양의 기본이 한자 문화권에 있었습니다. 옛날 일본의 지식인들은 한자를 일본식으로 바꾸어 썼습니다. 중국에 가서 그대로 중국어로 이야기를 할 수도 있었습니다. 그러면 중국인들이 중국어도 굉장히 잘하는구나 하면서 제자가 되기도 했습니다. 같은 시기에 중국의 관리가 된 사람도 있습니다.

그 시대에 일본인들은 한문을 자유자재로 쓸 수 있었습니다. 마치 일본어처럼 읽고 쓸 수 있었습니다. 그런데 어느 시대에 접어들었을 때 일본식으로 읽기 쉽게 쉼표를 넣었습니다. 원래 한문에는 그런 게 없이 그냥 하나로 연결되어 있습니다.

그 시절에 한자를 잘 읽을 수 있는 일본 사람은 상위 1퍼센트뿐이었습니다. 그래서 일본 사람이 읽기 쉽게 히라가나를 섞어 대중에게 보급했습니다. 그러다 보니 아주 순수한 중국어를 못 읽게 되었습니다. 그 부분이 또 한국과의 차이가 있습니다.

한국에는 번자체와 한자체가 있는데, 이승만 정권 시절에는 신문 제목이 번자체로 나와 있었습니다. 우리도 의미를 알 수 있었습니다. 그런데 어느 시절부터 한국이 그것을 의도적으로 많이 없앴습니다.

이어령 선생이 말씀하신 부분에서 특히 흥미로운 것은 지금 한·중·일 3국이 제각각 한자를 많이 바꾸었다는 점입니다. 중국도 엄청나게 약자를 많이 만들었고, 일본은 일본대로 약자를 만들고, 독자적으로 교양 한자 같은 것도 만들었습니다. 옛날 한자에 비하면 굉장히 간략화된 것입니다.

한국은 한국대로 계속 예전 한자를 유지하면서 한글 중심 사회가 됐습니다. 그래서 예전처럼 한자를 많이 쓰지는 않게 되었습니다. 그렇지만 음은 한자 문화에서 나온 그대로 사용을 하고 있습니다. 그러니까 일본 사람들이 한국어를 듣고 한국어는 모르지만 뭔가 발음이 비슷해 어떤 부분은 알아듣는 경우가 있습니다.

　그 점을 잘 활용해 앞으로 새로운 시대에 아시아의 공통 문화를 만들기 위해 새로운 공통 한자가 필요하고, 이어령 선생께서 그걸 추진하고 계시다는 이야기를 들었습니다.

　제가 도쿄대 교수로 있을 때 아주 우수한 한국 학생이 있었습니다. 지금도 그 제자와 가끔 만나 이야기를 나누곤 합니다. 얼마 전에도 제 사무실에 찾아왔었는데, 그런 얘기를 많이 나누었습니다. 한국은 정책적으로 한자를 의식적으로 많이 없애 지금 국민 중에 한자를 못 읽는 사람이 많이 생겼다고 합니다. 그것은 훌륭한 유산을 버리는 것과 마찬가지입니다. 일반인들은 유산을 잃어버렸다는 것을 깨닫지 못하고 있지만 소중한 유산을 잃어버린 혹은 잃어버리고 있는 점을 심각하게 생각하는 사람도 많다고 했습니다.

　한·중·일 3국이 중심이 되어 새로운 공통 한자를 만들자는 움직임이 지금 나오고 있습니다. 이어령 선생께서 800자 이야기를 하시며 한·중·일 30인회에서 그걸 추진 중이라는 말씀을 해주셔서 굉장히 반가웠습니다. 800자는 일본의 교육 한자입니다. 일본인들은 대부분 800자를 그대로 읽고 쓰고 실제로 사용하고 있습니다. 일본 한자는 순수한 구한자와는 좀 차이가 납니다. 일반인들은 자신이 알고 있는 한자가 구한자와 어느 정도 떨어져 있는지 잘 모릅니다.

베이징 사람들이 쓰는 한자는 구한자에 가까운 점이 있긴
합니다. 하지만 중국인들도 지금은 자기 것으로 변화시킨 한
자를 많이 쓰고 있습니다. 한자의 기본 구조는 사실 구한자에
많이 남아 있습니다.

이어령 선생께서 말씀하신 것과 관계가 있습니다. 지금 급
속히 디지털화가 진행되고 있습니다. 한자도 그러한 조류를
타게 될 수밖에 없습니다. 옛날 한자를 완전히 기억하거나 외
우는 것은 너무 어렵습니다. 특히 젊은 층을 교육할 때 시간
적으로도 불편해 간략화했는데, 이렇게까지 급속히 디지털화
가 진행되면 자기가 기억 안 해도 한자를 쓸 수 있습니다.

히라가나를 치면 한자로 전환이 됩니다. 그래서 굳이 한자
를 외울 필요가 없습니다. 소리를 넣으면 한자로 변화가 되니
까요. 그런 소프트웨어 하나만 있으면 어떤 한자든 쓸 수 있
습니다. 옛날 한자든 지금 한자든.

기술을 통해 자기가 모르는 한자도 다 읽어낼 수 있습니다.
지금까지 이걸 외우기 힘드니까 애들한테 한자 가르치는 걸
그만두자고 한 것은 섣부른 판단이 아니었나 합니다. 문화의
큰 흐름을 아주 작게 간략화한 것이 과연 옳은 길인지 저는
반성하고 있습니다.

IT 기술로 굳이 외우지 않아도 처음 보는 한자까지 읽어
낼 수 있는 것은 아시아 문화에서 굉장히 큰 파워가 될 것입

니다. 동시에 유럽 선진국들이 사용하는 26문자에 비해 유닛이 800개나 있는 언어 세계, 즉 800글자를 자유자재로 써 문화의 꽃을 피울 수 있는 잠재력은 엄청나게 차이가 날 것입니다. 일단은 억지로라도 아이들에게 800개 문자만큼은 가르쳐 기억하도록 해야 합니다.

한국이 상당히 앞서가는 것도 굉장히 많습니다. 어린 시절에 한자를 가르치고 자유스럽게 쓸 수 있도록 하느냐, 어려운 한자를 가르칠 필요가 있느냐 하는 배려가 있었겠지만, 그 배려를 뛰어넘는 순간, 엄청나게 많은 기본 유닛을 가지고 문화의 꽃을 피울 수 있을 겁니다.

지금 도쿄대 도서관에서는 대학 역사상 가장 큰 개혁이 진행 중입니다. 도서관은 '지知'의 가장 기초적인 부분을 담당하는 것이죠. 도쿄대는 간토 대지진으로 캠퍼스 전체가 없어졌습니다. 도서관에 소장된 자료가 다 사라졌습니다. 도쿄대는 그 자리에 새로운 도서관을 지었습니다. 미국의 록펠러재단이 기부해 만든 거대한 도서관입니다.

그 앞에 굉장히 넓은 정원이 있는데, 그곳에 거대한 구멍을 파고 있습니다. 이 방만 한 큰 구멍을 지하 20미터까지 팠는데, 8층짜리 건물이 들어갈 수 있는 공간에 자동화 서고를 만들고 있습니다. 거기에 300만 권 정도의 책을 넣을 수 있습니다. 신청하면 어떤 책이든 몇 분 안에 기계가 그걸 실어다주는 시스템입니다.

도서관 전체가 디지털과 아날로그, 종이책과 전자책이 공존하는 하이브리드 라이브러리입니다. 도서관이 앞으로 소장할 책의 절반은 디지털화된 전자책입니다. 다른 대학 도서관에서 소장하는 종이책은 최소한으로 하고 방대한 전자책 데이터베이스를 구축하고 있습니다. 도서관의 형태가 많이 바뀌고 내용이 바뀌는 겁니다.

지금 도쿄대 도서관은 그런 변화를 시도하고 있습니다. 앞으로 학생들은 자동화된 300만 권의 책을 자유롭게 출납해 읽으면서 디지털화한 서적을 전부 단말기로 열람할 수 있게 됩니다. 디지털 서적에 모든 책의 정보를 다 모아두었습니다. 책 서평뿐 아니라 주석까지 다 들어갑니다. 그 주석을 다 모아 디지털 키워드로 검색만 하면 엄청난 정보를 얻을 수 있습니다. 독자 한 사람에게 제공하는 정보량이 엄청나게 되는 것이죠. 책의 내용을 디지털화하고 이용 방법도 디지털화했습니다.

전통적인 책의 개념으로 책을 사용하는 사람들은 문과 학생입니다. 이과 학생들은 절반 이상이 디지털 세계에서 살고 있습니다. 앞으로는 더 그럴 것입니다. 그렇더라도 책의 본래 기능과 역할은 무시할 수 없을 겁니다.

책을 낱장으로 뜯어내 이어 붙이면 파피루스의 책 같은 옛

"책은 여러 형태로 바뀌었지만 지식의 덩어리가 들어 있는 하나의 패키지였습니다. 그것을 자유롭게 이렇게도 찢어보고 저렇게도 찢어보고 형태를 바꾸면서 지식을 공유했습니다. 여러 사람이 여러 방법으로 책을 이용한 것입니다."

시대의 두루마리 책이 됩니다. 그것을 둥글게 말아 한가득 놓아둔 곳이 서고였습니다. 책은 두루마리도 있고, 책자도 있고, 여러 형태로 바뀌었지만 지식의 덩어리가 들어 있는 하나의 패키지였습니다. 그것을 자유롭게 이렇게도 찢어보고 저렇게도 찢어보고 형태를 바꾸면서 지식을 공유했습니다. 여러 사람이 여러 방법으로 책을 이용한 것입니다.

요컨대, 그런 책자든 두루마리든 그러한 유닛으로 분해되는 지적 세계는 앞으로도 계속 유지될 것입니다. 인간의 머리가 그러한 구조를 갖고 있기 때문에 인간의 뇌 형태에 맞춘 그런 책의 세계가 이미 형성돼 있습니다. 인간 자체의 구조가 바뀌지 않는 한 책의 역할도 바뀌지 않을 거라 생각합니다.

# 이어령의 맺음 강연

오늘날 책은 어머니의 육체 같은 몸을 상실했습니다. 책이 변해도 여러분의 아이패드는 그대로 있습니다. 물성은 그대로 있고 콘텐츠만 바뀝니다. 영혼과 육체가 함께 있는 것처럼 디지털과 아날로그가 서로 탐색하는 시대가 오고, 쥘 베른의 상상이 기가 막히게 실현되었는데, 당시엔 전기의 존재를 몰랐기 때문에 쥘 베른의 상상 속 달나라에서는 가스등을 쓰고 있었습니다.

우리도 그런 시대에 살고 있습니다. 디지털, 디지털 하면서도 아날로그 세계를 완전히 벗어나지 못하고 있습니다. 가스등을 그대로 쓰는 월세계의 우주선을 그린 쥘 베른에서 탈피해야 합니다.

책은 기억의 저장으로 보면 책을 읽는 공동체에 의해 집필자와 모든 것이 결정됩니다. 개인이 읽는 것이 아니라 어떤 책들이 하이테크놀로지 시대의 집단 기억을 만듭니다. 독일에는 홀로코스트 같은 600만 명을 죽인 집단 기억이 있습니다. 이것이 남아 있는 한 테오도어 아도르노의 얘기처럼 시詩를 말하지 못합니다. 600만 명을 죽인 그때 시인은 뭘 했으며, 지식인은 뭐였느냐 하는 게 바로 보는 상식이니, 적어도 홀로코스트로 600만 명이 희생당한 후에는 시를 얘기할 수가 없다고 얘기했죠.

　이것을 극복한 사람이 얀 아스만입니다. 많은 문학평론가들이 아스만의 집단 기억을 얘기하고, 공간을 얘기하고, 그 사람이 말한 여러 개의 집단 기억을 얘기합니다. 독일 사람이 가지고 있는 집단 기억을 극복함으로써 새로운 세대들에게 새로운 집단 기억을 만들어줄 수 있습니다.

　역사는 바꿀 수 없어도 책을 통해 집단 기억을 만들 수 있습니다. 독일 젊은이들이 전쟁을 겪지 않았기 때문에 히틀러를 다시 숭배하기 시작했습니다. 그 역사를 긍정하는 모습을 보고 큰일 났다, 이렇게 가면 독일 젊은이들이 다시 이쪽으로 가게 된다, 그래서 만든 '홀로코스트'라는 영화와 책이 독일 젊은이에게 새로운 집단 기억을 만들어주었습니다. 집단 기억 자체를 극복함으로써 오늘의 독일 사람들이 보고 스스로 나치의 후손이라고 생각하지 않게 된 것이죠.

　똑같은 일이 아시아에서도 있었는데, 아시아에는 그런 책을 통한 집단 기억이 없다는 겁니다. 한 가지 예를 들겠습니다. 함께 원폭을 경험한 아시아인으로서 '히로시마'라고 하면 듣기만 해도 눈물이 나오는 곳입니다. 일본 사람들은 피해를 입은 히로시마를 우리와 공유할 수 있습니다. 그런데 청일전쟁이 일어나는 바로 그 대본영이 히로시마에 있었습니다.

　과거를 파내라는 것이 아니라 일본 사람, 한국 사람, 중국 사람이 가지고 있는 집단 기억에 차이가 있다는 것입니다. 히로시마라는 한 장소에 두 개, 세 개의 집단 기억이 있습니다. 한쪽은 피해를 입은 원폭의 기억만 가지고 있습니다. 아시아에서 전쟁을 일으킨 것도 대본영이 있었던 그 자리예요.

그것을 국회로까지 가져와 총력전을 해서 히로시마가 아시아를 침략한 본거지였음을 일본 사람들이 망각하면, 공유가 안 된다는 것이죠.

과거를 용서하라는 이야기가 아니에요. 과거의 집단 기억을 가지고 있으면 다음에 오는 아이들은 새로운 집단 기억을 만듭니다. 독일과 프랑스가 서로 죽이고 했지만 오늘날의 EU를 만들기 위해 이 사람들은 아스만이 얘기한 것처럼 과거 극복에 성공합니다. 중요한 책임과 역할을 담당했던 것이죠.

그러니까 1977년까지도 독일 청년 중엔 히틀러 숭배자가 많이 있었지만 1980년 이후, 과거에 사람들을 끌어다가 어떻게 죽였는지를 보면서 젊은 사람들이 함께 눈물을 흘렸어요. 그래서 그다음 노르망디 상륙 작전 기념식에 독일 청년들이 가서 나치를 몰락시킨 연합군은 우리 편이다, 이렇게 해서 아름다운 EU가 생겨납니다.

오늘 우리가 여기 와서 얘기하고자 하는 것은 과거에 일본에서 만난 뼈아픈 최초의 책은 모국의 책이 아니고 일본의 책이었다는 거예요. 당시에는 '아이구머니' 하면 벌을 섰어요.

> "책이란 집단 기억입니다. 문화도 집단 기억입니다. 새로운 문화를 만들어갈 수 있는 하나의 공통된 상상력과 지식 체계를 만들어가는 것입니다. 집단 기억 없이는 아시아의 지식인도 없고, 지식 체계도 없고, 새로운 미래가 없습니다."

본능적인 감탄사인데 왜 벌을 주느냐? '아이구 어머니'의 약자니까 그래요. 그러면 표를 뺏깁니다. 그러면 청소를 해야 했습니다. 그걸 일본 사람들이 알면 과거의 집단 기억을 함께 가지게 됩니다.

"저 사람들이 저런 과거가 있는데도 이렇게 우리와 가까이 지내고, 쓰나미가 왔을 때 어린아이들이 전부 저금통장을 털어주었구나" 이런 가치의 집단 기억을 가지고 있으면 우리 세대가 아니라 미래 세대가 과거의 역사로부터 자유로워져 아시아인의 집단 기억을 만들 수 있는 그것이, 문화라는 것입니다.

책이란 집단 기억입니다. 문화도 집단 기억입니다. 새로운 문화를 만들어갈 수 있는 하나의 공통된 상상력과 지식 체계를 만들어가는 것입니다. 집단 기억 없이는 아시아의 지식인도 없고, 지식 체계도 없고, 새로운 미래가 없습니다.

다행히 디지로그가 만들어졌을 때, 쉽게 공유할 수 있는 집단 기억을 몸이 있는 역사, 피가 있는 역사, 어머니의 생명이 있는 역사로 들어가면 그때는 이미 일본이다, 한국이다, 그런 것 없이 생명을 통해 우리는 개나 소와도 눈을 맞추면 생명감을 느낍니다. 하물며 아무리 적국이고 아무리 과거에 아픔을 준 사람이라도 생명의 눈으로 서로 쳐다봤을 때 거기 무슨 과거가 있고 용서할 것이 있겠습니까. 다만 생명의 공감만이 있는 것입니다.

모처럼 가진 기회이니만큼 40분이라는 짧은 시간에 80년 동안의 얘기를 하고, 과거의 일본하고 한국 조선통신사들의 기막힌 얘기도 하고, 800자 한자 만드는 것까지 토론하려고 합니다.

800자 공통 한자는 지금 제가 만들고 있습니다. 한자는 이미 중국만의 글자가 아니라는 거죠. 아시아의 글자라는 거예요. 알파벳이 그렇듯이. 중국 사람은 한자가 자기 건 줄 아는데, 일본이 독자적으로 일본 글자를 만들어왔고, 한국 사람이 이두 때부터 우리 한자를 만들어왔어요.

아까 공부 얘기를 할 때 언급한, 같은 한자가 기억이 납니다. 한자라는 게 기억의 집이니까. 이런 것들을 공유했을 때 새로운 책이 생겨나고, 그 책은 어머니의 몸을 가진 생명의 책이 되는 것입니다. 결론은 이겁니다.

엘리엇이 정의했죠.


Where is the life?(내 삶은 어딨느냐?)

We have lost in living(살다 보니까 생명을 잃어버렸다)

Where is the wisdom?(지혜는 어디 갔느냐?)

We have lost in knowledge

(지식 속에서 우리는 지혜를 잃어버렸다)

Where is the knowledge?(내 지식이 어디 갔느냐?)

We have lost in information(정보 속에서 지식을 잃었다)

　정보는 어디서 잃었느냐? 요즘 데이터베이스, 여러분이 하고 있는, 120자 쏘는 게 데이터지 정보입니까? 그러니까 생명이 지혜가 되고, 지혜가 지식이 되고, 지식이 정보가 되어 오늘날 데이터까지 왔습니다. 데이터는 정확하게 지적하고 있어요. 실증주의자들은 데이터밖에 모릅니다.

　이제는 이 데이터를 정보로 바꾸고, 정보를 다시 지식으로 바꾸고, 지식을 다시 지혜로 바꾸면, 그 앞에 생명이 있다는 것이죠. 뉴라이트가 있다는 것이죠.

　생명 자본까지 오는 내 길고 긴 독서의 역사는 나의 기억이 아니라 일본인, 한국인, 중국인, 전 세계 사람들이 하나의 책이라고 하는, 인류가 만들어낸 가장 귀중한 기억장치에 있어서의 재생 역사를, 바로 어쩌면 내가 처음 한 살 때 멋도 모르고 잡았던 그 기억할 수 없는 책에서부터 지금껏 80초를 만든 기록의 책까지 오는 그 과정을 우리가 공유할 수 있는 시간이 오늘 된다면, 작은 모임이지만 미래에 우리는 반드시 날아오를 것입니다.

플라톤은 하늘을 가리키고, 아리스토텔레스는 땅을 가리키는데, 나무를 보십시오. 밑에는 뿌리가 있고, 위는 올라가지 않습니까? 제일 어리석은 사람이 뉴턴입니다. 사과가 떨어지기 위해서는 사과가 올라가야 되는 것 아닙니까? 올라가는 것 생각 안 하고 떨어지는 중력만 안 사람이에요.

그런데 어떻게 작은 씨앗이 그 높은 데에 매달렸어요? 떨어지는 사과만으로는 서구적인 이항 대립의 세계가, 작은 생명들이 지구 인력을 거스르면서 하늘로 올라간다는 거죠. 그래서 떨어지는 것 아닙니까?

같은 물리학자라도 아르키메데스는 뜨는 것만 연구했어요. 부력. 뉴턴은 전부 떨어지는 것만 연구했는데, 뉴턴이야말로 과거 말살을 한 장본인이었죠. 자신이 속했던 논적論敵인 로열소사이어티 때의 사진과 흔적을 전부 말소시켜버렸어요.

과거의 책을 전부 지우면 기억을 말살하는 것이죠. 역사도 그렇게 말살해 젊은이들이 기억할 역사가 사라지는 것이죠. 이 망각과 기록과 기억을 아름답게 공유할 수 있는 생명의 서書. 데이터의 서, 정보의 서, 지식의 서, 지혜의 서가 생명의 서까지 올라가는 길목인 이 현장에서 자랐으면 좋겠습니다.

그런데 불행히도 시간에 쫓기는 게 문제가 되는 거예요. 아

까 점심 먹으면서 지금보다는 훨씬 즐겁게 대화를 나눌 수 있
었던 것은, 생각해보면 오늘 적극적인 대담 없이 끝나는 이
섭섭함을 반드시 언젠가는 서울에서, 이런 모임이 아닌 불고
깃집에서 풀 수 있을 거라는 기대 때문이었습니다. 우리의 새
로운 집단 기억을 넘어서는 새로운 책의 형태가 무엇인지를
모색하는 오늘의 후편을 기대하며, 여기서 힘을 주신 여러분
께 반드시 이 숙제를 풀 것을 약속합니다.

# 다치바나 다카시의 맺음 강연

이렇게 모국어가 아닌 것을 통역을 통해 듣는 약간의 차이가 굉장히 크다는 것을 느낍니다. 아까 이어령 선생께서 말씀하신, 어릴 때 모국어로 배운 것을 학교에 가는 순간 쓰면 안 되는 세계에서 느꼈던 고통은 사실 일본인 대부분이 옛날부터 아는 이야기입니다.

그것을 이렇게 이어령 선생님의 육성을 통해, 선생님 자신의 체험으로서 내 언어, 내 모국어를 잃어버렸다는 체험을, 선생님의 엄청난 제스처를 옆에서 보니 전달력이 완전히 달라지는 것 같습니다.

외국어는 동시통역을 '잘한다, 못한다'의 차이도 물론 있겠지만, 동시통역을 통해 뭔가를 들으면 전달력이 70퍼센트 정도로 떨어집니다. 그리고 릴레이 통역을 하면 더 떨어지죠.

그러나 이 자리에 선생님은 옆에 계시고 제가 여기 있으면서 선생님의 제스처, 음성의 크기, 이런 것을 바로 옆에서 들으면 이것이 엄청나게 전달되는 것입니다. 그러니 만약 모국어로서 선생님이 하신 이야기를 들을 수 있다면 또 다른 것을 느끼게 되지 않을까 생각됩니다.

한국 사람들은 일본인의 역사 인식에 대해 많은 불만을 갖고 있지만, 이런 체험들을 일본인은 잘 모릅니다. 그런데 한국인들이 겪은 마음의 체험이, 제가 바로 장본인의 옆에서, 제스처를 하면서 말씀하시는 것이 저절로 전달되는데, 보통은 이런 기회가 드물죠. 그러니 앞으로도 그렇게 쉽게 해결될 것 같지는 않습니다.

한국 사람들이 느끼는 그 감정 같은 것을 과연 우리 일본 사람들이 얼마나 느낄 수 있을까요? 앞으로도 시간은 많이 걸릴 것입니다. 시간이 아무리 오래 걸린다 해도 완전히 해결이 안 될지도 모릅니다. 정말 현장에서 당사자가 하는 이야기를 들었을 때 느낌이 완전히 다르다는 것을 오늘 느꼈습니다.

사실은 입장 차이가 많은 사람들이 어떤 형태로든 서로 의견을 얘기해 합의에 도달하지 못하니 세상은 제대로 잘 돌아가지 못하는 경우가 굉장히 많을 겁니다. 한 사람이 놓인 현장은 굉장히 많은 문제 중 하나의 신scene입니다. 예를 들어 이집트 문제, 터키 문제 같은 문제도 당사자가 바로 옆에서 말하면 잘 알겠지만, 그냥 보도를 통해 들으면 제대로 전달이 될까 싶습니다.

역시 당사자 육성을 듣는 것이 굉장히 크구나, 동시통역사를 통해 듣지만 그 몸짓을 보고 어조를 들으면 굉장히 다르구나 느꼈습니다. 실은 우리가 그 사람들 입장을 잘 이해하기 위해서는 역시 영상뿐 아니라 활자로 된 책도 필요합니다.

그러나 요즘은 정보량이 많이 떨어집니다. 읽는 사람 입장에서 봤을 때도 사실은 좀 더 알고 싶어 하는 사람이 많을 텐데, 신문을 읽는, 눈이 쭉 따라가는 활자의 양 자체가 많이 줄어들고 있습니다.

그래서 앞으로의 사회는 상당히 많이 어려워지겠죠. 해결되지 못할 문제들을 여전히 안고 갈 겁니다. 그러나 문제에 대해 조금 더 진지하게 해결하자는 마음을 가지려면 활자로 된 책이 필요한 것입니다.

"책을 통해 글을 읽었을 때 모든 문제에 대해 그 사람이 가질 수 있는 이해의 폭은 굉장히 달라질 겁니다. 그 책을 쓴 사람들이 투입한 지적 노력의 에너지, 그것이 좋은 정보를 잘 압축하는 방향으로 갔을 때 정말로 엄청나게 큰 내용을 받아들일 수 있습니다."

그래서 트위터에 올라오는 140자를 읽기보다 A4 두 장 분량 정도는 되는 글을 읽거나 새로 나온 책 한 권까지는 안 가더라도 어쨌든 책을 통해 글을 읽었을 때, 모든 문제에 대해 그 사람이 가질 수 있는 이해의 폭은 굉장히 달라질 겁니다. 그 책을 쓴 사람들이 투입한 지적 노력의 에너지, 그것이 좋은 정보를 잘 압축하는 방향으로 갔을 때 정말로 엄청나게 큰 내용을 받아들일 수 있습니다. 그런 글로 이루어진 책은 엄청난 가치가 있는 것이죠.

예를 들어 《신약성경》 같은 경우에 신서판 한 권 정도죠.

신서판 한 권의 책 정보량은 엄청납니다. 최근에 일본 출판계가 상당히 많이 약화됐는데, 지금 그나마 잘나가는 것이 신서판입니다. 제가 좀 읽어도 '아, 괜찮은 책이네'라고 하는 책들이 상당히 많이 나오고 있습니다.

요즘 도쿄대 학생들이 수준이 떨어졌다는 것은 사실이기는 합니다만, 새로 나온 책 한 권 정도는 읽을 지적인 능력은 있는 것이죠. 그래서 이런 새로운 책을 독자들이 보면서 베스트셀러도 많이 나오는 상황이 계속되면 어느 정도 지적인 수준도 유지될 것이라고 봅니다.

아리스토텔레스의 《형이상학》이라는 책 처음 부분을 보면 이런 대목이 있습니다.

"인간은 정말 알고 싶어 한다. 인간의 원초적인 본능은 안다는 것이다."

무언가를 알고 싶어 하고 더 많이 알고 싶어 하는 것은 인간의 본능이고 욕망이라는 것입니다. 그런 인간이 존재하는 한 책의 세계라고 하는 것은 영원히 없어지지 않는다고 생각합니다.

6

# 한국말의 힘

: 토씨 하나만 고쳐도
 달라지는 세상

서울대학교 교수학습개발센터 글쓰기교실 초청 강연 (2014년 5월)

●

 반갑습니다.

 저는 동숭동에서 학교를 다녔기에 서울대라고 하지만 여기
오면 낯설어요. 여러분을 보면 후학이라는 생각이 안 들고 다
른 학교 학생 같은 생각이 들어요. 그런데 오늘 처음으로 '내
후배들한테 선배가 이야기를 해야겠구나' 하는 생각이 들었
습니다. 우리는 한국말과 어학, 특히 언어에 대한 것을 같이
생각하는 기회를 그동안 좀처럼 갖지 못했습니다. 140자 트
위터의 시대에 글쓰기, 말하기가 얼마나 중요한가를 생각해
보겠습니다.

 비근한 예를 들게요. 옛날 어렸을 때 여러분이 아버지나 어
머니를 쫓아 계단을 올라가는 일은 무척 힘이 들었을 거예요.
계단을 오른다고 할 때, 우리가 살고 있는 환경 속에서 남녀
성별의 차이, 연령의 차이, 이런 신체적인 차이는 굉장히 큰
차이를 만들어냅니다. 그런데 엘리베이터를 탄다고 해보세
요. 10층에 간다고 할 때 엘리베이터에 오르면 애나 어른이나
똑같이 올라갑니다. 무슨 말을 하려는 건지 눈치 빠른 사람은
알겠죠?

 보통 우리가 글을 쓴다고 할 때는 잘 쓰는 사람, 못 쓰는 사
람 차이가 있어요. 그런데 140자를 쓰는 것은 엘리베이터를

타고 올라가는 것처럼 글을 잘 쓰는 사람도 없고 못 쓰는 사람도 없는 겁니다. 140자니까.

즉, 오늘날은 평등한 시대, 성차, 연령차가 없는 시대라는 말입니다. 이런 시대에 개성을 갖고 내가 나의 삶을 산다는 것은 상당히 힘들어졌다는 이야기입니다. 그래서 트위터를 쓰는 시대에 내가 안 태어났다는 것이 나는 굉장히 다행스럽다고 생각해요.

내가 대학 다닐 때 다른 사람과 달랐던 것은 남보다 글을 잘 썼다는 거예요. 대학 신문에 내 글이 많이 실렸는데, 내가 글을 발표하기보다는 "쟤, 글을 잘 쓴대" 하는 소문이 나서 남들이 내 글을 훔쳐다 발표하고 원고료를 타곤 했어요. 내가 글 쓰는 재능을 갖고 있다는 사실에 난 자긍심을 가졌어요.

"난 남하고 달라, 난 글 쓰는 데 천재야" 하고 젊었을 때부터 자긍심을 가졌었는데, 지금의 140자 트위터 시대를 생각하면 내가 느꼈던 젊은 시절의 긍지가 과연 여러분에게도 있을까, 하는 생각을 가끔 해봅니다.

왜? 140자 트위터 시대는 계단을 한 층 한 층 올라가는 신체적 특징에 달린 것이 아니기 때문이에요. 엘리베이터라고 하는 현대의 기계가 140자 트위터라고 하는 하나의 인터페이스를 통해 소통하는 것이기 때문입니다. 140자로 많은 사람과 한꺼번에 교감하는 것은 굉장히 좋아 보이지만, 실제로는 평균화된 사회 속에서 나의 개성을 찾고 나의 창조적 상상력을 찾는 것이 참 힘들어졌습니다.

나는 지금 여러분 앞에서 강의를 하면서 여러분 눈빛을 보는 거예요. 만약 내 강연이 끝난 후에도 여러분의 눈빛이 똑같다면 내 강의는 안 한 것이나 마찬가지예요. 그런데 끝나고 나서, 눈빛이 흐릿하던 사람의 눈이 빛나기 시작했다면, "아, 내가 살아 있구나. 저 사람의 이야기를 듣고 있다 보니 눈이 빛나" 한다면 제대로 강의를 한 것이죠.

대학이라는 것은 지식을 주는 곳이 아니에요. 강연의 기능은 여러분이 아주 옛날에 가지고 있다가 잃어버린 것을 되찾아주는 것입니다. 여러분이 어렸을 때, 유치원에 다닐 때에는 누구나 그런 생기 넘치는 눈빛을 가지고 있었어요. 그런데 수능 공부다, 시험이다, 이런 것들에 시달리면서 점점 사라져버린 거예요.

그러다 가끔씩 아주 좋은 음악을 들을 때, 사랑하는 사람을 만났을 때, 좋은 강연을 들었을 때 다시 자신이 살아 있다는 걸 느낍니다. 잊어버렸던 어린 시절의 그 생기를 느끼는 거예요. 그게 바로 강연의 본래 목적인데, 여러분이 대학에 들어와서도 그런 걸 못 느끼는 것이죠. 안타까운 소리지만 서울대학이건, 지방 어느 대학이건 눈빛을 빛나게 하는 그런 강연을 들을 수 없다는 거예요. 참 가슴 아픈 현실이죠.

　　우리가 폭격 맞은 곳에서 공부할 때는 도서관도 없었고, 교수들은 밤낮 휴강을 했습니다. 그런데도 우리 눈빛은 빛났어요. 그랬기 때문에 내가 80이 넘은 지금에도 젊은이들과 이야기할 수 있는 이 자리에 설 수 있는 거예요. 그런데 훨씬 좋은 환경 속에서 공부하는 여러분의 눈빛은 생기가 흘러넘치지 않아요. 눈빛이 죽은 사람은 자기 생을 찾을 수 없어요.

　　오늘 한국말의 힘이라는 강의를 준비해왔지만 가다가 건너뛸 수도 있어요. 논리 정연한 것을 기대하지 마세요. 여러분에게 나눠준 《흙 속에 저 바람 속에》는 제가 스물아홉 살 때 쓴 책이에요. 여러분이 스물아홉 살에 이런 서문을 쓸 수 있겠어요? 재능이 없는 게 아니에요.

　　이 책은 한국을 생각하는 절절한 애국심 같은 걸 말하지 않아요. 책에 이런 내용이 나와요. 지프가 지나가면 옆으로 피하면 되는데, 대개 시골 사람들은 앞으로 뛰거든요. 앞으로 뛰면서 당황한 노인들이 두 손을 꼭 잡는 거예요. 급한 데서도 손을 안 놓치려고 하는 거죠. 그걸 지프 위에서 내가 봤어요. 같은 한국인인데 나는 지프를 타고 있어요. 운전기사는 클랙슨을 울려대면서 그들을 비웃는 거예요. 쫓겨가는 모습이 닭들이 푸닥거리면서 가는 것과 비슷하니까요. 그때 나는 공포에 질린 두 사람의 얼굴에서 먼 옛날부터 쫓기던 우리 조상들의 모습을 보았습니다. 서로 손을 놓치지 않으려고 꽉 쥔 그 검버섯 핀 손에서 한국인의 얼굴을 본 거죠. 그때 내가 뭘 느꼈겠어요.

주커버그가 스물아홉 살에 페이스북을 만든 걸 알고 있죠? 나는 스물아홉 살에 《흙 속에 저 바람 속에》를 썼어요. 7개국에서 번역·출간했고, 최근에는 러시아 말로도 번역되었어요.

스물아홉 살에 우리 조상의 슬픔과 아픔을 보고 《흙 속에 저 바람 속에》를 썼던 내가 페이스북을 만든 주커버그보다 못한 삶을 살았다고 절대로 생각하지 않아요. 여러분도 그렇게 살기를 바라요. "하버드에서 페이스북 만들고 지금 페이스북 회원만 8억 명이래" 하는 말에도 절대 주눅 들지 말아요. 공연히 추임새하는 것이 아니라, 정말 여러분 앞에는 눈을 빛나게 하는 특권이 놓여 있다는 걸 오늘 강연에서 알게 될 거예요.

특히 한국말을 쓰는 우리는 영어, 프랑스어, 독어 등 많은 외국어 콤플렉스를 가지고 있지만, 우리가 한국말 속에 있는 많은 가능성과 그 속에 축적된 정신적 화석을 깨닫는다면 오늘 강연은 아무것도 아니구나, 하는 것을 느끼게 될 거예요. 그걸 위해 이 자리에서 내가 여러분과 만나는 거예요.

곧 동영상을 보게 될 텐데, 흔한 것이기 때문에 본 사람도 있을 거예요. 본 사람도 봤다고 하지 말고 봐주세요.

## 말 한마디로 천 냥 빚을 갚는다

이 사람은 처음에 "나, 눈먼 사람이에요. 나를 도와주세요" 이렇게 직접적으로 사정을 사인보드에 썼습니다. 그런데 돈을 주고 가는 사람이 별로 없어요.

그런데 광고 회사에 다니는 여자였던 모양이죠? 지나가다 보니 이 사람이 영 벌이가 안 되는 거예요. "그래가지고서야 어디 누가 돈을 주겠어요? 눈 안 보인다고 도와달라는 사람이 어디 한두 사람이에요? 그렇게 쓰면 안 돼요."

그 사람이 불쌍해 그 여자가 사인보드에 뭔가를 써줬어요.

"너무 멋진 날이에요. 그런데 난 그걸 볼 수가 없어요It's a beautiful day. I can't see it."

기후라고 하는 것은 공감하기 좋은 것이거든요. 있는 사람이나 없는 사람이나 추우면 "아이, 추워. 춥죠?" 하고, 더우면 "덥네요" 말합니다. 이해관계가 달라도 하나의 기후는 서로 나눌 수가 있어요. 아름다운 날, 자기는 날씨를 즐기는데 이걸 못 보는 사람이 있구나 하니 안됐다고 느끼는 거죠.

단어 하나를 바꾸니 대박이에요. 막 돈이 쏟아져요. 그러니까 이 장님이 깜짝 놀란 거예요. '아까 구두 신은 여자가 뭐라고 썼기에 사람들이 이렇게 다른 반응을 하는 걸까?' 하는 거죠. 그래서 여자에게 "내 사인보드에 뭐라고 쓴 거예요?" 하고 물었어요. 그러니까 여자가 말했죠. "똑같은 의미예요.

단지 단어만 다르게 쓴 거죠."

여러분은 지금까지 'meaning', 의미, 개념, 이념, 이런 것이
인간을 지배한다고 생각했지만 아니라는 이야기입니다. 우
리를 지배하는 건 숫자가 아니라는 거예요. 둘에다 둘 더하면
넷이죠?

언어는 숫자가 아닙니다. 똑같은 4인데 여러 가지 변수가
있을 수 있고, 똑같은 둘에다 둘 더하는 건데 여러 가지 상황
이 있을 수 있다는 것이죠. 그러니까 이 세상이 숫자로 된 논
리 중심으로 되어 있다면, 노력하기가 참 힘들죠.

그런데 무한한 'flexibility'가 있는 언어 세계에서는 여러
분이 창조적 상상력을 가짐으로써 똑같은 대답이 아닌 새로
운 해답을 찾을 수 있다는 겁니다. 그게 'creativity'고, 그게
여러분의 인생이 될 수 있어요.

그렇기 때문에 여러분은 철로 위를 달리는 기차가 아니라,
길이 없는 곳에서도 자유롭게 가고 자유롭게 쉴 수 있게 해주
는 자동차를 탄 사람이라는 겁니다.

우리나라에 "말 한마디로 천 냥 빚을 갚는다"는 유명한 속
담이 있습니다. 내가 대학 다닐 때 이 말을 제일 싫어했어요.
'한국인이 못 사는 이유가 있다. 말 한마디로 천 냥 빚을 갚는
다니 도대체 이 사람들 어떻게 사는 거야?' 말 한마디로 절대
로 천 냥 빚을 갚을 수 없어요. 가슴살을 떼어내야 하는 이 치

열한 샤일록의 세상에서 우리는 겨우겨우 살아가고 있는데, 세상에 이런 한가한 말이 어디 있습니까?

그런데 오늘은 정말 이런 속담을 가진 우리 선조들에게 박수를 보내고 싶습니다. '그래, 천 냥 별거 아냐. 말 한마디로 천 냥을 갚을 수 있는 게 인간이야. 공식대로 안 돼. 우리는 0도에서 얼고 100도에서 끓지 않아.'

말 한마디로 천 냥 빚을 갚을 수 있다는 'virtual reality' 세계 속에서 만들어진 언어의 공간에서도 살 수 있었다는 것이죠. 중력에 구속받은 자연계에서 벗어난, 언어라고 하는 또 하나의 세계가 우리에겐 있었던 겁니다. 그 세계에는 인간의 창조적 의지로 바꿀 수 있는 가능성이 있어요. 절대 변화가 불가능한 자연법칙이 아닌, 얼마든지 바꿀 수 있는 언어의 세계 속에서 나의 삶을 설계할 수 있다는 것입니다.

그런 또 하나의 세계가 있다는 것입니다. 아까 말한 것처럼 'word'로 'world'를 바꿀 수 있다는 거예요. 그 세계에서 살아가는 인간이 얼마나 자랑스럽고 희망이 넘치겠느냐는 이야기입니다.

자, 말 한마디로 천 냥 빚을 갚을 수 있는지 실제로 실험을 해볼게요.

죽느냐, 사느냐가 달려 있어요. 왕이 왕자를 세 명 낳았어요. 후계자들인 거죠. 점쟁이를 불러서 "왕자들에 대한 점을

"언어의 세계에는 인간의 창조적 의지로 바꿀 수 있는 가능성이 있어요. 절대 변화가 불가능한 자연법칙이 아닌, 얼마든지 바꿀 수 있는 언어의 세계 속에서 나의 삶을 설계할 수 있다는 것입니다."

쳐보아라" 하고 명령을 내렸어요.

점쟁이가 점을 쳤더니 큰일 난 거예요. 세 아들이 다 요절하게 생긴 것이죠. 그러면 이 왕국은 무너져요. 후계가 사라지니까요. 그러니까 이 순진한 점쟁이가 이렇게 말했습니다.

"전하, 큰일 났습니다. 전하보다 왕자들이 먼저 죽겠습니다."

청천벽력의 말을 들으니 왕이 화가 나서 이 점쟁이의 목을 쳐버린 거예요. 사실대로 말해서 목이 달아난 것이죠.

왕이 두 번째 점쟁이를 불렀어요. 똑같은 점괘인데 이 점쟁이는 이렇게 말했어요.

"경축드립니다. 왕자들보다 전하께서 더 오래 사시겠습니다."

재밌죠? 똑같은 내용을 "왕자들이 전하보다 일찍 죽겠다"고 말한 사람은 목을 쳐 죽였고, "왕자들보다 전하가 더 오래 사시겠습니다"라고 한 사람에게는 왕이 상으로 황금을 내렸어요. 원래 점쟁이들은 거짓말을 못 해요. 그건 그들의 운명이니까. 하지만 말은 바꿀 수 있다는 것입니다.

"큰일 났습니다. 전하보다 왕자들이 먼저 죽겠습니다."

"경축드립니다. 왕자들보다 전하께서 더 오래 사시겠습니다."

똑같은 팩트를 말했는데, 한 사람은 목이 달아났고 한 사람은 상을 받았어요.

여러분도 잘 알고 있죠? 병에 물이 반쯤 있는데, 병이 비어 있는 것을 보는 사람은 항상 비관적이죠. "어이구, 반병밖에 없네" 그러죠. 그런데 물을 보는 사람은 "어이구, 반병이나 남았네" 하는 거예요. 똑같은 반병 물을 놓고 해석하는 방식, 그것이 바로 레토릭이고 인생을 보는 방식이라는 이야기입니다. 다 아는 이야기죠. 이런 데에서부터 점점 깊은 데로 들어가봅시다.

잘 알다시피 마리 앙투아네트가 프랑스혁명을 야기한 장본인인데, 프랑스혁명을 일으킨 결정적인 계기는 마리 앙투아네트의 말 한마디였어요. 그게 그 유명한 "Qu'ils mangent de la brioche"였어요. 여러분이 대학에서 배운 게 다 엉터리라는 걸 알 수 있는데, 이걸 영어로 해석하면 "Let them eat cake"예요.

빵 가게에 사람들이 줄을 서도 빵이 없어요. 왜? 흉년이 들어서 밀가루가 없으니 사재기를 하는 장사치들이 생겼어요. 밀가루를 산더미같이 쌓아놓고 사재기를 한 거예요. 빵 품귀 현상을 보고 프랑수아 마리 샤를 푸리에라는 최초의 사회주의자가 결심한 게 있어요. 여섯 살 때 그 광경을 보고 반드시

장사꾼들을 잡아 죽이겠다고 결심한 거예요.

왜? 사람들은 먹을 게 없어서 굶어 죽는데, 장사꾼들은 돈 벌겠다고 산더미같이 밀가루를 쌓아놓은 걸 보고 분개한 겁니다. 그런 상황에서 주부들이 아침부터 빵가게에 줄을 섰지만 빵가게는 문을 닫아걸었습니다.

왕비가 "밖에 왜 저렇게 소동이냐?" 하고 물으니 빵이 없어서 그렇다는 거예요. 마리 앙투아네트가 "그래? 빵이 없으면 브리오슈 먹으면 되지." 그렇게 말했다는 거예요. 우리 같으면 "쌀 없어? 그럼 고기 먹어." 그 말이나 마찬가지인 거죠.

이 말이 혁명에 불을 붙였다는 건데, 사실은 우리가 잘못 알고 있는 게 있어요. 이 말은 마리 앙투아네트가 한 말이 아니에요. 프랑스혁명에 불을 붙인 장 자크 루소가 《고독한 산책자의 고백》에서 정말 '싸가지' 없는 귀부인이 이런 말을 했다고 썼어요. 게다가 브리오슈는 케이크도 아니에요.

왜 이런 말을 하느냐 하면 말 한마디가 역사를 바꾸었다고 하는데, 여러분이 그 배경을 충분히 알아야 하기 때문입니다. 어느 나라든지 민民의 식食이라고 하는 것, 백성이라고 하는 대상은 먹는 것으로 하늘을 삼는다고 하는 원칙은 중요한 통치 철학입니다. 먹을 것을 주지 않으면 민란이 일어난다는 것을 지배 계층은 잘 알고 있어요.

그래서 어느 나라든지 노예 이외의 시민들에게는 반드시

빵과 서커스를 제공하게 되어 있어요. 그래서 빵값은 반드시 국가가 통제해요. 지금도 프랑스는 빵값만은 정부가 통제해요. 우리나라 정부에서 쌀값 통제하는 것과 똑같아요. 그래서 빵값을 속인다든지 무게를 속이다 검사관에 걸리면 중벌을 받게 되어 있어요.

어떤 사람은 오븐에서 빵을 조금씩 작게 굽다가 검사관에게 걸렸는데, 검사관이 그 사람을 오븐에다 처넣었다는 기록이 있어요. 아무리 폭군이라도 빵에 대해서는 그 정도로 철두철미하게 관리를 했다는 이야기죠. 백성은 먹는 것으로 하늘을 삼는다는 것은 동양이나 서양이나 똑같아요.

그런데 마리 앙투아네트가 그런 말을 했겠어요? 빵은 정부의 통제를 받는데 브리오슈는 통제를 안 받아요. 나쁜 밀가루로 만든 빵 안에 잼도 넣고 치즈도 넣어 가공한 것이 브리오슈예요. 이건 자유 판매를 한 거예요. 그러니까 공식 빵가게가 문을 닫았으면, 정부의 통제를 받지 않는 브리오슈를 사면 되지 않겠냐는 말이에요. 브리오슈가 빵 대용이니까요. 약간 고급진 빵인 것이죠. 그러니까 "쌀이 없어? 고기 먹지" 이 이야기하고는 전혀 다른 거예요.

그러니 나쁜 뜻으로 한 말이 아니라 공식 빵가게 사람들이 품절시켜서 빵을 안 팔면, 자유 시장에 가서 사 먹으면 될 게 아니냐, 한 거예요. 그래도 나쁜 말이기는 하지만, 덜 나쁜 것이죠. 더군다나 마리 앙투아네트는 그 말을 하지도 않았어요.

　이 경우를 어떻게 볼 수 있어요? 마리 앙투아네트 때문에 프랑스혁명이 일어난 것이 아니라, 말 한마디로 마리 앙투아네트를 혁명에 끌어들인 거죠. 이게 유언비어, 마타도어예요. 하지도 않은 말인데 혁명에 불을 지른 셈이 된 겁니다. 마리 앙투아네트가 사치를 했다고 하니까, 더군다나 오스트리아 빈에서 온 여자고, 케이크를 프랑스에 가져온 사람도 마리 앙투아네트예요. 이 사람이 이런 말을 했다고 하면 사람들이 논리적으로 생각하지 않고 그냥 휩쓸려버릴 거라고 생각한 것이죠.

　말이라고 하는 것은 이렇게 사람들을 선동할 수도 있고, 소동을 잠재울 수도 있어요. 링컨의 민주주의는 몰라도 그 사람의 "of the people, for the people, by the people"은 모르는 사람이 없어요. 그것도 링컨이 한 말이 아니에요. 《성경》을 자기 말로 번역하는 것이 금지된 시대에 위클리프라는 사람이 영어로 《성경》을 번역해서 교회에 저항했어요. 바로 그 사람이 쓴 말을 링컨이 인용한 것입니다.

　그러니까 자세히 보면 'the government', 'the'가 붙거든요. 그냥 'government'가 아니에요. 인용했단 말이죠. 이른바 "국민에 의한, 국민을 위한, 국민의 정부"예요. 여기에서 'people'을 어떻게 번역하느냐, 그것도 결국은 말이에요. 아주 단순한 말인데, 국민이라고 번역하는 게 우파고, 인민이라고 번역하는 게 좌파예요.

북한이 'Democratic People's Republic of Korea'잖아요. 'people'을 인민이라고 번역하느냐, 국민이라고 번역하느냐에 따라 국가 이념을 알 수 있다는 것입니다. 북한, 중국에서는 다 인민이에요. 우리는 국민이고 일본도 국민이에요. 똑같은 말 한 마디가 그 엄청난 사회체제를 나누는 이념의 언어가 된다는 것이죠.

> "말이라고 하는 것은 이렇게 사람들을 선동할 수도 있고, 소동을 잠재울 수도 있어요. 언어가 병들고 잘못되었을 때, 잘못된 세계에서 잘못된 정보로 사는 거예요."

그래서 여러분은 언어를 알아야 해요. 지식인들은 선동의 언어인지, 정의의 언어인지, 창조의 언어인지 알아야 하는데, 그걸 모르면 안 배운 사람들과 똑같이 부화뇌동한다는 이야기입니다.

대학생이 뭡니까? 생각하는 사람이잖아요. 뭘로 생각해요? 언어로 생각하잖아요. 그런데 언어가 병들고 잘못되었을 때 여러분은 잘못된 세계에서 잘못된 정보로 사는 거예요. 눈을 바로 떠도 힘들다는 것을 조금만 배우면 알게 돼요.

자, 흔히 레토릭rhetoric이라는 말을 써요. 구호, 표어라는 말이죠? 'word' 하나로 'world'를 바꾼 사례를 몇 개 살펴보고 넘어가죠.

## 아이젠하워의 선거 구호

지금까지 대통령 선거 구호 중에 최고의 선거 구호가 아이젠 하워 것이에요. 아이젠하워는 군 출신이라 상상력이 별로 좋 지 않은 사람이에요. 그런데도 유능한 사람이 선거 구호를 만 들어서 압도적으로 이겼어요.

"I like Ike." 아이젠하워의 애칭 아이크Ike를 이용해 두운, 중운, 말운의 운율로 형성된 가장 짧고 외우기 쉬운 표어입니 다. 운율이 되니까 절대 안 잊어버려요. 단순하잖아요. 두운이 똑같아요. 선거원들이 하트 모양에 전부 이 말을 써서 달고 다녔어요. "I love New York"이 여기서 나왔어요. 단순해요. 전형적인 영어예요. 주어, 동사, 목적어. "나는 아이크를 좋아 한다."

한국 사람들은 절대 주어 안 쓰죠. "사랑해"라고 말하지, 단 둘이 있는데 "내가 너를 사랑해" 이럴 사람이 세상에 어디 있 어요. 그런데 영어권 사람들은 그래요. "I love you."

우리는 이게 최고의 영어이고 스탠다드인 줄 아는데, 사실 은 주어 없는 것이 원칙이고 주어 있는 것이 이상한 거예요.

라틴어, 희랍어 다 주어가 없어요. 영어에도 원래는 주어가 없었어요.

그런데 나는 여러분 나이 때 신문에 '주어 없는 비극'이라는 제목으로, 우리나라 사람들은 주어도 제대로 못 쓴다고 말했어요. 내가 없는데 무슨 세계냐. 간결하게 그걸 요구했어요. 그런데 지금 80이 되어보니 '아, 그때는 젊었구나' 하는 생각이 들어요. 주어 없는 게 정상이에요. 주어는 나중에 생긴 것입니다.

고대 영어에는 주어가 없어요. 라틴어 "Cogito, ergo sum"에 무슨 주어가 있어요. "나는 생각한다. 고로 존재한다Je pense, donc je suis"는 말입니다. 내가 생각한다고 해서 격 변화만 있을 뿐이에요.

"I like Ike"라고 하는 이 짤막한 문장에 서양의 영어가 다들어 있어요. 주어, 동사(타동사), 목적어. 그런데 우리는 "나는 아이크를 사랑한다"가 되니까 어순을 따지면 "I Ike like"가 되는 거예요. S(주어)-O(목적어)-V(동사) 순이 되는 셈이죠.

전 세계에 6천 종의 언어가 있었는데 지금 3천 종이 살아남았고, 매일 조금씩 사라지는 언어가 있는데 통계를 내보면 영어식 S-V-O보다 한국식 S-O-V가 대세예요. 인간의 머리는 절대적으로 S-V-O보다 S-O-V가 보편적이라는 얘기입니다. 원근법보다 역원근법이 보편적이에요.

그런데 근대적 개념이 생겨서 서양이 우리를 지배하다 보니까 서양 것이 보편적이고, 우리 것은 예외적이고 변두리 문화라고 잘못 생각하게 된 겁니다. 르네상스 이후로 300~400년 동안 근대화 과정, 산업화 과정을 거치며 유럽이 세계를 지배하면서 유럽의 기준이 사실상의 표준de facto standard이 되어버린 거예요.

자본주의라든가 하는 건 유럽의 아주 특이한 문화이지, 원래 인간의 보편적 문화는 아니에요. 지금 유럽에 근거한 문명이 무너지니까, 인간들이 본래의 보편적 문화, 실체성으로 돌아가기 시작한 것입니다.

여러분에게 기회가 온 거예요. 왜? 우리는 그동안 산업재해를 받아들여가며 근대화해서 남의 뒤통수를 치더라도 열심히 쫓아가기만 하면 길이 열려 있고, 속도를 내면 그들을 쫓아갈 수 있다고 생각했어요. 그리고 어느새 이 사람들하고 같은 지평에 서 있는데, 여기서 한 발자국 내딛는 걸 주저하게 된 거예요. 왜?

산업문명, 금융자본주의가 무너지는 걸 리먼브러더스 때 봤어요. 슈퍼컴퓨터를 가지고 운영하면서 세계의 모든 금융정보를 손바닥 안에서 보는 이런 정보화 시대에 우리는 금융공황을 맞은 거예요. 리먼브러더스가 망하는 줄도 모르고 계속 투자만 하고 있었던 것이죠. 그럼에도 정보화 시대를 주창

하는 사람들은 정신 나간 사람들이에요. 정보화 시대는 이미
가버렸어요. 여러분이 인터넷에서 지금 하고 있는 것들은 다
옛날이야기예요.

　자동차를 운전하면서 백미러로 상황을 보는 사람들이 있습
니다. 앞을 보지 못하고 후경을 보면서 그것이 현재인 줄 아
는 사람들이 오늘 학계, 정치계에 무수하게 많이 있어요. 여
러분도 그런 사람 아니에요?

　지금이 정보화 시대인 줄 알고 있으면 큰일 납니다. 내가
왜《디지로그》를 썼겠어요? 산업화는 뒤졌지만 정보화를 해
서 누구보다 앞서가자는 거였어요.

　정보화의 대표적인 세 사람이 있었어요. PC 제일 먼저 만
든 이용태, 제일 먼저 기반 시설 만들고 올림픽 때 네트워크
한 오명, 문화 쪽으로 들어가면 나. 이렇게 삼총사였어요. 옛
날 신문 보면 '한국 정보화를 주도한 세 사람'이라고 나와요.

　그런데 실제 정보화를 해보니 큰일 난 거예요. 그래서 디지
로그를 시작한 겁니다. 스티브 잡스 이야기 나오겠지만, 스티
브 잡스가 죽어서 애플이 지금 힘들어진 게 아니에요. 이렇게
되는 이유가 나중에 보면 조금씩 나와요.

　"I like Ike"는 두운과 말운을 이용해 만든 가장 짧은 선거
구호인데, 이런 걸 이용한 세계적으로 유명한 문장이 있어요.
카이사르의 "Veni Vidi Vici"예요. 보세요. 'V, V, V, ni, di, ci.'

이걸 "왔노라, 보았노라, 이겼노라" 하고 해석하는데, 이게 말이 돼요? 번역이 절대 안 돼요. 왜? 뜻은 전해지지만 운율을 이용한 거잖아요.

'V, V, V, ni, di, ci.' 이게 언어예요. 언어에서 소리 없애면 언어가 아니에요. 글자는 소리의 흔적입니다. 그러니까 소리와 함께 있는 글이 바로 언어예요. 그런데 여러분 휴대전화 메시지 보낼 때 발음도 안 되는 'ㅋㅋㅋ' 'ㅎㅎㅎ' 쓰고 있잖아요. 진짜 'ㅎㅎㅎ'죠. 읽을 수 없는 거, 소리 없는 글자가 나온 거예요.


## 언어를 만드는 사람이 된다는 것

여러분은 참 이상한 세대에 태어난 거예요. 종래의 언어로는 설명할 수 없는 변종 인간이 태어난 것이죠. 이걸 어쩌면 좋아요.

그러니 우리가 제로 베이스에서 뛰어가면 적어도 한두 시간 정도는 언어의 힘을 배울 수 있다는 거예요. 이건 내가 책으로 쓰고 방송에서 얘기해온 것들이에요. 여러분이 이걸 모르는 건 말을 안 해서가 아니라 안 들었기 때문이에요.

여러분 부모님에게 이 아무개가 어떤 사람인지 물어보세요. 그 당시 내가 최고의 스타였어요. 오빠 부대가 엄청났어

요. 오빠라고 부르고 쫓아다니지는 않았지만 나를 보고 주저
앉고 그랬어요. 왜? 그때는 미디어가 없었기 때문이에요. 인
터넷도 없고 텔레비전도 없고 오로지 활자밖에 없는데, 신문
이고 잡지고 아무 데나 펼쳐보면 내 이름밖에 없었어요. 저를
모르는 사람도 "저 사람 유명한 사람이다" 하니까 어딜 가든
지 다 내 얼굴 알아요. 컴퓨터가 고장 나서 사람을 부르면 그
쪽에서 다 나를 알아요. 이 아무개 집 컴퓨터 고장났다고 하
면 수리 기사들이 서로 가려고 했어요.

그런데 어느 날 기사를 불렀더니 와서 하는 말이 "이 집은
뭔데 이렇게 책이 많아요?" 묻는 거예요. 기가 막히잖아요.
교수고 글 쓰는 사람이니 당연히 책이 많죠. 그래서 "나, 이어
령이야" 하니까 "예? 뭐 하시는 분이세요?" 묻는 거예요. 시
대가 바뀌었어요.

시대가 변할 때 제일 먼저 바뀌는 것이 언어예요. 구한말
때 최남선 선생이 쓴 "철썩철썩 우르르 쾅" 한번 보세요. 그
렇게 촌스러울 수가 없죠?

언어의 속도에 반응해서 뒤쫓아가는 사람, 창조적 상상력으
로 만들어가는 사람, 소비하는 사람, 이렇게 세 종류가 있는데
여러분은 언어를 소비하는 사람이 되지 말고, 뒤쫓아가는 사
람이 되지도 말고, 만들어가는 사람이 되어야 해요.

언어를 만들어가는 사람은 자기 인생과 세계를 만들어가는

"언어를 만들어가는 사람은 자기 인생과 세계를 만들어가는 사람이에요. 그것이 바로 글쓰기이고 말하기의 핵심입니다. 뒤쫓아가지 말라는 것."

사람이에요. 그것이 바로 글쓰기이고 말하기의 핵심입니다. 뒤쫓아가지 말라는 것.

인생은 수능 시험이 아니에요. 채점자가 따로 있는 게 아니에요. 여러분이 문제를 내고 여러분이 바로 그 답을 내야 해요. 그 답은 다른 누구도 아닌 여러분밖에는 알 수 없어요. 그래서 여러분이 대학에 들어온 거예요. 만약에 선배들이 만들어놓은 거 열심히 배우면 그들 이상이 될 수 있어요? 그들이 아는 지식 이상으로 넘어설 수 있어요?

내가 잘난 척한다고 할지 모르지만 사실 난 그랬어요. 여섯 살 때, 학교 들어가기 전에 서당에 다니면서 하늘 천, 따 지, 검을 현, 누를 황, 이렇게 《천자문》을 배웠어요. 그래서 내가 손들고 물어봤어요. "선생님, 내 눈에는 하늘이 파랗게 보이는데, 왜 서당에서는 까맣다고 하는 거예요?" 그랬다가 굉장히 혼났어요. 안 그래요? 우리나라 율곡 선생, 퇴계 선생도 《천자문》 배우고 다 천지현황부터 시작했어요. 그런데 한 사람도 《천자문》을 배울 때 "우리 눈에 보이는 하늘은 파란데, 왜 여기서는 까맣다고 한 거예요?" 그 질문을 한 사람이 없어요. 내가 지금 긍지를 갖는 건 절대 내 머리가 좋았다거나 하는 게 아니에요. 내가 머릿속에서 생각한 걸 정직하게 질문했다는 거예요. 그게 오늘의 나를 있게 한 겁니다. 학교 가면 그렇게 배우죠? 갈릴레이가 "그래도 지구는 돈다"고 혼잣말을 했대요. 그런데 나는 도저히 납득이 안 가요. 혼잣말한 걸 누가 들었냐는 거예요. 그래서 선생님한테 "혼잣말을 누가 들어서 썼대요?" 물어보면 "너 이리 나와" 그러는 거예요.

천지현황에서 검은색은 소위 이념적 검은색을 가리켜요. 오방색에서는 북쪽이 검은색이에요. 북쪽은 북두칠성이 있고, 사람이 죽으면 북묘, 북망산에 가잖아요. 그래서 북쪽이에요. 동쪽 파란 거, 남쪽 빨간 거, 서쪽 흰 거, 북쪽 까만 거.

북쪽이 물입니다. 물이 어떻게 까매요? 그런데 오행으로 보면 물이 까만 걸로 나오거든요. 그것은 물리적 색을 의미하는 게 아니라 관념적인 것을 색으로 나타낸 거예요. 솔직히 이런 이야기는 주역 공부한 사람도 몰라요.

이것은 내가 여섯 살 때 "내 눈에는 파랗게 보이는데, 왜 서당에서는 계속 까맣다고 가르치는 것인가?"라고 궁금하게 여겼기 때문에 깨달은 거예요. 까맣다고 가르치는데 이걸 이상하게 생각하지 않고 달달 외워서 한 달 만에 깨우치면 우리 아들 신동이라고 떡 해주는 거예요. 그게 바보 난 것이지, 신동 난 거예요?

내가 지금 얘기하고 싶은 건 여러분이 자기 머리로 생각하

기 시작하면 세계는 빛나고 누구나 자기 인생을 말할 수 있다
는 것입니다. 아인슈타인이 아무리 훌륭해도 아인슈타인에게
사랑이 뭔지 아는가 물어보세요. 유행가 가수는 알아요. "사
랑은 눈물의 씨앗"이라고 했잖아요. 그런데 아인슈타인이 그
런 말 해요? 못 해요. 전혀 다른 거예요.

   아인슈타인이 생각하는 블랙홀이라든지 우주를 계산하는
것하고 인간이 사랑하고 행복을 느끼는 건 완전히 달라요. 링
컨, 훌륭한 정치가, 위인들이 아무리 있어도 여러분 자신이
하는 경험이 여러분에게 단 하나밖에 없는, 여러분만이 아는
세계예요. 아인슈타인이 그 세계를 어떻게 알겠어요.

   첫 만남, 사랑하는 사람하고 손잡고 있을 때, 영화 보면 대
개 비가 조금씩 오잖아요. 그럼 우산 받쳐주고. 그런 개인의
세계는 결코 보편화할 수 없는 거예요. 살아 있는 나, 우주에
하나밖에 없는 내가 내 머리, 내 가슴으로 생각하는데, 그것
이 남과 다르고 남과 합쳐지지 않았을 때, 나는 왕따가 되고
혼자가 됩니다. 공중전화 부스에서 외치는 거예요. 그게 실존
이에요.

   어떤 걸로도 보편화 못 해요. 국가, 사회, 법률, 어떤 조직
시스템을 대입해도 보편화할 수 없어요. 여러분은 바로 그런
세계에 살고 있어요. 그런데 여러분은 "내가 한국인이야" "내
가 서울대 학생이야" 그런 식으로 여러분이 아닌 것들로 여

러분을 규정하죠.

그런데 이걸 깨고 나가는 것이 아까 이야기한 창조적 언어입니다. 똑같은 언어인데, 여러분이 만들어가는 창조

"여러분이 만들어가는 창조적 언어는 내 것이면서 네 것이죠. 내가 쓰기 시작하는 순간, 타인의 의미 속에 내가 들어가는 거예요."

적 언어는 내 것이면서 네 것이죠. 내가 쓰기 시작하는 순간, 타인의 의미 속에 내가 들어가는 거예요. 나 혼자 떠들어보세요. 미친 소리지.

그러니까 언어의 보편성이라는 것은 하나하나가 관계 맺음입니다. 말하면서 그것이 하나의 시스템 속에 들어가는 거예요. 우리는 언어를 통해서 너와 나가 되고, 한국말을 쓰는 사람들끼리 한국인이라는 언어 공동체를 형성하는 것입니다. 그리고 영어를 배우면 영어권 사람들과 하나가 되는 것입니다.

몇 마디 말로 세계를 바꾼다는 것은 우리 힘으로는 도저히 안 되지만, 말의 힘으로는 가능해요. 이것을 보세요.

'Obama baby.' 이것 때문에 오바마가 당선되었다고 말할 수는 없지만, 이것으로 상당한 표를 얻긴 했습니다. 뭘 의미하는 걸까요? 같은 이름인데, 힐러리, 혀를 꼬부려야 하니까 힘들어요. 매케인도 어렵죠? 그런데 오바마는 단순하니까 아

이들이 따라 해요.

　이 말은 네이밍의 중요성을 알려줍니다. 대통령을 꿈꾸는 사람은 적어도 단모음을 써야 할 것, 어려운 격음을 쓰지 말 것, 이런 사소한 것으로 선전을 하는 거예요. "힐러리, 애가 발음 못 하잖냐. 그런데 오바마는 발음하지 않느냐" "동심이 천심이다." 이 동영상 조회수가 얼마인지 아세요? 100만 명이 영상을 내려받아요. 그럼 다른 사람들도 자기 아기 데리고 패러디하는 거예요. "우리 애도 '오바마' 했다" 그렇게요.

　이렇게 말 한마디로 세상을 바꿀 수 있어요. 언어가 실체냐. 아니에요. 언어는 상징이에요. 사실 아무 관계 없잖아요. 힐러리를 발음 못 했다고 힐러리가 자격이 없는 게 아니잖아요. 요즘 선거전은 IT 싸움이잖아요. 힐러리가 미국 국가를 부르는데, 스마트폰을 바짝 대고 녹음을 해서 인터넷에 올렸어요. 놀랍게도 힐러리가 음치예요. 그러니까 표가 막 떨어지는 거예요. 그래서 힐러리가 공식적으로 대응을 했습니다. "대통령직을 수행하는 데에 음치라는 것은 극히 작은 영향밖에 미치지 않는다. 그리고 나는 가사는 틀리지 않았다." 그랬더니 가사가 중요하냐, 음이 중요하냐, 논쟁이 붙은 거예요.

　이런 말장난이 통하는 시대에 살아가는 우리에게 한국말은 무엇이며, 그것을 최소한 어떻게 타협해가며 언어의 세계를 헤엄칠 것이냐, 하는 걸 살펴볼게요.

자, 언력言力의 시대, 즉 스마트 파워의 시대가 왔어요.

하드 파워, 소프트 파워, 그다음에 오는 게 바로 스마트 파워에요. 하드웨어와 소프트웨어가 합쳐지는 것이죠. 대개는 제일 먼저 오는 게 군사력이었어요.

역사를 보면 헤겔이 이야기하는 최초의 지배자는 칼로 정복하는 전사들이었어요. 유럽이 문화국인 것 같지만 유럽에 세워진 동상은 대개 군인들이라는 것을 알 수 있어요. 그다음에 돈의 힘, 경제력을 가진 부르주아가 생겨요. 프랑스혁명 역시 부르주아혁명이었고, 그 돈의 힘이 지금까지 이어져요.

## 칼과 돈을 압도하는 문화

이제 문화의 시대가 왔어요. 칼의 힘, 돈의 힘을 압도하는 문화의 시대가 온 겁니다. 그것을 배로 치자면 칼의 힘은 군함이었고, 경제력은 상선, 무역선을 의미해요. 그리고 문화의 시대는 유람선이에요.

실제로 문화의 힘을 가졌던 한 사람이 있어요.

여러분은 클레오파트라의 매력이 코에 있다고 생각하지만 사실 그녀의 강점은 얼굴이 아니라 말이었어요. 클레오파트라는 절대로 미모로 카이사르나 안토니우스를 함락한 게 아닙니다. 그런데 남자들은 여자를 말할 때, 경국지색傾國之色이라고 해서 언제나 미모를 언급해요. 이게 남자들이 가지고 있는 여성관이죠.

알렉산드리아에 책이 몇 권 있어요? 지금도 그렇게 많은 책을 가진 도서관이 없어요. 알렉산드리아에는 수백만 권의 책이 있었고, 그 책을 복사해주는 사람도 있었어요. 그러니까 클레오파트라는 보통 지성인이 아니었어요. 그리고 7개국어를 자유롭게 구사했어요. 엄청난 화술의 소유자였죠.

《플루타르크 영웅전》에 보면 그녀의 말이 새소리 같다고 했어요. 클레오파트라가 뭐라고 하면 새가 재잘대듯이 아름다웠다는 거예요. 어떤 사람은 "그녀의 목에는 피리가 들어 있는 것 같다. 그녀의 말은 피리 소리 같다"고 했어요. 감미로운 음성의 매력에 안 넘어가는 남자들이 없었다는 겁니다.

동생이랑 정쟁이 붙어 클레오파트라가 실각한 적이 있어요. 카이사르를 만나면 해결이 될 것 같은데 도대체 만날 수가 없으니까 마침 방문한 카이사르에게 양탄자를 선물했어요. 양탄자를 펴보니 클레오파트라가 나온 거예요. 그날 밤 그들은 밤을 새워 이야기를 했어요. 얼굴이 예뻤으면 밤을 새웠겠어요?

미모로 카이사르를 사로잡은 것이 아니라 지성으로 사로잡은 거예요. 기가 막힌 이야기를 하고, 오랜 시간 군함 타고 지친 사람을 유람선에 태워서 대단한 이벤트를 한 거예요. 그가 낚시를 한다고 하면 클레오파트라가 고기를 일부러 넣어주기도 했죠.

사람 마음을 사로잡은 거예요. 칼로 무찌른 것이 아니라. 이벤트로 황홀하게 해주니까 자기 군함이 불타는 것도 모르고 "이렇게 좋은 게 있는데 내가 전쟁만 했구나. 여기에 진짜 생이 있구나" 한 것이죠. 그걸 얼굴 보고 했겠어요? 클레오파트라의 배가 떴다 하면 그걸 구경하려고 사람들이 새까맣게 몰려왔어요. 안토니우스가 연설하는 데에는 아무도 안 가고. 벌써 수천 년 전에 문화 이벤트, 소프트 파워를 쓰기 시작했다는 거예요.

우리나라는 여론이라는 단어가 있어요. 여론輿論은 가마를 멘 사람이라는 뜻이에요. 가마를 탄 사람, 즉 오피니언 리더가 아니라 가마를 멘 사람들의 말이 여론이라는 거예요.

지금도 그래요. 인터넷상에서나 신문에서나 많이 배운 지성인, 오피니언 리더의 말이 아니라, 대중, 가마를 멘 사람들이 주류 여론을 형성하기 때문에 민주주의에서는 여론이 상당히 중요한 역할을 감당해요.

창조하고 새것을 발견할 때는 천 명이 옳다고 해도 '노'라고 하고, 천 명이 '노'라고 할 때 혼자 '예스' 하는 한 사람은 가마를 멘 사람이 아니라 가마를 탄 사람이에요. 그게 요즘은 어려워졌다는 거예요. 민주주의 사회에서는 언제나 네거티브한 것이 주류를 이루기 때문이죠.

소크라테스를 누가 죽였어요? 희랍의 민주정하 배심원들이 수백 명인데 그 사람들이 죽인 거예요. 그러니까 플라톤이 '아, 이건 안 되겠구나. 소크라테스를 죽이다니' 이렇게 생각한 거예요. 죽을죄가 아니거든요. 그런데 오만하고 건방지니까 "저것, 죽여" 한 거예요. 소크라테스를 누가 죽였어요? 여러분이 죽인 거예요. 배심원들이 죽인 거예요.

소크라테스, 플라톤이 말한 걸 군중demos이 이야기해요? 아니잖아요. 그러니 항상 지식인은 대중으로부터, 권력자로부터, 돈 많은 사람으로부터 끝없이 박해를 당해요. 군주하고 싸워도 이기고, 칼잡이하고 싸워도 이기는데, 대중하고 싸워서는 못 이긴다는 거예요.

이게 여러분의 어려움이라는 거예요. 숫자는 못 당한다는 거예요. 여론 앞에서 여러분의 운명은 풀잎과 같다는 겁니다. 그걸 이겨낼 장사가 없어요. 3심이잖아요. 내가 죄를 지었어도 대법원까지 갈 수 있어요. 그런데 여론재판을 당하면 3심이 아니라 그날로 입을 다물게 되어 있어요. 이렇게 해서 세상을 떠난 학자들이 얼마나 많은지 책 한번 뒤져보세요.

여러분이 깨어 있는 지식인으로 창조적 상상력을 가지고 글 쓰고 말하겠다고 결심한다면, 그것은 정말로 외로운 길입니다. 대중의 박수도 못 받고, 권력자의 총애도 못 받고, 장사하는 사람이 무슨 펀드를 만들어주지도 않아요. 그런 사람이 여기에 몇이 있을까요?

여러분의 한 번밖에 없는 삶을 어벙저벙 남들 얘기대로 따라다닐 거면 뭐 하러 살아요? 여러분이 여러분의 언어를 가지고 살아가는 것이 얼마나 힘든지, 그러나 그것이 얼마나 자랑스러운지 알아야 해요.

옛말에 여러 "사람의 입은 쇠라도 녹인다"(중구삭금 衆口鑠金)라는 말이 있어요. 민주주의적인 여론이 세다는 말이 여기에 나와요. 여론은 군주보다 세요. 그런데 크리에이티브한 생각은 여론에서 안 나와요. 위키피디아에서는 안 나온다고. 위키피디아는 우리가 다 아는 것을 올리지, 우리가 모르는 것을 올리지는 않아요. 위키피디아는 대중이 알고 있는 것을 올려요.

그러나 여러분은 위키피디아를 쓰기 위해서 이 세상에 태어난 건 아닙니다. 위키피디아에 안 써진 것, 모르는 것을 찾지 않으면 여러분의 인생은 모방에 그치는 것이고, 여러분은 남들이 하는 것을 뒤쫓아가는 것에 불과해요. 그럼 여러분의

"깨어 있는 지식인으로 창조적 상상력을 가지고 글 쓰고 말하겠다고 결심한다면, 그것은 정말로 외로운 길입니다. 한 번밖에 없는 삶을 어벙저벙 남들 얘기대로 따라다닐 거면 뭐 하러 살아요?"

삶, 생각은 도대체 어디에 있는 것입니까?

우스운 얘기지만 나는 그렇게 머리 좋은 사람도 아니고 아이큐가 높은 사람도 아니에요. 아이큐가 얼마나 웃기는 거예요? 그것, 미국에서나 따지지, 유럽에서는 따지지도 않아요. 왜? 옥스퍼드 교수들의 아이큐를 평균 낸 것하고, 공장에서 막일하는 보일러공들의 아이큐를 평균 낸 걸 따져보니 보일러공이 더 높더라는 거예요. 굴드가 한 말이에요. 얼마나 엉터리 같은 걸 여러분이 믿고 있어요? 그걸 만든 당사자가 믿지 말라고 한 거예요. 위험한 거라고.

그런데 남녀가 만나면 서로 아이큐가 얼마인지를 따져요. 164랑 114의 아이큐가 얼마나 차이 난다고. 이런 걸 우리가 믿고 사니까 남들처럼 사는 것이죠. 그걸 깨닫는 순간, 여러분은 심상찮게 살게 된다는 거예요.

자, 말의 창조라는 것이 뭔지 볼게요.

뱀을 보고 어린아이가 말해요, "용이다!" 그러자 홍수에 떠내려가던 뱀이 용이 되어 승천했어요. 어린아이는 아무런 선입견이 없어요. 그러니 뱀을 보고 "용이다!" 하니까 진짜로 용이 되어 승천했다는 거예요. 뱀을 보고 용을 만드는 것, 그것이 창조적 상상력, 언어의 힘인 겁니다.

## 말이라는 씨앗을 어떻게 가꿀 것인가

〈마태복음〉에 보면 예수님의 말씀을 씨앗에 비유해요. 딱딱한 땅에 떨어지는 것, 마른 땅에 떨어지는 것, 좋은 땅에 떨어지는 것에 비유해서, 어떤 씨앗은 100배, 어떤 씨앗은 60배, 어떤 씨앗은 30배의 결실을 하였다고 나와요.

내가 지금 여러분에게 말로 씨앗을 뿌리잖아요. 여러분은 땅이에요. 틀림없이 여러분 가슴에 떨어지기 전에 새가 파먹고 가는 경우도 있을 거예요. 오늘 내 얘기 들으면서 딴생각하는 사람들, 내 얘기 하나도 안 들으니까 새가 파먹고 간 거예요.

나는 열 정도를 이야기했는데, 상상력이 풍부한 사람은 새끼 쳐서 그 몇 배를 얻어가는 경우도 있을 거예요. 말은 곧 씨앗이라는 말이에요. 우리나라 속담에도 "말이 씨가 된다"는 말이 있어요. 그것이 시간이 흐르면서 콘텍스트상에서 백 배도 되고, 천 배도 될 수 있다는 거예요.

러시아에 실레네 열매에서 핀 꽃이 있어요. 3만 년 동안 잠자다가 약간의 화학적 변화를 통해서 피어난 거예요. 그리고 2천 년 전부터 있던 씨앗에서 피어난 연꽃도 있어요.

말도 그런 거예요. 내가 《일리아드》를 읽었는데, 세상에 이게 몇천 년 전 이야기예요? 소크라테스, 플라톤보다도 훨씬 전에 쓰인 거잖아요. 인간들은 죽기 때문에 한순간 한순간을 치열하게 사랑하고 살아가는데, 신들은 안 죽으니까 그걸 못한다는 것입니다. 그래서 그들이 우리를 질투한다는 거예요.

그걸 읽었을 때 소름이 끼쳤어요. 3천 년 전 말이, 그것도 먼 희랍에서 쓰인 글이 극동에까지 와서 어린아이가 읽었을 때 그 안에서 꽃이 핀 거예요. 3천 년 전 희랍의 말이 한국의 어느 소년의 가슴에서 꽃을 피워요. 여러분이 《일리아드》를 쓰면 3천 년 후에 저 아프리카 어느 소년의 가슴에 꽃이 피어요. 그 정도로 말의 씨앗은 중요한 거예요.

그런데 말이라는 것은 우리가 어렸을 때, 말을 배우기도 전부터 있었어요. 옹알이를 할 때부터 모국어는 시작된다는 말입니다. 프랑스의 드부아송이라는 사람이 쓴 글을 보면 프랑스 애들은 '바바바바' 하고 옹알이를 해요. 그런데 나이지리아 애들은 '아바아바' 해요. 모음이 먼저 오고 그다음에 자음이 와요. 한국 애들은 옹알이라고 '옹알옹알' 해서 'ㅇ'이 먼저 와요.

여기 보세요. 애들이 옹알이를 하면서 얼마나 잘 통하는지. 이건 광고에도 나온 거예요. 감동, 놀라움이 있고 누구나 인정하게 되죠. 말 배우기 이전의 옹알이가 뭘까요? 유전일까요? 밈meme이냐, 진gene이냐.

한국에는 진짜 학자가 없어요. 사회학, 철학 공부한 학자들은 "한국인에게 위기 DNA가 있다"고 하는데 무슨 말일까요? DNA처럼 생물학적 결정론은 바로 히틀러의 생각이에요. 그게 무슨 말인지 알고 그런 말을 써야 해요. 다문화 가정에서 우리 DNA 못 받은 사람은 영원히 한류 못 만든다는 뜻인가요? 또 우리 DNA로 한류 만들었으면, 외국 사람들은 우리 DNA가 없는데 어떻게 감동해요?

DNA 결정론이 학자 입에서 나온다는 건 그 사람이 학자 자격이 없다는 말이에요. 밈이라고 하죠. 모방 인자. 언어. 색. 새들도 그래요. 타고나는 모양은 DNA이지만 우는 소리는 애비 새가 와서 가르쳐줘요. 그걸 안 하고 빈 상자에 놓으면 못 울어요. 뻐꾸기가 절대 뻐꾹뻐꾹 못 울어요.

그러니까 언어는 밈이냐, 진이냐, 이걸 놓고 생성논법 관련자들이 엄청나게 싸우는데, 그것에 의해서 인간은 생물학적 결정론자인지, 문화 결정론자인지 결정되는 거예요. 밈이라고 하는 것은 도킨스가 문화 유전자라고 해서 학습하는 거예요. 책, 말, 색.

학계에 반반이에요. "언어 유전자가 있다"는 파가 있고, "언어 유전자는 없다, 후천적으로 배우는 것이다"라고 주장하는 파가 있어요. 문화 결정론인지, 생물학적 결정론인지 이런 것들에 대한 의견을 여러분이 토론하는 것이에요.

"색은 변하고 사원은 붕괴되고 제국은 허물어져도 현명한 말은 남는구나." 존 다이크의 말입니다. 즉, 말은 씨앗이고 2천 년 후에라도 다시 꽃필 수 있다는 말입니다.

백남준이 나한테 그래서 준 〈말은 말이다〉라는 작품이 있어요. 우린 흔히 "말이 말이 아니다"라고 하죠. 이게 뭐겠어요. 내 이름에 임금 '어御'를 쓰는데, 백남준의 작품은 '말(馬)을 다스린다'는 뜻이에요. 백남준은 한자어를 잘 썼는데 내가 '말(馬)을 다스리는 사람'이라고 해서 말만 다스리는 사람이 아니라 한국말(語)도 다스리는 사람이 되라고 해서 입을 그려 준 거예요.

달리는 말(馬)과 말하는 말(語)을 우리는 똑같이 '말'이라고 해요. 그래서 "발 없는 말이 천 리 간다"고 하잖아요. 이런 건 우연이에요. 여기에 자유로움이 있고 창조적 상상력이 있는 것입니다. 달리는 말과 말하는 말이 같은 말이란 거예요.

데리다가 이런 것을 가지고 장난을 많이 치는데, 논리에 귀납법, 연역법, 추리, 이 세 가지가 있지만, 제4요소에 자유연상을 끌어들여서 인간이 생각해내지 못하는 뜻밖의 것을 창조해내는 겁니다. 시인, 문학가, 상상력을 가진 사람들, 존 케이지 같은 사람은 논리로는 풀 수 없는 걸 해결하잖아요.

뤼시앵이 이런 걸로 장난을 많이 쳤어요. 과부는 외로우니까 창가에서 밖을 쳐다보고 있어요. 'widow'와 'window'는 스펠링 하나 차이죠. 미망인과 창이라는 두 이미지가 잘 맞는 거예요. 자의적인 스펠링의 차이에서 매칭이 되는 것입니다.

이런 것이 창조적 상상력이에요. 학자나 지식인, 아인슈타인은 이런 걸 못 해요.

아인슈타인은 과학적 상상력으로 매칭을 하긴 해요. 숫자로 계산하는 것만이 중요한 게 아니에요. "숫자로 증명되는 것만이 중요한 건 아니다"라는 말을 아인슈타인은 항상 연구실에 붙여놓았어요. 수학을 뛰어넘는 걸 하려고 한 거죠.

자, 실제로 말(馬)을 가지고 세계를 제패한 게 누구예요? 칭기즈칸이에요. 1206년, 1219년, 1223년, 1237년, 1259년, 1279년, 1294년. 말로 세계를 제패해버렸어요. 만수 벌판을 달리던 한국인들은 기마민족이었어요. 동시에 싸이를 보세요. 말춤으로 세계를 제패했죠? 이것도 우연이죠.

그런데 자세히 보니 말춤을 추는 싸이 모습이 사천왕이랑 똑같아요. 아, 이게 뭔가 문화 유전자가 있는가 보다, 하는 생각이 들죠. 어디선가 이런 걸 보고 막춤을 따라 추는 것 같은데, 18억 회나 조회된 이 몸짓이 전 세계에 어필한 거예요. "내 속에는 18억을 감동시킬 수 있는 밈이 있어." 그게 말(語) 속에 있고 뛰는 말(馬) 속에 있는 거예요.

그럼 한국말이란 게 도대체 뭘까요?

〈청산별곡〉에 "머루랑 다래랑" "이리공 저리공" 하는 말이 나와요. 끄트머리에 'ㅇ'을 붙여요. 누가 가르쳐줬다고 따라할까요? 아무 의미 없는 율격을 보완하려고 끄트머리에 'ㅇ'

을 붙인 거예요. 이것을 더 자세히 볼 수 있는 것이 맹사성의 공당 문답이에요. "어디로 가는공 한양으로 간당."

맹사성이 비가 와서 잠시 피해 있는데, 같이 비를 피한 건방진 젊은이가 허스름한 옷을 입은 맹사성을 보고 "노인이 한자는 모를 테니 심심한데 한시 놀이나 합시다" 한 거예요. 시 끝에 내가 '공' 할 테니 당신은 '당' 해라, 한 거죠. 그래서 "어디로 가는공" 하니까 "한양으로 간당"하고 대답한 거예요.

이렇게 '당공당공' 하면서 서울까지 간 거예요. 그런데 알고 보니 이 사람이 정승이잖아요. 나중에 보고 "잘 지내는공" 하니까, "놀랐당" 하고 대답했다는 거예요. 맹사성의 당공을 어떻게 알고 어린아이들이 '나동, 너동' 하느냐는 거죠. 언어란 참 신비한 거예요.

나는 지금 20세가 아니고 2,020세, 80세가 아니고 4,080세라는 얘기죠. 우리가 태어나서 사는 것만이 내 삶이 아니라 축적된 언어 속에 한국인으로서의 내 삶이 있다는 것입니다. 한국의 언어를 따져보면 여러분이 2천 년, 3천 년을 살 수 있어요. 그게 장수법이에요.

무지개가 몇 가지 색이냐 물었을 때 일곱 가지 색이라고 하는 건 과학을 배운 사람의 대답이에요. 뉴턴이 프리즘으로 빛을 분석해보니 대충 일곱 가지 색이에요. 그런데 이 사람은 기독교인이니까 7에 의미를 두었어요. 하나님이 우주 창조를

7일 만에 했잖아요. 그리고 음계가 '도레미파솔라시'잖아요. 그래서 이 사람은 색을 봐도 일곱 개로 본 거예요. 조수 보고 "너, 저거 몇 가지 색으로 보이냐? 난 일곱

"우리가 태어나서 사는 것만이 내 삶이 아니라 축적된 언어 속에 한국인으로서의 내 삶이 있다는 것입니다. 한국의 언어를 따져보면 여러분이 2천 년, 3천 년을 살 수 있어요."

가지 색으로 보이는데" 하고 물었어요. 선생님이 일곱 가지 색으로 보이다는데 조수기 뭐라고 대답하겠어요. "나도요" 해서 일곱 가지 색이 되어버린 거지.

자세히 보세요. 일곱 가지 색인가. 여러분이 지금 배우고 있는 것들이 전부 바깥으로부터 세뇌받은 거지, 정말 무지개 보고 세어본 사람 있어요? 사실 일곱 가지가 아니에요.

크세노폰은 3색, 아리스토텔레스와 포시도니우스는 4색, 세네카는 5색으로 봤어요. 시칠리아를 쳤던 마르케스는 우리와 같은 일곱 색으로 보았어요. 실제로 서양은 무지개 색을 여섯 개로 보았어요.

무지개가 일곱 색이 된 것은 과학이 발달해 뉴턴이 인디고 블루를 집어넣으면서부터예요. 우리는 초록은 동색이라고 해서 그린하고 블루를 구분하지 않아요. 그런데 서양 사람들은 블루하고 인디고블루를 구분해요. 16~17세기에 동양 문화가

들어가면서 쪽빛이 생긴 거예요.

그러니까 색은 객관적으로 있는 것이 아니라 언어와 비슷하다는 겁니다. 나라에 따라서 색을 여러 가지로 분류할 수 있다는 것이죠. 색은 세 개밖에 없어요. 파장은 똑같은데 그것을 인식하는 마음은 문화에 따라서 달라진다는 거예요. 문화라는 것은 객관적 인식이 아니에요.

### 푸른색과 초록색의 차이

'초'는 푸른색이고 '록'은 녹색이에요. 그런데 우리는 그걸 하나의 색으로 생각해요. 그래서 5월의 어린이날 노래는 절망적이게도 "하늘도 푸르고 땅도 푸르다"고 하는 거예요. 정말 생각할 문제거든요. 하늘의 푸른색과 땅의 초록색이 같다는 이야기죠.

우리는 교통 신호등의 그린 사인을 보면서 푸른 신호등이라고 해요. 그러니까 우리는 그린을 인정하지 않고 그린을 블루로 보는 거예요. 유명한 이야기가 있잖아요. 아파트 단지 앞에서 엄마가 아이한테 "푸른색으로 신호가 바뀔 때 길을 건너는 거야"라고 말했어요. 그러니까 얘가 건널목을 안 건너고 계속 우는 거예요. "너 왜 거기 계속 서 있어?" "엄마가 푸른색이 나오면 건너라고 했잖아." "저거 푸른색이잖아." "초록색이잖아." 실제로 그랬다는 거예요. 서양 애들이 와서 그렇게 된 거예요.

청색과 초록색을 구분하지 않는 한국인, 남색과 청색을 구분하지 않는 유럽인. 누가 똑똑하고 못하다가 아니라 모든 문화는 자기의 프레임 속에 갇혀 있다는 거예요. 인디고에 블루가 붙은 인디고블루나 녹색에 초가 붙은 초록색처럼, 색채 인식이 곧 문화 인식이 된다는 이야기입니다.

쉽게 말하자면 서양 사람들은 중국, 한국, 일본을 젓가락 문화권이라고 하지만, 실제로 가보면 문화가 다 달리요. 일본은 섬나라 사람들이라 생선이 많아서 젓가락으로 생선을 발라 먹어요. 생선 가시를 발라야 하니까 젓가락이 뾰족해요. 젓가락이 짧은 건 일본 사람들이 공깃밥을 손에 들고 가까이에서 먹기 때문이에요. 중국 사람들은 한 테이블에 전부 음식을 놓고 한 식구가 나눠 먹어요. 그래서 길어요.

한국 젓가락만 금속으로 되어 있어요. 일본이나 중국은 대나무나 상아를 쓰는데, 어째서 한국 사람만이 금속 젓가락을 쓸까요? 왜냐하면 한국만이 음양 이론을 음식에 적용하기 때문이에요.

건더기에는 반드시 국물이 있어요. 일본 단무지에 국물이 있어요? 서양은 건식, 습식이 명확해요. 수프에는 국물이 있고, 비프스테이크는 건더기만 있어요. 그런데 한국은 김치 같은 것에도 반드시 국물이 있어요. 그러니까 한국 사람에게 가장 나쁜 말이 "국물도 없다"라는 거예요.

한국은 어떤 음식이든 누르면 국물이 나오게 되어 있어요. 그래서 우리 숟가락은 납작해요. 서양 숟가락은 물을 퍼내는 것이지만 우리 것은 짜내는 거예요. 납작하니까 쭉 짜내서 김치 국물을 마시잖아요. 그런데 국물하고 건더기가 같이 있기 때문에 숟가락하고 젓가락은 둘이면서 하나인 것입니다. 음양이 하나인 거예요.

그래서 한국 사람만이 숟가락, 젓가락을 합쳐서 수저라고 불러요. 그런데 젓가락은 나무로 만들 수 있지만 국물 떠먹는 건 나무로 만들 수 없어요. 액체이기 때문에 반드시 금속으로 만들 수밖에 없는 겁니다. 수저가 하나이기 때문에 숟가락만 금속으로 만들 수 없었고, 짝이니까 젓가락도 금속으로 만든 거예요. 그래서 우리는 수저라고 하는데, 서양에서는 포크와 나이프가 짝이 아니에요.

이런 것을 알기 시작하면 세 나라의 문화를 비교해서 알 수 있어요. 옛날에는 중국의 한자가 우리를 지배했고, 근대에는 서양 문물을 빨리 도입한 일본의 지배를 받으면서 한국에서는 한국말이 설 자리가 없어졌어요.

이퇴계 선생이 유언에서 언급할 정도로 우리는 매화를 대단히 사랑한 민족이에요. 그런데 이게 서양으로 가면

'Japanese apricot flower'가 돼요. '일본 살구꽃'이라고 불러요. 매화는 중국 사람들도 사랑하고, 특히 한국 사람들은 매화를 세한삼우, 사군자에 포함해 사랑했어요.

중국은 모란꽃, 일본은 벚꽃, 한국은 무궁화가 국화지만, 사실 한국은 추운 겨울에 누구보다 일찍 피는 지조 높은 매화를 좋아했어요. 그런데 근대 들어서 외국 학명이 '일본 살구꽃'이 된 거예요.

말만 변한 게 아니라, 일본 사람들이 그린 매화를 빈센트 반 고흐가 그대로 그려서 매화꽃에 대한 인식에 영향을 주었어요. 매화라는 말이 '일본 살구꽃'이 되고, 일본 살구꽃이 일본 문화를 상징하는 그림으로 탄생되고, 일본 판화에 영향을 받은 반 고흐나 인상파 화가들이 매화 그림을 남긴 거예요. 이렇게 생각할 때 우리의 매화라는 말은 한반도를 넘어서지 못했어요. 매화라는 말을 일본에 빼앗긴 셈이죠.

단정학이라는 것은 서정주의 시에도 나오지만, 한국 사람들이 천수만수 누리는 동물의 상징으로 단정학을 꼽아요. 이것도 서양에 가면 'Japanese crane', 즉 '일본 학'이라고 불러요. 학명으로도 'Grus japonensis'라고 되어 있어요. 일본이 재빨리 문화에 끼어들어서 말뿐만 아니라 JAL 상표에다 한·중·일이 공유하는 단정학을 저들이 선점해버린 거예요.

우리는 달리는 봉고차에서도 화투를 한다고 해서 '국기'라고 하는데, 사실 일본 사람들이 만든 걸 우리가 갖다 쓴 거예요. 화투에 보면 단정학이 나오잖아요. 부산과 후지산 사이에 단정학이 있어요. 한·중·일 문화 전통에 있는 새를 일본 문화, 일본 상표, 일본 놀이에 접목하고 있는 거예요. 우리말로 생각하는 단정학의 학명이 '일본 학'으로 되어 있고, 문화도 일본이 선점했다는 이야기예요.

중국인이 중국의 새를 무엇으로 할 것인가를 두고 투표를 했는데 놀랍게도 단정학이 1등을 한 거예요. 그래서 발표하려고 보니, 그것의 외국 이름이 'Japanese crane'인 거예요. 어떻게 단정학을 우리 국조로 하겠느냐, 하고 논란이 일어났어요. 동해하고 똑같아요. 애국가가 "동해물과 백두산이 마르고 닳도록"인데, 그걸 영어로 번역하면 'Sea of Japan'이 마르고 닳는다"는 이야기가 되잖아요. 우리가 땅을 못 지키고 문화를 못 지키면 이런 기막힌 일이 일어난다는 겁니다. 우리 문화가 왜곡되고 다른 나라 것이 되어버린다는 거예요.

나는 절대 국수주의자, 민족주의자가 아니에요. 나는 그냥 나예요. 나를 규정하는 어떤 단어도 나는 싫어해요. 그런데 내가 한국말을 쓰는 한 나는 한국인이고, 단정학이 'Japanese crane'이라고 불리는 상황을 단연코 찬성할 수 없어요.

그런데 이게 현실이에요. 여러분 세대는 절대로, 김치가 기무치가 되고 한국의 대표적인 인삼이 진생이 되는 그런 시대

를 살아서는 안 돼요. 나
라의 땅을 지키듯이 여
러분의 할아버지 할머
니가 수천 년 물려준 문
화적 밈을 지켜가야 해
요. 한국말을 쓰는 이상
말이죠.

"여러분 세대는 절대로, 김치가 기무
치가 되고 한국의 대표적인 인삼이
진생이 되는 그런 시대를 살아서는
안 돼요. 나라의 땅을 지키듯이 여러
분의 할아버지 할머니가 수천 년 물
려준 문화적 밈을 지켜가야 해요."

우리가 일본에 준 기
술이고, 연두까지 나와 있는 옻칠이 사진에 아예 'japan'이라
고 나와 있어요. 우리가 옻칠하는 건 외국에서 볼 때 'japan'
하고 있는 거예요. "옻칠은 일본 것이다"라고 재빨리 내세우
는 거예요. 문화 제국주의, 문화 제패주의로 중국과 일본이
서로 다투는 거예요.

더욱더 우리를 가슴 아프게 하는 것은 초롱꽃이에요. 초롱
꽃은 강원도에서만 피는 꽃인데, 그 전설이 아주 슬퍼요. 병
든 누이를 위해서 동생이 추운 겨울에 산을 올라갑니다. 약초
를 구하러 간 동생이 밤이 되도록 돌아오지 않아요. 눈구덩이
에 빠진 거예요. 그러니까 병약한 누이가 동생이 이제 오나,
저제 오나 초롱불을 들고 기다리다 얼어 죽었다는 거예요. 그
초롱불이 꽃으로 피어났다는 이야기가 초롱꽃 전설이에요.

이건 금강산 지역에만 있는 꽃이에요. 그런데 1911년 나

카이 다케노신이라는 사람이 학명을 등록한 거예요. 조선 식민 문화를 제한했던 그 당시 하나부사 일본 공사가 학명을 연구해봐라 하니까, 이름을 'Hanabusaya asiatica Nakai'로 등록해버렸어요. 발견한 자기 이름과 일본 공사의 이름을 따고 가운데에 생성지인 'Korea' 대신 'asiatica'를 넣어서 'Hanabusaya asiatica Nakai'로 등록했어요. 금강산에서만 나는 슬프고 아름다운 전설의 초롱꽃이 세계로 나가면 'Hanabusaya asiatica Nakai'가 되는 거예요. 왜? 우리는 국제 정세에 어두웠기 때문이에요.

우리 식물을 우리 전설과 함께 세계에 알리지 못했어요. 돌담에 무심코 피는 초롱꽃이 세계에서는 하나부사야 아시아티가 나카이로 불리는 이런 아이러니는, 특히 시를 쓰는 사람에게는 곤란하다는 이야기예요. 시인들이 초롱꽃 시를 쓰면, '하나부사야 아시아티카 나카이'가 되는 거예요. 이게 말이 되는 소리예요? 이 글로벌한 시대에? 그러니 여러분은 제발 우물 안 개구리가 되어서 자기 이미지를 스스로 버리면 안 된다는 거예요.

토박이말로 한번 생각해봐요. 외국어를 배척하라는 것이 아닙니다. 세 살 때 어머니로부터 배운 모국어를 생각해보세요. 토박이말로 생각하면 생생한데 이걸 외국어, 한자말로 생각하면 뭔가 구두를 신고 있는 것 같은 불편함이 느껴져요.

제 나라말을 'vernacular'라고 합니다.

아까 봤죠? 아이들은 옹알이도 모국어로 해요. 프랑스 애들은 '바바바바' 하고, 나이지리아 애들은 '아바아바' 해요. 그런데 우리가 월드컵 때 응원하는 걸 보고 참 놀라웠어요. 전세계는 'v, i, c, t, o, r, y' 이렇게 정박으로 응원을 해요.

그런데 우리는 딱, 딱, 딱딱딱 엇박자예요. 절대로 균질하게 치질 않아요. 이걸 누가 가르쳐준 게 아니라 우리 몸속에 있는 가락이에요. 좋으냐, 나쁘냐가 아니에요. 그러니까 월드컵 끝나고 화장실에서 노크하는 깃도 달라졌다는 거예요. 옛날에는 '똑똑' 했는데, 밖에서 '똑, 똑, 똑똑똑' 하면 안에서 "대~한민국" 했다는 거예요.

젊은 사람들이 한국 전통도 모르고 양복 입고 스타벅스에서 차 마시고 하는데도 모여서 응원할 때는 "짝, 짝, 짝짝짝, 대~한민국!" 하거든요. 서양 사람들한테 '대~한민국' 가르쳐 보세요. '대한~민국' 그래요. 그게 우리 문화고 가락이에요. 좋으냐 나쁘냐가 아니라 우리 숨결이고 생명이에요. 그 리듬을 못 타면 여러분은 한국의 문화를 새롭게 창조해서 세계에 내놓을 수 없어요. 절대 국수주의자가 되라는 말이 아니에요. 거기서부터 출발하라는 거예요.

자, 시조를 보세요. 정조가 한문으로 모든 걸 처리할 때도 뒤죽박죽이라는 말은 도저히 한자로 못 쓰니까 여길 보세요,

"뒤죽박죽." 다 한자로 썼는데 도저히 한자로 표현을 못해 이 건 한글로 썼어요. 김삿갓이 물고기가 스물스물대는 걸 도저 히 한자로 표현을 못하니까 수水 자, 물物 자를 써서 "수물수 물"했거든요.

절대로 다른 나라 말로 표현할 수 없는 것이 있어요. 내 생 명이기 때문이에요. 그걸 잡으라는 거예요. 그러면 여러분은 아무리 학원을 다니고 대학을 다녀도 못 얻는 지혜를 얻는 거 예요. 언어에서 새 사고가 나오는 거예요. 국수주의 민족사상 이 아니라, 세계에 통하는 말춤처럼 새로운 세계의 리듬을 만 들 수 있어요.

보세요, 한국 사람이 얼마나 질기냐 하면, 우리말이 한자에 다 먹힌 것 같아도 꽁지 말은 남아 있어요.


### 잃어버린 내 말의 흔적

이런 단어들을 한번 볼까요. 황토흙, 동해바다, 처갓집, 모찌 떡, 빵떡, 깡통, 라인선상.

다른 나라는 다 먹혔어요. 일본도 안 그렇고 서양도 안 그 래요. 'serpent'는 라틴어에서 왔어요. 'snake'는 앵글로색슨 어에서 온 말이에요. 그런데 'snake serpent'라고 하지 않아 요. 라틴어의 'sub'와 색슨어의 'under'라는 말도 항상 분리되어 있지, 섞이는 법이 없어요.

그런데 우리나라 말은 한자가 들어와도 황토흙이라고 하고, 동해바다라고 해요. 여러분에게 나눠준 《흙 속에 저 바람 속에》를 보면 내가 황토흙이라고 표현했어요. 그런데 교정을 보는 편집자가 계속 흙 자를 빼는 거예요. '황토' 하면 리듬도 안 맞아요. 흙을 넣으면 또 교육부에서 겹침말 안 쓴다고 빼는 거예요.

그래서 내 책이 무수히 많은 판을 찍었는데 황토흙이라고 된 것도 있고, 황토라고 된 것도 있어요. 그건 내가 최종 교정을 못 본 책이에요. 송창식이 노래 부를 때 "동해바다로 고래 잡으러 가자"고 하지, "동해로 고래 잡으러 가자"고 해요? 처 갓집도 마찬가지예요.

한자만 그러면 말을 안 해요. 일본 말도 마찬가지예요. 모찌가 떡인데 우리는 모찌떡이라고 해요. 빵이 서양 말인데, 빵떡이라고 해요. 깡이 'can', 즉 통인데 깡통이라고 말해요.

그러니 이건 우연이 아니라 한자든 일본어든 영어든 외래어가 들어오면 반드시 우리말을 거기에 붙여서 흔적을 남긴다는 거예요. 무수한 한자, 교활한 일본어, 압도적인 서양말 중에 그래도 눈물의 흔적처럼 내 것을 간직하고 있는 것을 교육부에서 겹침말이라고 못 쓰게 하는데, 이것은 잘못된 말이 아니라, 우리의 어법이라는 이야기예요.

"외래어가 들어오면 반드시 우리말을 거기에 붙여서 흔적을 남겨요. 무수한 한자, 교활한 일본어, 압도적인 서양말 중에 그래도 눈물의 흔적처럼 내 것을 간직하고 있어요. 잘못된 말이 아니라 우리의 어법이에요."

그러니까 영어가 들어오고 한자가 들어오고 일본 말이 들어올 때 우리말을 썼다는 거예요. 야구 중계할 때 '라인line 선상으로'라고 말해요. 라인은 뭐고, 선은 뭐예요. 이건 틀린 말이 아니라, 우리 어법이에요.

우리나라 조사들 보세요.

굴절어라고 하는 것은 위치에 따라 보어가 되고 목적어가 되는 것인데, 우리나라 말에는 조사가 있어서 조사 하나만 바꿔도 말이 바뀌어요. 오늘 여기 강연이나 들으러 온 사람들, 시간 낭비예요. 강연이'나'. '나' 자 붙이면 그건 눈빛이 사라지는 거예요. '도' 자를 붙이면 말이 바뀌어요.

불행한 사람들이 조사 '나' 자를 써요. 술이'나' 처먹고 다닌다고. 술'도' 먹었냐고 하면 얼마나 좋아요. 심지어 요즘 도시에서 농사'나' 짓자고 말하는 사람들이 있어요. 애'나' 보자, 농사'나' 짓자고 하는데 '나' 자 붙이면 인생은 끝나는 거예요. '나'나 '도'도. 조사 하나만 바뀌어도 여러분 인생이 바뀐다는 거예요.

그뿐만 아니라 한국에는 모음조화라는 것이 있어요. 'ㅗ'는 'ㅜ'가 되고 'ㅏ'는 'ㅓ'가 돼요. 'ㅗ' 'ㅜ'는 봄과 가을의 대응이 되고 'ㅏ'와 'ㅓ'는 여름과 겨울의 대응이 되는 거예요.

그러니까 '보슬비' 하면 우산 안 받아도 돼요. 부슬비가 내리면 우산 쓰고 나가야 해요. 같은 비인데 보슬비와 부슬비를 구분하는 것은 우리나라 모음조화 때문에 그래요. 물이 칠름칠름할 때는 피난 안 가도 되는데 철름철름하면 피난 가야 해요. 칠름칠름, 철름철름이라든지, 보슬비와 부슬비, 모음에 따라 뜻이 달라요.

색채도 그래요. 뽀얗다, 뿌옇다. 빨갛다, 뻘겋다. 우리 색채어는 전부 모음조화로 되어 있어요. 이런 모음조화는 터키나 몽골에 약간 남아 있지만, 전 세계에 이렇게 모음이 규칙적으로 조화를 이룬 나라는 우리나라밖에 없어요. 애들은 콜콜 자고 어른은 쿨쿨 자요.

또 ㄱ, ㄹ 보세요. ㄱ은 스타트니까 꺾여요. ㄹ은 흘러요. 물이 '졸졸' 흘렀을 때는 상관없는데 '조록조록' 하면 끊어졌다, 나왔다 하는 거예요. 솔방울이 '떼굴떼굴' 구르면 계속 구르는 거예요. '떼' 할 때 구르고 '굴' 할 때 서는 거예요. '죽다'는 ㄱ이고 '살다'는 ㄹ이잖아요. 한국말의 음가 가치를 모르면 우리말이 가진 표현의 섬세성을 모른다는 거예요.

음성뿐만 아니라 문자도 보세요.

"중생 모두에게 붙이는 '님'이라는 말
을 갖고 있는 한, 한국은 민주주의 이
전에 모든 것을 높이 받드는 사상이
있었다는 거예요."

'님'이라는 말은 참 이
상한 말이에요. 하나님,
부처님, 예수님 하면 최
고의 종교적인 대상에
붙이는 말이에요. 그런
데 해님, 달님, 별님처럼
살아 있지 않은 천체에도 '님'을 붙이거든요. 임금님, 부모님,
선생님, 스님, 사장님은 임금님부터 사장님까지 똑같아요.

이래도 한국 사람이 평등하지 않나요? 하나님하고 사장님
하고 똑같아요? 선생님까지는 그렇다고 쳐요. 어디든지 님을
붙이면 높임말이 되는 거예요. 하나님도 높임말, 사장님도 높
임말, 임금님도 높임말. 이런 말이 없어요.

그런데 손님, 벗님, 도둑도 밤손님, 샌님, 장님에도 '님' 자
가 붙어요. '님'이라는 말은 번역이 불가능한 말이에요. 그러
니까 한용운의 〈님의 침묵〉에 보면 "마음속으로 기리는 것은
다 님입니다" 하잖아요. 중생 모두에게 붙이는 '님'이라는 말
을 갖고 있는 한, 한국은 민주주의 이전에 모든 것을 높이 받
드는 사상이 있었다는 거예요. 자기보다 못한 장님, 소위 말
하는 차별 언어에도 '님'을 붙인 거예요.

자, 보세요. '잘하다' '못하다'는 말은 양극이에요. 그런데
우리는 '못하다'는 말은 되도록 안 써요. '잘하다' '못하다'의

중간어인 '잘못하다'가 '못하다'를 대신하는 거예요. "제가 못했습니다"가 아니라 "제가 잘못했습니다"라고 해요. '못하다'를 안 쓰고 '잘못하다'라는 중간어를 썼다는 것은 되도록 비하어를 안 쓰고자 했던 한국인의 심성을 보여줍니다.

글자도 그래요. 이 좋은 '님' 자에 점 하나만 찍으면 '남'이 되는 거예요. 우리말의 '님' 자를 모르면 난감한 상황이 펼쳐지는 거예요. 선교사가 우리말을 잘해서 책을 썼는데, "쥬야 나를 불샹이 넉여 도아주쇼셔"라고 했어요. '쥬야' 하면 반말이 되잖아요. 우리는 "주님이시여, 나를 불쌍히 여겨 도와주소서" 하는데 이 사람은 '님' 자를 잘 몰라서 "쥬야"라고 했어요. 우리 같으면 "주님" 하는데 이 사람은 '주'에다 호격인 '야'를 붙인 거예요.

내가 《흙 속에 저 바람 속에》를 썼을 때 사람들이 제목이 희한하다고들 말했어요. 완전한 문장도 아니고 바람처럼 양적으로 계산할 수 없고 시각적이지 않은 대상에 '저' 자를 붙인 거예요. 이런 생각을 어떻게 했을까요?

'한국의 문화 풍토' 할 때의 '풍토'라는 말을 우리나라 말로 풀어서 흙을 앞으로 오게 하고, 바람을 뒤에 넣어서 바람에 '저' 자를 붙여주니까 풍토라는 낡은 말이 전연 새로운 말이 된 거예요. 낡은 것에서 새로운 이미지, 눈에 보이지 않는 것에서 눈에 보이는 것을 만들어낸 거예요.

올림픽 할 때 '조화調和'라는 진부한 말을 풀어써서 '벽을 넘어서'라고 바꾸었어요. 낡은 것에서 새로운 것, 눈에 보이지 않는 것에서 눈에 보이는 것으로 만들어낸 거예요. 이념의 벽, 성별의 벽, 무수한 벽을 넘어서 이 서울올림픽에 오는 것이죠. 'breaking down the walls' 하니까 베를린 장벽 무너졌을 때 전부 'hand in hand' 하면서 노래 부른 거예요. 나는 한국 벽이 좀 무너지라고 한 건데 1년 후에 우리 것은 안 무너지고 베를린의 장벽이 무너진 거예요.

그런데 '벽을 넘어서'라고 발표하니까 올림픽 자문위원들이 교수들인데, 전부 반대하는 거예요. "도둑이냐? 왜 담을 넘냐?" 한 거예요. 이론적으로 안 되는 거예요. 왜? 서양 사람들은 모르는 거니까요.

영어를 총감독하는 사람이 LA에 있는 모 교수였어요. 모든 영어를 이 사람이 총괄하고 결정하는 거예요. 벽wall을 넘는다는 건 베를린 장벽의 구체적인 장벽을 넘어야만 하는 이미지가 나오는 거예요. 그랬더니 이 교수가 이 벽을 'barrier'라고 하는 추상명사로 바꾼 거예요. 아무리 싸워도 이 사람이 'barrier'를 고집하는 거예요.

그 사람은 시인이 아니고, 작가가 아니고, 교육학 박사이기 때문에 '벽wall을 넘어서'와 '장벽barrier을 넘어서'의 차이를 몰라요. '장벽'이라고 하면 언어의 장벽, 신체의 장벽이 되지만 '벽을 넘어서'라고 표현하면 우리가 생생히 볼 수 있는 베를린 장벽이 보이는 거예요.

그래서 올림픽 때 이게 천추의 한이 되었어요. 'beyond walls'라고 해야 했는데, 끝까지 싸우다 그 사람은 네이티브고 나는 한국인이라 내 뜻을 관철시키지 못했어요.

그런데 한국인이라고 한국어 다 알아요? 시인이 쓰는 말하고 공무원들이 쓰는 말이 같냐는 거예요. 서양도 마찬가지예요. 네이티브라고 해서 그곳의 공무원들이 나보다 시적인 언어를 쓰겠냐는 것이죠. 이런 예가 내 대표 작품인《흙 속에 저 바람 속에》, '벽을 넘어서'예요. 이건 거의 공식적인 말이 되어서 UN의 대통령 연설문에도 나와요.

그리고 갓길도 내가 만든 말이에요. 그전에는 한자말로 노견路肩이었어요. 노견을 한글로 뭐라고 바꿀 것인가를 두고 '길어깨'라고 한 거예요. 그래서 내가 '갓길'이라고 하자고 했어요. 여러분이 이제 갓길을 보면 이 아무개 덕 본다고 생각할 거예요. 갓길. 좀 좋아요?

'사마'라는 말도 있어요. 훈민정음에 보면 "중국과 우리의 말이 사맛 달라"라는 말이 있어요. 분명히 '소통'이라는 말에 '사마'를 썼는데, 얼마나 소통을 안 했으면 이 말이 어느새 없어져버린 거예요. 사마가 없어지고 지금은 커뮤니케이션, 소통이라고 하죠. 지금이라도 여러분이 쓰세요. "쟤하고는 사마

하지 않아" "쟤하고는 사맛지 않아"라고 하세요. 얼마나 좋은
말이에요? 가슴에 사무쳐, 공감해. 관념하고 행동이 여기에서
함께 가는 거예요. 관념 따로, 일상적인 행동 따로는 안 된다
는 것이죠.

'즈믄동이'도 있어요. 세계가 '밀레니엄 베이비'라고 할 때
우리나라는 즈믄동이라고 표현했어요. 열을 '온'이라 하고 천
을 '즈믄'이라고 했는데, 백까지만 우리말이 있고, 나머지 천,
만, 억, 이것은 전부 한자예요.

고려가요를 보면 "즈믄 해를 매옵게"라는 말이 나와요. "천
년을 혼자 간들 당신과 나의 인연은 끝일 리가 없습니다." 그
때에 천 년을 즈믄이라고 쓴 거예요. 즈믄동이라는 말이 얼마
나 좋아요. 그러니까 '즈믄동이'라고 쓰면 쓸 때마다 워드프
로세서에 붉은 줄이 쳐져요.

영국 사람들은 엄청난 돈을 들여서 새천년에 메시지를 보
냈고, 미국은 사상 최대의 불꽃놀이를 했어요. 모든 사람이
물질, 돈 자랑을 할 때 한국만이 '땡' 하고 새천년이 되었을
때 태어난 즈믄동이를 생명의 소리로 전 세계에 중계방송한
거예요.

나는 솔직히 자랑할 것이 없지만, 새천년을 생명의 소리로
맞이한 건 한국뿐이었다는 점을 자랑하고 싶어요. 그리고 그
걸 바로 내가 했다는 사실을 자랑하고 싶어요. 모든 사람이

반대했어요. '땡' 치고 대통령이 "지금 즈믄둥이가 태어났습니다" 했는데, 그때 안 태어나면 어떻게 하냐는 것이었어요.

내가 걱정하지 말라고 했어요. 그때 전국 산부인과에 6천 명의 아이가 태어날 예정이었거든요. 광케이블이 있어 노트북을 들려서 전국의 산부인과에 사람을 보냈어요. 어떻게 중계차를 6천 군데나 보내겠어요. 광화문 중계차에 연결해 아기가 태어날 때마다 화면에서 하나씩 없애는 식으로 한 거예요. 그리고 1분 남았을 때 여섯 명이 남았어요. 그때 국장이랑 실장이 "큰일 났습니다. 10초에 하나씩 태어난다고 해도 10초 차이가 나는데, 그때 딱 안 걸리면 어떻게 합니까?" 그러는 거예요.

내가 그래서 "걱정하지 마라. 상금이 걸렸지 않냐. 내가 자본주의 방식을 택하지 않았냐. 틀림없다"고 했어요. 약간의 시간차는 TV가 조정해줄 수 있다는 것이죠. 아니나 다를까 조정을 해주는 거예요. 경쟁 방식을 도입한 거예요.

그런데 하나님이 진짜 존재하시는 것이, 조정하려고 했던 큰 산부인과에서는 하나도 안 나오고 조그만 안성성모병원에서 겨우 아파트 단칸방에 사는 엄마의 어린아이가 세상을 향해서 울었어요.

## 이것이 한국인이구나

그런데 그 부모들이 얼마나 훌륭한 사람들인지 돈 갖다준다고 해도, 동네에도 알리지 않고 거부했어요. 우리 애를 상품화하지 않겠다는 것이죠. 절대 카메라도 못 찍게 했어요. 가난하면서도 이렇게 자기 자식을 존중하는 한국인들이 존재한다는 얘기예요. 우리가 절망하다가도 이런 것 때문에 한국인이라는 사실을 소중하게 생각한다는 거예요.

여러분은 모르지만 4·19 당시 학생들이 시위할 때 저는 〈새벽〉에 '지성에 방화하라' 같은 칼럼을 쓰고 그랬어요. 우리가 밤낮 명동으로 술 먹고 다닐 때 앉은뱅이가 돈 달라고 구걸했거든요. 명동 입구에서 학생들이 의연금을 걷는다고 의연금 상자를 만들어 기부금을 받고 있었어요. 그런데 앉은뱅이가 저쪽에서 그걸 보고 막 오는 거예요. 그걸 본 나는 참 섭섭하다는 생각이 들었어요. '사람이 죽고 어린 학생들이 죽어가는데, 그걸 돕자고 만든 의연금 상자에까지 돈 달라고 기어오는구나' 하고 생각한 것이죠.

그런데 그 사람이 우리를 거들떠보지도 않고 자기가 그날 온종일 번 것을 의연금함에 넣는 거예요. 평생을 구걸한 사람이 자기 돈을 의연금함에 집어넣는 거예요. 어떤 소설에서도 나는 남의 돈을 받는 사람이 의연금을 냈다는 소리를 듣지 못했어요. 그걸 보고 이게 한국인이구나, 하는 걸 느꼈어요.

한국인으로 태어났다는 사실에 그때까지는 절망만 느꼈지만, 다 사그러진 육체를 가지고 남의 천대를 받는 사람이 의연금 내는 걸 보고,

"어떤 소설에서도 나는 남의 돈을 받는 사람이 의연금을 냈다는 소리를 듣지 못했어요. 그걸 보고 이게 한국인이구나, 하는 걸 느꼈어요."

그래도 한국인이라는 사실이 가치가 있다는 걸 느꼈어요.

올림픽을 할 때는 전국의 소매치기들이 다 모인다고 해서 큰일 났다고 경찰청장이 보고를 해요. 외국인들 주머니를 털려고 구획 정하는 건 줄 알고 몰래 사람을 잠입시켰는데, 알고 보니 소매치기 대장이 이런 말을 했다는 거예요. "우리가 비록 소매치기지만 어떻게 올림픽을 하는 데 방해가 될 수 있냐. 외국인들 돈 뺏는 놈 있으면 우리 소매치기 사회에서 영원히 추방시키겠다." 그런 결의 대회를 했다는 거예요.

LA올림픽 때는 전국의 소매치기들이 다 모였어요. 그래서 사람들이 광장에 물을 뿌렸어요. 그 사람들 못 오게. 그런데 그렇게 싸우고 다투던 사람들이 그 폐허에서 올림픽을 치렀을 때, 많은 사람이 자원봉사로 나서고 신만 나는 일을 찾는 거예요. 신이 안 나면 최악인데 신만 나면 최상이에요.

세계의 손님을 맞는 일인데 소매치기마저도 국가에 안 좋은 일은 하지 말자는 게 한국인이에요. 그것이 바로 여러분이

희망을 갖고 살아야 할, 우리 언어 속에 있는 한국인의 정신이라는 거예요.

21세기는 생명의 시대예요. 20세기가 기계와 불의 시대였다면 21세기는 생명과 물의 시대예요. 한국말의 불과 물에 대응하는 말을 찾아보세요. 불, 물. 동시적으로 되어 있어요. 불은 P고 물은 M이에요. 이 MP 대응에서 하나는 차갑고 하나는 뜨거운 구조로 되어 있어요. 어머니, M. 아버지, P. mother, father. 전 세계가 MP 대응이에요.

그런데 우리만 MP가 잘되어 있어요. 눈망울과 솔방울. 마당과 바탕. MP 대응이니까 우리말 속에 서로 네트워크 된 관계의 말들이 참 많이 있어요. 보세요. "물은 맑고, 불은 밝다." 영어로 이게 되나 해보세요. 이렇게 자음 대응, 모음 대응이 이루어지는 구조적인 네트워크가 형성되는 말이 참 드물어요.

한국말 속에는 생명의 언어가 있다는 것이죠. 우리는 '살다'라는 말을 얼마나 다양하게 쓰고 있어요? "살어리 살어리랏다 청산에 살어리랏다." 얼마나 살고 싶으면 '살자'를 이렇게 많이 썼어요. 우리는 좋아하는 사람보고 "사랑해"라고 말하지 않아요. "나랑 살자" 그러지. 이게 생명의 언어예요.

'사람'은 '살다'에서 나왔어요. '살다'에 '암'을 붙여서 '사람'이 된 거예요. '사람'이 '살다'에서 나왔기 때문에 살아 있는 모든 것은 '사람'의 친구가 되는 거예요. 나는 '사람'이라는 말이 참 좋아요. 왜냐하면 그 속에는 '살자'라는 말이 들어 있고, '생명'이라는 말이 들어 있기 때문이에요.

'삶'이라는 말을 자세히 보면 '사' 자에 '람'도 있어요. 참 재밌죠? 이런 걸 애너그램anagram이라고 해요. 논리로만 생각하지 못하는 우연의 어떤 변화가 뜻하지 않은 초월의 의미를 지니게 되는 게 바로 시예요. 라임을 맞추다 보니 내가 생각지 못한 말이 튀어나와요. 논리적 사고가 아니라 운율을 맞추다 보니까 생각지 않았던 새로운 의미가 태어나요.

그 유명한 엘리엇의 "나는 내 운명을 쟀노라. 커피 스푼으로I measure my life with coffee spoon"도 마찬가지예요. 커피 스푼으로 인생을 쟀다. 그 인생이 얼마나 빈약해요. 어떻게 인생을 재는 데 커피 스푼이라는 기막힌 말이 나왔겠어요. 앞에 'afternoon'이 나오는데, 'noon'의 운율을 맞추려다 보니 그렇게 된 거예요.

'사람'이 '삶'이 되는 건데, 영어는 어떻게 될까요? 'live'를 뒤집으면 'evil', 악이 돼요. 'lived'는 'devil'이 돼요. 이건 또 무슨 우연일까요? "사는 게 악이고 살았다가 악마다."

'살림살이'를 보세요. 살림. 죽어 있는 것을 살림. 그러니까 '살림'이라는 말이 얼마나 자랑스럽게 들려요. 경제는 살림, 가정의 모든 죽어 있는 걸 살려놓고 함께 산다는 말이 '살림살이'예요. 경제를 만약 '살림'이라고 하고 경영을 '살림살이'

라고 한다면 상황은 훨씬 좋아질 거예요. 죽이는 경제에서 살리는 경제로 가게 될 테니까요. 그게 내가 요즘 하는 생명 자본이라는 거예요.

한국말에는 '살殺'이라는 말이 없어요. '죽인다'는 말이 없어요. 방금 한 '죽인다'는 말은 '죽다'의 사역동사지 독립어가 아니에요. 한자어인 '사死'와 '살殺'은 글자가 완전히 달라요. 'die'와 'kill'도 전혀 다른 말이에요. 일본어 '死ぬ'와 '殺す'도 전혀 달라요.

한국말에서만큼은 '죽다' '죽이다'가 같은 말이에요. 사역동사를 썼을 뿐. 이 세상에서 '죽인다'는 말이 없는 나라는 한국뿐입니다. 말만으로는 살인자가 한 사람도 없어요. 그럼 죽임을 당한 사람은 뭐냐. 자기가 죽을 짓을 해서 죽은 거죠. 자기가 죽임을 당한 거예요. 이걸 요즘 애들이 어떻게 표현해요? "너 죽을래?" 그러죠. '죽인다'고 안 해요. 이 말속에 놀라운 신비가 있어요.

'살다'에서 '사람'이 왔어요. 人. 이건 사람을 형상화한 거죠. 몸통, 허리통, 다리통, 밥통. 전체가 하나의 아날로지로 되어 있는데, 영어로 하면 하나도 연관성이 없어요. 그런데 갈라진 가랑이가 가락이 되고, 머리에서 갈라진 가락이 머리카락, 손에서 갈라진 가락이 손가락, 발에서 갈라진 가락이 발가락이 돼요. 이게 구조적으로 동시에 연결이 되어 있다는 거

예요. 따로따로 세분화
된 게 아니고 언어를 전
체의 구조로 봤다는 거
예요. 그러니까 머리카
락, 손가락, 발가락이 된
거죠. 머리통, 허리통,
다리통, 밥통.

"한국말에서만큼은 '죽다' '죽이다'가
같은 말이에요. '죽인다'는 말이 없는
나라는 한국뿐입니다. 말만으로는 살
인자가 한 사람도 없어요. "너 죽을
래?" 그러죠. '죽인다'고 안 해요. 이
말속에 놀라운 신비가 있어요."

　그뿐만 아니라 우리
나라 말이 아무리 한자어에 침략을 당했어도 가장 중요한 몸
에 대한 건 지켰다는 거예요. 귀를 '이耳'라고 말하는 사람 있
어요? "엄마, 나 이耳가 이상해" 그러면 치아인 줄 알지, 귀로
아는 사람 있겠어요? 눈이 이상할 때 "목目이 이상해" 그러는
사람 없잖아요. 귀, 눈, 입, 코 전부 단음절이에요.

　그런데 이렇게 중요한 말은 대개 단음절이고 아름다운 말
은 세 자예요. 일본은 2박자, 한국은 3박자예요. 나그네, 아리
랑, 도라지, 진달래, 민들레, 새색시. 그러니까 벤처기업을 할
때 석 자로 이름을 지으면 대단히 친숙하죠. 사자성어. 두 자,
두 자. 우리말 석 자.

　한국말의 발견에서, '우리'란 말도 우리밖에 없어요. 일본의
'오'도 '나 오吾' 자죠. 삼일절 독립선언문에 보면 '오등吾等'이
라는 말이 나와요. '우리'라는 독립어가 없기 때문에 '오' 자

에 '등'을 붙이는 거예요. 일본도 와래와래, 나와 나가 모여 '우리'가 되는 거예요.

　그런데 우리나라는 나, 우리, 우리들, 세 가지가 있어요. 다 다른 말이에요. 우리는 '우리말'이라고 하잖아요. '우리들 말'이라고 하지 않아요. "나 담배 싫어" 하지 않고, "우리 담배 싫어"라고 해요. 나와 우리들 사이에 '우리'가 있어요. 우리 학교. 내 학교이면서도 우리 학교예요. 나와 우리의 중간말이 있고, 정말 우리를 말할 때는 우리들이라고 해요. 한·중·일 3국 가운데 우리라는 말은 우리밖에 없어요.

## 주어 없는 한국말은 비극인가, 행운인가

그리스, 라틴어에도 주어가 없다고 했어요. "Cogito, ergo sum." 생각한다. 고로 존재한다. 데카르트가 가정부하고 사생아를 낳았어요. 동네에서 "너, 어디서 나왔냐? 아버지가 누구냐?" 하고 놀리니까 아이가 데카르트한테 와서 말했어요. "아빠, 너 어디서 나왔냐고 자꾸 놀려요. 너 누구냐고 자꾸 물어요." 데카르트가 이렇게 답했습니다.

　"'코기토 에르고 숨'이라고 말해라." 나는 생각한다. 고로 존재한다. 아버지 없이도 나는 생각한다. 고로 존재한다는 말이에요. 유명한 말이죠. 그런데 주어가 없어요. 고대 영어에도 주어가 없어요.

"국경의 긴 터널을 빠져나오자 설국이었다国境の長いトンネ
ルを抜けると雪国であった."가와바타 야스나리의《설국》이란
소설의 첫 문장이에요. 일본이랑 우리나라가 똑같아요. 번역
도 똑같아요. 주어가 없어요. '나'라는 주어 있어요? 기차라는
말 있어요?

이런 애매한 말을 썼는데, 이게 노벨상을 탄 거예요. 이건
절대로 영어로 번역이 안 돼요. 그러니까 사이덴스티커라는
유명한 번역자가 있지도 않은 'The train'을 주어로 갖다 쓴
거예요. "The train came out of the long tunnel into the
snow country."영어는 주어가 없으면 절대로 문장이 되지
않기 때문이에요.

영어는 A라는 시점이 있어요. B라는 기차가 터널을 빠져나
와서 C로 가는 거예요. 그런데 원래 문장은 기차가 터널을 빠
져나온 게 아니라, 말을 하는 사람이 기차와 같이 움직이면서
차창 너머로 설국을 보는 거예요.

영어는 헬리콥터가 터널을 빠져나오는 기차를 보는 것이지
만, 원래 문장은 시점(A)과 말하는 사람(B)이 같이 있는 거예
요. 주어 있는 말로는 기차간에서 깜깜한 터널을 통과하다가
점점 밝아오는 설국의 모습을 보는 것을 절대로 표현하지 못
해요. 이 세상에서 저 세상을 빠져나가는 기차 안 사람의 시

점을 표현하려면, 내적 기법, 의식의 흐름을 따라가야 하는데, 주어 있는 말로는 노벨상을 탄 가와바타 야스나리의 이 명문을 절대로 표현할 수 없다는 거예요.

주어 없는 말이 비극이 아니에요. 주어 없이 생각할 때 보이는 말들이 있어요. 주어를 내세우는 문장은 모든 것이 주어에 의해서 격변화를 일으켜요. 특히, 프랑스어나 독일어가 그래요.

영어는 주어가 무엇인가에 따라서 동사, 명사가 바뀌지 않아요. 즉, 우리말처럼 점점 주어가 문장을 다스리지 않게 된다는 것입니다. 프랑스어, 독일어는 주어에 따라 동사, 명사가 바뀌어요.

주어 중심의 말은 주어가 바뀌면 전체 문장이 바뀌지만, 우리말은 아무리 주어가 바뀌어도 문장이 통째로 바뀌지 않아요. 우리말은 동사 중심이기 때문이에요. "사랑해" 하면 되는 걸 "나는 너를 사랑해"라고 하잖아요. 우리말은 동사 중심이에요. "뭐 먹을래?" 하고 묻죠. 대답할 때도 "나는 장국밥 먹는다"라고 하지 않잖아요. 영어는 절대로 그럴 수 없어요.

주어 없는 말이 후진적인 것이 아니라 굉장히 발달한 말이라는 거예요. 영어도 자꾸 발달하면 우리말처럼 될 거예요. 반대로 우리말이 발달해서 "나는 너를 사랑해" 이런 식으로 되지 않는다는 것이죠. 말하는 사람이 나이고, 듣는 사람이

너인데, 뭘 나, 너를 따지냐는 것이에요. 주어 있는 문장이 과학 하기에는 편한데, 생명과 마음을 나누기에는 힘들다는 것입니다.

결론은 뭘까요? 서양에서는 두 개가 있으면 꼭 하나를 선택하는 'either~or'가 있어요. 동양은 이것도, 저것도 하는 'both and'형이에요. 내가 이야기하는 인터페이스의 디지로그가 이거예요.

로버트 프로스트의 〈가지 않은 길The Road Not Taken〉이라는 시가 있어요.

단풍 든 숲속에 두 갈래 길이 있었다
몸이 하나라 두 길을 가지 못함을
안타까워하며 한참을 서서
낮은 수풀로 내려가는 한쪽 길을
끝까지 바라보았다
(…)
오랜 세월이 지난 후 어디에선가
나는 한숨 쉬며 말할 것이다
숲속에 두 갈래 길이 있었고
나는 사람들이 덜 간 길을 택했다고
그리고 그것이 내 모든 것을 바꾸어놓았다고

Two roads diverged in a yellow wood,

And sorry I could not travel both

And be one traveler, long I stood

And looked down one as far as I could

To where it bent in the undergrowth;

(…)

I shall be telling this with a sigh

Somewhere ages and ages hence:

Two roads diverged in a wood, and I-

I took the one less traveled by,

And that has made all the difference.


절대로 인간이 두 갈래 길을 동시에 갈 수 없어요. 여러분이 오늘 이 강의실을 안 들어왔으면 여러분 인생에 어떤 변화가 생겼을 거예요. 이 시간에 어디 버스 타고 가다가 사고 났을지도 모르고, 어딘가에서 기가 막힌 상대를 만나 평생의 사랑을 할지도 모르죠. 여기에 나오면 저기에 못 가요.

그러니까 서양에서는 항상 이거냐 저거냐인데 우리는 이것도 저것도이에요. 양쪽이 살아지냐 하는데, 살아진다는 거예요. 자, 서양 보세요.

인권이라는 '권權' 자가 'rights'인데, 이건 오른쪽이라는 말이에요. 벌써 인권이라는 말 자체가 인권을 무시하는 거예요. 오른손잡이만이 인권이고 왼손은 인권이 아니에요. 말 자체가 'left'를 무시해요.

"Droits de l'homme." '인간의 권리'가 '인간의 오른쪽에'라는 말이에요. 여기에 좌는 없어요. 독일어나 이탈리아어도 마찬가지예요. 'Menschenrechte' 'Diritti umani.'

그런데 불행하게도 오바마가 왼손잡이예요. 모든 건 오른손잡이를 위해 디자인되었는데, 이 사람은 왼손잡이예요. 레오나르도 다빈치 같은 천재가 그린 걸 보면 이 사람도 왼손잡이예요. 오른손잡이 세상에서 왼손잡이는 항상 핸디캡을 가지니까 'binary opposition', 이항 대립에 따라 오른쪽이 옳으면, 왼쪽은 반드시 나빠질 수밖에 없는 거예요.

'right'라는 말에서 이렇게 많은 말이 파생해요. 'just, regal, credit, very, use' 전부 좋은 말이에요. 그런데 'left'라는 말은 안 그래요. 더러 좋은 말은 있어요. 'liberal' 같은 이념적인 게 있지만, 거의 나쁜 말이에요. 그래서 카피라이트라는 말은 오른쪽이 되니까, 저작권 없애자는 운동은 C를 뒤집어서 써요. copyright는 ©, copyleft는 Ↄ죠.

그런데 열아홉 살 된 철학과 학생 이사크 예르손이 코피미즘Kopimism이라는 종교를 만들어서 아예 교회로 등록해버린 거예요. "우리는 복사copy와 붙이기paste를 종교로 삼겠다"고

천명한 거예요.

　모두를 위한 모든 지식.
　지식을 찾는 것은 신성하다.
　지식의 순환은 신성하다.
　베끼는 행위는 신성하다.
　All knowledge to all.
　The search for knowledge is sacred.
　The circulation of knowledge is sacred.
　The act of copying is sacred.


　놀랍게도 이 코피미즘 종교 단체의 로고가 Ctrl-C, Ctrl-V
로 이루어진 태극기예요.

　태극은 서로 연동되잖아요. 우리는 태극 마크를 보고도,
"태극기에 대한 경례는 생략하겠습니다" 하는데 이 단체는
태극 마크를 자기네 상징으로 쓰잖아요.
　자, 한국말이 얼마나 재밌는지 보여드릴게요.
　영어에서 서랍은 'drawer', 빼고 닫는 게 반대이기 때문에

반드시 하나를 죽이고 하나만 써요. 한국어는 안 그래요. 빼
닫이라고 하죠. 빼고 닫는 걸 하나로 합쳐버려요.

엘리베이터도 '올라가다'라는 말이에요. 그것밖에 없어요.
이런 사람들이 어떻게 엘리베이터를 만들었는지 알 수가 없
어요. "엘리베이터 타고 내려갈게." 올라가는 걸 타고 내려간
다는 게 말이 되는 소리예요? 우리는 승강기라는 말로 올라
가고 내려간다는 뜻을 다 표현해요.

영어에는 낮과 밤을 하나로 표현할 수 있는 단어가 없어요.
그러니까 'day'를 24시간으로 하고 'night'를 죽이는 거예요.
그런데 우리는 낮과 밤을 표현하는 '하루'라는 말이 있어요.
즉, 모순되는 말을 우리는 하나로 써요.

또 영어에서 수캐는 'dog', 암캐는 'bitch'예요. 수캐가 그
냥 개로 통용되는 거예요. 'man' 'woman'도 마찬가지예요.
그냥 'man'이 사람이라는 거예요.

이렇게 영어는 'exclusive'한 말이고 우리말은 'inclusive'
한 말이에요. 어느 쪽이 더 좋다는 게 아니에요. 과학으로
모든 차이를 설명하는 데에는 'exclusive'한 말이 맞지만,
21세기 과학의 시대가 지나면 양자역학처럼 모든 걸 포용하
는 'inclusive'로 가게 돼 있어요. 양자역학에서는 파장과 입
자가 동시에 존재해요. 파장 아니면 입자가 아니에요. 그래서
양자역학을 공부한 사람들은 태극을 마크로 삼아요. 결국 이

항 대립이 아니라 삼항 순환이라는 이야기예요.

가위바위보에서는 절대 강자가 없어요. 주먹은 보자기한테 지고, 보자기는 가위한테 져요. 그런데 가위는 보자기한테 지는 주먹한테 다시 져요. 그러니까 동서남북, 춘하추동처럼 서양 사람들이 제일 싫어하는 순환논법으로 만든 게임이 가위바위보예요.

생각하는 부처상을 한번 볼까요. 서 있는 부처 아니면 앉아 있는 부처인데 우리는 앉아서 서 있는 부처를 만들지 않았느냐는 것이에요. 한국의 짚신은 좌우가 없어요. 웬만하면 고무신도 다 맞아요. 1밀리미터를 따지는 것이 과학적 세계이고 대략적으로 포용하는 것이 흐슨한 세계인데, 전 근대는 대개 흐슨하고, 근대는 정확도를 따져요. 그런데 요즘 공항에 가보면 쌤소나이트 같은 딱딱한 가방보다는 소프트한 가방이 많아지는 추세예요. 다시 그런 시대로 가고 있다는 이야기예요.

괴테가 그런 걸 눈치챘어요. 자신의 어린 애인에게 편지할 때, 이렇게 썼어요. "네가 내 시를 읽었을 때 두 개가 하나가 된 거냐, 하나가 두 개로 갈라선 거냐? 너와 나는 둘이면서도 하나이다." 괴테는 둘이면서도 하나인 은행잎을 보면서 동양의 지혜를 생각했어요.

양자역학으로 노벨상을 받은 닐스 헨리크 보어는 자기 가문의 문장이 없었어요. 그래서 태극 마크를 자기 가문의 문장으로 삼고 들어갔어요. 놀랍게도 이 사람이 "contraria sunt complementa"라는 말을 했는데 "대립이라는 것은 서로 보충하는 것이다opposites are complementary"라는 말이에요. 대립하는 것은 상호 보완을 필요로 한다는 말입니다.

이런 놀라운 세계가 실제로 뉴턴의 물리학에서는 일어나지 않지만 양자역학에서는 일어난다는 것입니다. 서양 과학의 궁극에 양자역학이 있는데, "신은 주사위놀이를 좋아하지 않는다"고 했던 아인슈타인조차 몰랐던 사실을, 덴마크의 보어와 몇 사람이 맥줏집에서 뉴턴의 물리학을 뒤집는 이론을 발견한 거예요. 양자역학의 선구자가 태극 문양에서 새로운 해답을 찾은 겁니다.

우리는 놀라울 게 없습니다. 판소리라는 게 누구의 소리입니까? 판의 소리이지, 노래 부르는 사람의 소리가 아니라는 거예요. 판이라는 건 뭐냐, 세 개가 모여야 판이 돼요. 노래 부르는 'singer', 북을 치는 'drummer', 듣는 'audience.' 이 판에서 소리가 나오는 거예요. 하나라도 없으면 소리가 안 나와요.

획일주의가 아니라, 하나하나가 자기 역할을 해야 하는 판의 소리예요. 잘못하면 판이 깨져요. 정치판, 판 깨져요. 한국의 민주주의는 판소리예요. 판을 살리는 게 민주주의죠.

라파엘로의 〈삼미신〉이라는 작품으로 삼항 순환을 한번 이야기해볼까요. 세 여인 중 중간에 있는 여자만 등을 보이게 해서 셋이서 동그란 원을 만들었어요. 대립 구도를 융합으로 만들고 있어요. 벌써 동양적인 수법을 쓰고 있는 것이죠.

실제로 예이젠시테인이 영화를 만들 때 루블료프라는 유명한 화가의 삼위일체 기법을 썼어요. 루블료프가 그린 〈성聖 삼위일체〉에서, 1과 3은 머리가 같고, 1과 2는 가슴이 같아요. 그렇게 해서 순환을 표현했어요. 만약에 1이 한가운데를 보거나 가슴마저 3과 같으면 2는 고립되고 말아요. 머리는 3과 같고 가슴은 1과 같으니까, 3-2, 1-2가 되는 거예요. 이러한 구도법을 써서 예이젠시테인이 유명한 영화를 만들었는데, "동양의 3폭제 구도에서 왔다"고 말했어요.

케네디 보세요. "서양 말에 'crisis'는 'danger'라는 뜻밖에 없지만 한자로 '위기危機'라고 써놓으면 'opportunity', 즉 위험과 반대되는 기회라는 뜻을 내포하고 있다." 이것은 케네디가 말했지만 그의 말이 아니라 1930년대에 중국에서 신학자들이 순교당할 때 〈워싱턴포스트〉에 1940년 7월 17일 게재된 글의 일부예요. "The Chinese write with symbols, with what they call 'idea grams'. And the Chinese word for 'danger plus opportunity'."

이것이 서양에서 유행하면서 케네디가 쿠바 사태 때 인용한 것이죠. 쿠바 사태 때 전쟁이 일어날지 모른다는 불안 속에서, 케네디는 이 말을 통해 "위험을 감수하면 그 안에 기회가 있을 수 있다"는 희망을 심어준 것입니다. 틀린 한자 해석이지만, 이렇게 서양 사회를 구한 것은 'duality'를 해석했기 때문이었어요. "위험 속에 희망이 있다"는 동양의 역설의 의미를 찾아냄으로써 가능했다는 것입니다.

틀린 말을 쓰는 케네디도 있는데 우리가 올바로 그 의미를 찾아내서 덕을 보자는 것입니다.

## 모순을 끌어안는 한국어

그러니까 한국어는 언제나 부정이 먼저 오고 긍정이 뒤에 와요. 서양은 긍정이 먼저 오고 부정이 뒤에 와요. "To be or not to be, That is the question"이라는 말은 "사느냐 죽느냐, 그것이 문제로다"가 아니고 "죽느냐 사느냐, 그것이 문제로다"예요. 죽기 살기지, 살기 죽기가 아니에요. "Trial and error." "시험을 하고 착오를 한다"라는 건 잘못되었으니 "Error and trial"로 고치자는 거예요. 'positive'가 뒤에 오고 'negative'는 앞에 오게 하자는 것이에요.

즉, 서양은 'positive-negative'인데 우리는 'negative-positive'예요. 사고방식을 바꾸자는 이야기입니다. 그러면 21세기가 보인다는 것입니다.

'버려둬aufheben'라는 말도 마찬가집니다. '버리다'는 말에

'그냥 두다'라는 말이 합쳐진 거예요. 버리라는 건지, 두라는 건지, 어떻게 하라는 이야기예요? 헤겔이 말했습니다. 'auf'는 '올린다'는 뜻이고, 'heben'은 '던진다, 내버린다'는 뜻이에요. 이게 독일어 중에 가장 빛나는 말이에요.

이것이 테제, 안티테제의 모순을 끌어안는 독일어의 특수한 말이라는데, 한국에 오면 사실 아무것도 아니죠. 우리에겐 철학 용어가 아닌 일상적인 말 중에 이런 모순을 끌어안는 말이 얼마든지 있습니다.

'aufheben'이 '버려두다'라는 말인데, 우리는 실제로 묵은지를 버리지 않고 그냥 뒤서 그걸로 묵은지삼겹살을 해 먹죠. 밥이 타면 버려야 하는데, 그것을 누룽지로 만들어서 먹어요. 조각난 천도 내버려야 하는데, 그걸 모아서 조각보를 만들어요. 야채 쓰레기를 시래기로 만들어요. 그런 묘한 버려둠의 가치는 이항 대립의 세계에서는 절대로 생길 수가 없어요.

끝으로 노래 한 곡 들어보고 강연을 마치겠습니다.《흙 속에 저 바람 속에》를 보면 어떻게 관념을 시각화visualization하는가, 어떻게 부정적인 개념에서 긍정적인 개념을 끌어내는가, 하는 것이 나와 있어요. 전쟁과 독재의 절망적인 어려움 속에서 스물아홉 살의 청년이 어떻게 살아날 수 있었는가. 그 어법을 가르쳐주려고 했던 것인데, 그것은 각론으로 여러분이 각자 찾아보시고 〈엄마야 누나야 강변 살자〉를 들어보고 마치도록 하겠습니다.

내가 왜 이걸 택했냐 하면, 언어는 소리, 그림, 이미지에 의해서 철학적 의미가 생성되는데, 어려운 말이 없는 이 짤막한 시 가운데 한국인의 생명 공간이 있기 때문이에요. 하나도 슬픈 말이 없는데, 왜 슬프게 들릴까요? 왜 들으면 가슴이 찡할까요? 뭐가 있기 때문일까요? 왜 우리는 김소월을 민족의 시인이라고 부를까요? 이 노래를 들었을 때의 찡한 원초적인 감성은 도대체 어디에서 오는 것일까요?

이것을 알게 되면, 이항 대립이라든가, 주어의 시점이라든가, 그런 것이 아닌 '나'라고 하는 생명 언어의 가장 가까운 곳에 있는 감성을 알 수 있다는 것입니다. 과학으로 설명 불가능한 아지랑이 같은 것을 잡는 데에는 우리 한국어가 가장 적절합니다. 한국 언어의 씨앗 속에는 앞으로 천 년 뒤에도 무성하게 꽃 피울 수 있는 밈의 인자들이 있다는 것입니다. 그래서 〈엄마야 누나야 강변 살자〉를 끝으로 살펴보자는 이야기입니다.

엄마야 누나야 강변 살자
뜰에는 반짝이는 금 모래빛
뒷문 밖에는 갈잎의 노래
엄마야 누나야 강변 살자

"엄마야, 누나야"는 호격이 있어요. 아까 "쥬야" 했던 것처럼. 그런데 서양에는 호격이 없어요. 《성경》에 보면 마르타는 예수님의 일행을 먹이기 위해서 열심히 요리를 하고 있는데, 마리아는 얌체같이 예수님 앞에 앉아서 말씀만 듣고 있었어요. 마르타가 화가 나서 "예수님, 얘 좀 혼내주세요. 나는 열심히 일해서 예수님을 대접하려고 하는데 얘는 이러고 앉아 있기만 해요."

그러니까 예수님이 마리아 편을 드는 거예요. 열심히 하는 마르타는 칭찬해주고 마리아를 꾸짖어야 정상인데, 반대로 마리아는 칭찬하고 마르타를 꾸짖었어요. 그런데 미워서 꾸짖은 게 아니에요.

"그래, 당연하다. 네 여동생이 미울 것이다. 감싸주는 나도 미울 것이다. 그러나 한 걸음 더 가서 생각해봐라. 마르타야, 마르타야" 그러는 거예요. 그런데 영어는 그냥 "마르타, 마르타" 이렇게 되어 있어요. 그런데 우리 한글은 그걸 "마르타야, 마르타야" 이렇게 번역했어요.

이 '야' 자가 들어가

"과학으로 설명 불가능한 아지랑이 같은 것을 잡는 데에는 우리 한국어가 가장 적절합니다. 한국 언어의 씨앗 속에는 앞으로 천 년 뒤에도 무성하게 꽃 피울 수 있는 밈의 인자들이 있습니다."

면 갑자기 정감이 생기는 거예요. "마르타야, 마르타야, 너는 너무 바쁘구나. 그런데 마리아는 오직 한 가지, 내 말을 들으려고 한다." 내가 너희 집에 밥 얻어먹으려고 왔냐, 말씀 전하러 왔지, 그런 뜻이에요. 번역한 한국말이 훨씬 정감 있어요.

"엄마야 누나야 강변 살자." 아빠, 형님은 어디 갔냐는 거예요. 그 말은 여성 공간이라는 얘기예요. "강변 살자"는 이야기니까 지금 이 사람들은 강변에 안 살아요. 그러면 여성 공간은 살고 싶은 공간이고, 아빠, 형님은 투쟁하고 경쟁하는 공간이에요. 이 피비린내 나는 남성의 공간에서 휴식하고 살고 싶은 여성의 공간을 찾는 거예요.

그러니까 거꾸로 읽으면 우리는 경쟁의 공간, 도시에서 살고 있다는 이야기죠. 강변에서 너무나 멀리 떨어져 있다는 뜻이 배어 있어요. "뜰에는 반짝이는 금 모래빛"은 시각적 이미지예요. 그런데 뒤에는 청각이에요. "뒷문 밖에는 갈잎의 노래." 시각, 청각이 대응이 돼요. 그럼으로써 시각, 청각의 숨어 있는 공간이 나타나는 것이죠. 여기엔 시각, 청각, 전방, 후방, 여성, 남성, 강변, 도시, 무수한 공간이 숨어 있어요. 이 짧은 시에. 그것이 바로 생명 공간이에요.

결과적으로 한국인이 살고 싶은 공간, 여태까지 살아온 공간, 한국인의 토포필리아topophilia는 배산임수背山臨水예요. 뒤에는 산이 있고, 앞에는 강물이 있는 곳. 이것이 우리가 수

천 년간 살아온 한국인의 공간 의식이에요. 산은 닫힌 공간이고, 물은 열린 공간이에요. 산은 수직 축이고 물은 수평 축이에요.

공자는 "산은 인자의 공간이고, 물은 지자의 공간이다"라고 말했어요. 산은 움직이지 않는 공간, 물은 움직이는 공간. 이렇게 극과 극이 모여서 하나의 공간을 만들어, 뒤는 닫히고 앞은 열린 공간이 있는 한국인의 주거는 모든 모순과 대립의 경계선상에 있다는 것입니다. 열린 곳과 닫힌 곳, 높이 솟아 있는 곳과 수평의 이 경계선상에 우리의 삶이 있다는 이야기입니다.

여성의 생명, 자궁에서 끝없이 문화가 생기고 삶의 의미가 생깁니다. 우리의 언어가 만 년 뒤에도 피는 신비한 연꽃처럼, 창조적 상상력으로 한국인의 토포필리아가 여러분의 가슴에 자라나고 있는 것입니다.

이것 하나 보세요.


물과 불은 서로 싫어하나 솥이 그 사이에 있으면 오미五味를 조화시킬 수 있다.

사람이 용을 부리기를 배우고자 아니하고, 모두 말을 부리기를 배우고자 하며,

귀신을 다스리기를 배우고자 아니하고, 모두 사람을 다스

리기를 배우고자 하니 이는 소용되는 것을 급한 일로 삼기
때문이다.

문을 부수어 땔나무를 만들고 우물을 막아 절구를 만든다.

사람이 일을 함에 있어서 어느 때는 이와 비슷한 어리석은
짓도 한다.

발을 깎아 신에다 맞추고 머리를 깎아 갓에다 맞추는 것과
같다.

몇친 년 선에 벌써 오늘의 우리 사회를 말하고 있어요. 물
과 불을 대립되는 것으로 보았던 서양 문화가 오늘날까지 이
어진 근대의 번영을 가져왔는데, 이제부터는 물과 불, 서로
싫어하는 것 사이에 솥을 두면, 생명의 오미, 다섯 가지 오묘
한 맛을 조화시킬 수 있지 않겠어요? 이 마지막 메시지는, 여
러분이 창조적 상상력으로 21세기에 생명 공간을 만들어가
는 기본을 창조할 수 있다는 것입니다.

내가 나이가 들어서 어디를 가든지 "이게 마지막이다. 다시
만날 수 있을까? 끝장까지 가자" 해서 항상 약속된 시간을 넘
기는데, 오늘도 상당히 시간을 넘겼어요. 여러분을 보면 나는
이런 걸 느껴요. 내가 이루지 못한 것을 여러분이 이루는 것
이 아니라, 내가 끝나는 데서 여러분이 시작해야 합니다. 내

가 시작한 데서 여러분이 다시 시작한다면 밤낮 똑같지 않겠
어요. 내가 끝난 자리에서 여러분이 일어서야지, 내가 시작한
데서 일어선다면 우리 역사는 발전이 없고 서울대의 역사는
이미 40년, 50년 전에 끝난 것과 마찬가지예요.

　내가 서울대 다닐 때는 도서관밖에 오간 적이 없어서 모교
로부터 배운 게 없다고 했는데, 그래도 여러분은 아무것도 못
배운 사람한테 두 시간을 배웠어요. 이렇게 서울대학은 진화
해가는 겁니다.

　여러분, 건투하시길 바랍니다. 40년 후에는 나처럼 이 자리
에 선 사람이 있을 텐데, 그 사람은 이보다 훨씬 더 찬란하고
감동적이고, 그때 이 자리에 앉아 있는 청년들에게 더 벅찬
미래의 희망을 주는 이야기를 해줄 수 있기를 기대하면서 오
늘 강연을 마칩니다.

# 7

# 비포 바벨의
# 번역론

: 한국문학 번역의
  문제점과 개선 방안

제6회 세계번역가대회 기조 강연(2014년 12월)

●

　　존경하는 김성곤 원장의 천려일실千慮一失로 번역가
도 언어학자도 아닌 제가 오늘 이 자리에 섰습니다. 하지만
제 책들이 영어를 비롯해 일본어, 중국어, 프랑스어, 그리고
러시아어 등으로 번역된 바 있어 그 은총을 입은 수혜자요,
동시에 손해를 보기도 한 피해자의 한 사람으로서 그에 대해
발언할 권리가 조금은 있다고 생각합니다.

　　무엇보다도 저는 1988년 서울올림픽 개폐회식에서 12개
국어로 해설을 들을 수 있는 통역 장치를 고안했습니다. 그리
고 2002년 한일월드컵 축구대회 때에는 휴대전화를 이용해
15개 중요 언어를 쌍방향으로 동시 통역할 수 있는 시스템을
창안하기도 했습니다. 그것이 바로 최근 브라질월드컵 축구
대회로 이어진 BBBBefore Babel Brigade 번역 서비스지요.

　　그런데 제가 오늘 이 자리에서 해묵은 이야기를 꺼내게 된
것은 결코 제 자랑을 하기 위해서가 아닙니다. '벽을 넘어서'
와 '비포 바벨'이 오늘 제가 주제 발표할 내용들이기 때문입
니다. 좀 더 정확하게 표현한다면 번역 행위에 대한 저의 고
백과 참회입니다.

## 세계의 축제, 그것이 바로 번역 문화다

아시는 것처럼 역대 올림픽에서는 IOC에서 규정한 공식 언어인 영어와 프랑스어만을 사용해왔습니다. 그러나 아시아에서 두 번째로 열리는 세계 축전인 만큼 서구 중심의 단일 언어 체계를 다양한 복수 언어 체계로 꾸며야 한다는 것이 저의 생각이었습니다. 그래서 FM 라디오 채널을 이용하여 개회식 장면을 15개 국어로 해설해 직접 관객에게 전달할 수 있도록 했습니다. 그래서 영어나 프랑스어를 모르는 변두리 나라의 손님들도 개회식 메시지를 직접 듣고 함께 즐길 수 있는 기회를 갖게 된 것입니다.

개폐회식 공연 주제를 '벽을 넘어서'라고 정한 것도 마찬가지입니다. 분단의 벽만이 아니라 '언어의 벽'도 넘고자 하는 희원希願이 있었기 때문입니다. 서울올림픽 이전에는 이념이라는 그 언어의 벽을 넘지 못해, 모스크바올림픽도 LA 올림픽도 반쪽이 되어버리고 말았지요. 서울올림픽에서만은 동서로 갈라진 젊은이들이 분단의 벽을 넘어, 언어의 벽을 넘어 어깨동무를 하고 뛰는 모습을 보고 싶었습니다.

'번역이란 무엇인가?' 세상에는 많은 번역론이 있지만 오늘만큼은 저의 체험을 중심으로 언어의 '벽 넘기'를 말하고 싶습니다. 언어가 다른 사람들이 한 공간에 모여 울고 웃고 함성을 지르며 하나가 되는 그 뜨거운 현장이야말로 가장 다이내믹한 번역 문화의 생동하는 모델로 기억되기 때문입니다.


## 같은 언어 안에서의 번역

저는 글을 쓰는 문인이고 대학에서 기호학을 강의한 교수입니다. 당연히 올림픽 행사를 언어의 시각에서 준비하고 기획했던 것이지요. 그때 개폐회식 이벤트의 주제어로 만든 것이 '벽을 넘어서'였습니다. 그리스 문화에 연원을 둔 올림픽 경기는 소포클레스, 에우리피데스와 같은 사람들이 자기의 언어 실력을 다툰 연극의 경연장과 맞먹는 행사였지요.

그래서 그때 제가 만들었던 '벽을 넘어서'를 통해 번역이란 것이 대체 무엇이며, 어떤 목표와 문제점을 안고 있는지를 생각해보도록 하겠습니다. 여러분들께서도 이미 잘 알고 있는 로만 야콥슨의 번역에 관한 세 가지 유형을 따라 설명하는 것이 좋을 것 같습니다. 왜 하필 야콥슨이냐라고 반문하실 분들을 위해 그의 번역 분류론을 요약해보겠습니다.


① 언어 내 번역rewording: 언어 기호를 같은 언어로 해석

② 언어 간 번역translation: 언어 기호를 다른 언어로 해석

③ 기호 간 번역transmutation: 언어 기호를 언어가 아닌 다른 기호로 해석

그의 분류론에서 '언어 간 번역'을 제외하면 그동안 우리가 등한시했거나 아예 번역 문제에서 제외했던 것들이 포함되어 있다는 사실을 알게 될 겁니다. 그리고 저의 입장에서 본다면 '벽을 넘어서'의 주제어가 '언어 내 번역'에 속하는 것이고, 모든 공연 프로그램은 '기호 간 번역'에 해당될 것입니다.

외국어를 한국말로 옮기는 '언어 간 번역'과 달리 '언어 내 번역'이란 한국말을 한국말로 번역하는 것으로, 생소하게 느낄 분들이 많으리라 짐작합니다. 하지만 옛날 고려가요를 현대말로 옮기는 '고전 번역'이라는 것이 있듯이 그것은 매우 흔한 일입니다. 한자투의 말을 토박이 말로 고치거나 문어체를 구어체로 바꿀 때 일어나는 '리워딩rewording'이지요.

여러 구호를 비롯하여 격언, 광고 카피 그리고 작품 표제어를 만들려면 야콥슨의 '언어 내 번역'을 거쳐야 합니다. 그리고 '언어 간 번역'을 하려면 그보다 앞서 이 '언어 내 번역'을 선행해야 할 경우가 많이 있습니다. 그뿐만 아니라 번역 이론에서 소홀히 다루었던 문제들을 풀 수 있는 중요한 디딤돌이 될 것입니다.

충격적인 예로 최남선의 〈해에게서 소년에게〉를 〈From the sun to a boy〉로 번역한 것을 본 적이 있습니다. 한글 전용 시대에 태어난 세대는 해海를 해(태양)로 생각할 수밖에 없습니다. 구한말의 용어법을 현대의 텍스트로 바꿔야 하는 '언어 내 번역'을 거치지 않으면 'sea'가 'sun'이 되는 비극이 발생하고 맙니다.

사실 저의 글쓰기는 대부분이 '언어 내 번역' 행위로 설명될 수 있다고 봅니다. 대표적인 예로《흙 속에 저 바람 속에》가 그렇습니다. 그 책의 표제어가 한자어의 '풍토風土'를 순수한 한국말로 리워딩(번역)한 것이기 때문이지요. 한국말의 구텍스트를 신텍스트로 번역하기 위해서 저는 풍토의 '풍'을 '바람'으로 '토'를 '흙'으로 리워딩한 것이지요. 그리고 앞뒤 서열을 바꾸고 교착어의 특성인 조사를 덧붙인 것입니다. 그 번역 결과, 한자의 텍스트 속에서 때가 묻어 있던 개념들이 생생하고 구체적인 이미지로 전달되는 것을 느낄 수 있습니다.

## 벽이냐 장벽이냐

'벽을 넘어서'도 똑같은 '언어 내 번역'으로 이루어진 텍스트인 거죠. 우리는 흔히 무엇인가를 가로막는 장애물을 '장벽'이라고 합니다. 가로막을 '장障'과 벽을 뜻하는 '벽壁'의 두 글자로 된 한자어지요.

한자에서 온 말이 대개 그렇듯이 일종의 데드 메타포(사어死語)입니다. 그런데 장벽에서 '장' 자를 떼어내 리워딩을 하면 그 인상이 확 달라집니다. 벽이 갖고 있는 시각적 이미지와 물질적 구체성이 드러나는 까닭입니다. 돌도 보이고 벽돌, 철조망 같은 것도 보입니다. 거기에 분단의 벽, 이념의 벽, 동서 문명의 벽, 남녀의 벽, 빈부의 벽들을 합치면 지금껏 보이지 않던 것이 보이고 들리지 않던 것이 들릴 것입니다.

　하나의 개념어가 눈으로 보고 손으로 만질 수 있는 구체적인 물질로 바뀌었기 때문이지요. 관습적인 옛날 텍스트가 '지금 여기의' 텍스트로 옮겨진 겁니다. 거기에 '넘다'라는 동사를 붙이면 장애물 경기를 하는 선수들의 다이내믹한 모습까지도 보일 것 같습니다. 서울올림픽의 공식 슬로건이었던 '진보와 조화'의 추상적인 텍스트를 감각적인 텍스트로 리워딩한 것이 '벽을 넘어서'라고 생각해도 무방합니다.

　하지만 번역 행위에는 언제나 리스크가 따르기 마련이지요. 막상 '벽을 넘어서'의 슬로건을 공표하자 만만찮은 저항에 부딪히게 됩니다. "도둑이냐, 왜 벽을 넘느냐" "담이라면 몰라도 벽을 어떻게 넘느냐" 그런 비판들이었지요.

　외국 말로 번역할 때에는 외국어를 아는 전문가가 많지 않기 때문에 그냥 넘어가는 경우도 있지만, 한국말의 경우는 사정이 다릅니다. 한국인이면 누구나 한국말을 잘 안다고 생각하고 있기 때문이지요. 그러니 간섭하는 입도 많아질 수밖에 없습니다.

　아니나 다를까 저도 모르는 사이에 여러 인쇄물들에 '벽을

"100퍼센트 번역 가능한 것도 100퍼센트 번역 불가능한 것도 번역은 거부합니다. 두 언어가 접촉할 때 생기는 차이의 긴장을 먹고사는 것이 번역이라는 생명체이지요."

넘어서'가 '장벽을 넘어서'로 수정된 것들이 눈에 많이 띄었지요. 교정 과정에서 '장' 자가 빠진 줄 알고 '장벽'이라고 고쳤나 봅니다. 만약 '장벽을 넘어서'라고 했더라면 누구도 이의를 달지 않았을 겁니다. '언어의 장벽'이라는 정형구가 있고 'language barrier'란 영어의 숙어도 있기 때문에 누구에게도 익숙하게 들릴 것입니다.

그런데 실은 이 '익숙'이 문제입니다. '벽을 넘어서'는 길들여진 말이 아니기 때문에 확실히 생소하고 난해하게 들립니다. 마치 번역문을 읽는 것 같은 느낌도 듭니다. 자화자찬을 하자면 그런 반응이 있었기에 그 슬로건은 성공할 수 있었던 것입니다. 러시아 형식주의자들이었다면 그 효과를 '낯설게 하기ostranenie'라고 불렀을 것입니다.

귀에 젖은 말 그대로 '장벽을 넘어서'라고 했더라면 말썽은 일지 않았겠지만, 사람들의 마음에 임팩트를 주는 슬로건의 효과는 없었을 겁니다. 100퍼센트 번역 가능한 것도 100퍼센트 번역 불가능한 것도 번역은 거부합니다. 두 언어가 접촉할 때 생기는 차이SHIFT의 긴장, 그것을 먹고사는 것이 번역이라는 생명체이지요.

　번역의 효과는 전달 이상의 것이라는 말도 그래서 생겨난 겁니다. 번역을 하려면 언어에 대한 지식보다도 신념, 용기 그리고 기다림이 필요할 때도 있습니다.


## '넘어서'와 'BEYOND'

분단이라고 하면 한국인에겐 DMZ의 철조망과 판문점 그리고 유럽인에게는 베를린의 벽과 브란덴부르크의 문이 떠오를 것입니다. 그런데 워딩은 다릅니다. 당사자인 독일 사람들은 'Berliner Mauer', 영어권에서는 'Berlin Wall', 프랑스의 경우는 'Mur de Berlin' 등 말은 달라도 모두가 실제의 '벽'을 가리킨다는 공통점이 있지요.

　그런데 한국말로 번역할 때만 '베를린의 벽'이라 하지 않고 '베를린 장벽'이라고 합니다. 영어로 치면 'barrier'가 되는 셈이지요. 그래서 '베를린 장벽'을 '베를린 벽'이라고 할 때 느낌이 달라지듯 '벽을 넘어서'라고 하면 'Berlin Wall'에 가까운 분단의 시설물이 떠오르게 됩니다. '언어 내 번역'인데도 번역 이론에서 자주 언급되는 베누티의 'domestication'(자국화)이냐 'foreignization'(이국화)이냐 하는 지향성 문제가 생겨납니다.

　'넘어서'라는 말도 마찬가지일 것입니다. 한국말에서 '넘는
다'는 말은 보통의 경우 '선을 넘는다' '도를 넘는다'와 같이
부정적인 의미를 띱니다. 그래서 '벽을 넘는다'고 하면 금세
담을 넘는 도둑을 연상하기 쉽습니다. 영어의 'beyond'처럼
종교 용어(정관사 the를 붙이면 '명부冥府'라는 뜻이 됩니다)로 혹은
월경越境이나 탈脫프레임과 같은 진보적 개념어로 사용된 예
가 별로 없던 탓입니다.

　하지만 '벽'과 '넘어서'를 한데 결합하면 영어의 'beyond'
같이 부정이 아니라 긍정적·은유적 의미를 띠게 됩니다. 그
러한 이화異化작용을 알면 부정하던 사람들도 동네 잔치와는
다른 올림픽 분위기를 맛보는 것이지요. 당황스러움 그리고
낯섦이 있어 굳은살이 박힌 언어에서 새살이 돋아납니다.

　올림픽은 글로벌한 행사입니다. 언어가 통하지 않는 젊은
이들이 함께 기쁨을 공감하고 승리의 영광을 나누는 축제입
니다. 그 행사 자체가 세계인을 상대로 한 소통이며, 그 소통
을 일으키는 힘입니다. 그래서 올림픽 제전이 번역 텍스트의
모델이 됩니다. 한국인과 외국인의 접촉을 통해서 번역의 세
계가 열리게 됩니다. 너무나도 익숙해서 느끼지 못했던 내 벌
거숭이의 모습이, 민낯이 낯선 사람들과의 악수를 통해서 드
러납니다. 그것이 '넘어서는 것'이고 'beyond'이고 '번역의
진짜 의미'인 것이지요.

## '언어 간 번역'은 '언어 내 번역'의 기초에서 시작된다

그런데 '언어 내 번역'의 벽은 넘었는데 '언어 간 번역'에서는 더 큰 벽에 부딪히게 됩니다. 서울올림픽 준비위원회에는 영문 번역을 체크하는 네이티브 스피커들이 있습니다. 이 영문의 기득권자 앞에 서면 갑자기 한국인의 키가 작아지는 법이지요. 장벽에서 겨우 '장' 자를 떼어낸 나의 노력은 도루묵이 됩니다. 그들이 'wall'을 'barrier'로 되돌아가게 한 겁니다.

한국인이라고 한국말을 다 잘하는 것이 아닙니다. 메타포나 시의 언어적 일탈성을 나 이해하는 것이 아닙니다. 음치가 있듯이 아무리 학식 있는 사람이라도 시의 언어를 이해 못하는 시치詩癡도 있는 법입니다.

영어의 네이티브 스피커들도 마찬가지일 것입니다. 문예물 번역자나 사회과학 이론을 번역하는 사람이 다르듯이 말입니다. '언어 간 번역'에서 가장 조심해야 할, 그리고 위험한 것이 워딩의 문제라 할 수 있습니다. 의역을 그토록 주장하던 블라디미르 나보코프가 왜 푸시킨의 《오네긴》을 번역하고 난 다음부터 어휘 하나하나에 충실한 축어역을 했는지 그 이유를 알 만합니다.

그 결과 개회식의 전광판에 한국말로는 '벽을 넘어서' 영어로는 '장벽을 넘어서'로 전 세계에 비쳐지게 된 것이지요. 아직도 내 잘못인지 번역자의 잘못인지 몰라도 나에게는 가장 속상했던 기억으로 남아 있는 사건이지요.

하지만 다행히도 전 세계에 수백만 장 팔린 올림픽 주제곡 '핸드 인 핸드'의 가사에는 'barrier'가 아니라 'breaking down the walls'로 번역되어 있었지요. 가사 중에 반드시 '서울' '아리랑' 그리고 '벽을 넘어서'라는 말이 들어가도록 작곡자인 조르조 모로데르에게 강력히 요청했던 결과입니다.

서울올림픽이 끝난 다음 막상 무너진 것은 우리 벽이 아니라 베를린 벽이었습니다. 그리고 동·서독 젊은이들이 베를린 벽을 부수면서 부른 노래가 서울올림픽 주제가였다고도 합니다. '벽을 넘어서'나 '벽을 부수자'는 노래 가사가 한국 아니고 또 세상 어디에 있었겠습니까.

## 제삼의 '기호 간 번역'

'벽을 넘어서'의 주제어는 제삼의 '기호 간 번역'에서도 지속됩니다. 각종 공연 프로그램에 벽을 넘고 부수는 파벽破壁의 이미지를 깔아둔 탓이지요. 그중 하나가 태권도의 격파 장면입니다. 허공에 벽을 상징하는 판자들을 만들고 그것을 삼단 발차기로 격파하는 장쾌한 장면입니다.

폭력적으로 보여 부정적 이미지로 비칠 수도 있었던 태권도의 격파 장면이 '벽을 넘어서'의 '기호 간 번역'의 효과 때문에 많은 갈채를 받았습니다. 공격적인 고싸움이나 혼돈의 가면 이벤트 등 호전적인 군사 문화(한국의 이미지가 그러했습니다)로 오해받을 것들이 춤과 음악과 스토리텔링의 '기호 간 번역'에 의해 평화와 조화의 이미지로 입가심을 할 수 있었던 것이지요.

태권도의 격파 장면 다음에 굴렁쇠를 굴리는 소년이 나옵니다. 무너진 벽의 폐허의 정적 속에서 새로운 생명이 탄생하는 상징적 장면이지요. 그림자마저 지워진 텅 빈 경기장의 풀밭을 여섯 살 난 아이가 굴렁쇠를 굴리며 가로지릅니다. 세계 축전이 번역이라면 그 마지막 도착지는 어디인가. 그것이 바로 정적이요, 침묵이라는 것을 보여줍니다.

더구나 그 아이는 깡통을 든 전쟁 고아가 아닙니다. 가난한 나라의 굶주린 아이들 모습이 아닙니다. 바덴바덴의 올림픽 위원 총회에서 사마란치 위원장이 "서울"이라고 개최지를 선언한 바로 그 순간에 태어난 호돌이 윤태웅 군입니다. 굴렁쇠 소년의 스토리텔링으로 '벽을 넘어서'의 '기호 간 번역'이 완성되는 순간입니다.

물론 이 침묵의 장면은 침묵으로 끝난 것은 아니지요. 그 침묵의 언어는 12개국어로 동시 발신하는 통신 장치에 의해 10만 관중의 리시버를 통해 전달되었던 것입니다.

언어의 벽을 넘어 한국인의 마음을 전 세계에 호소한 올림

픽 개회식이 성공했다면 그것은 바로 야콥슨이 말하는 세 가
지 번역의 유형 'rewording' 'translation' 'transmutation'
을 폭넓게 실천한 결과라고 할 것입니다. 그리고 번역의 목표
지점은 그늘마저 삼켜버린 텅 빈 정오, 경기장의 공백, 침묵
이었음을 보여준 데 있습니다.

　번역이 왜 침묵인가. 그것을 말하기 위해서 서울올림픽의
'벽을 넘어서'에서 한일월드컵의 BBB 번역 이야기로 옮겨가
야 할 것입니다.


## 비포 바벨로 가는 전사들

올림픽이 끝나고 10년 뒤 2002년에 한일월드컵 축구대회가
열리게 됩니다. '벽을 넘어서'의 번역 행위는 '비포 바벨 군
단'의 BBB로 이어집니다. 앞에서도 조금 설명했지만 BBB는
'Before Babel Brigade'의 두문자를 딴 약자입니다. 15개국
어(현재는 18개국)의 팀으로 구성된 3천 명의 자원봉사단이 휴
대전화를 이용하여 리얼 타임으로 통역을 서비스해주는 시스
템을 그렇게 이름 지은 것입니다. 왜 그 봉사단원들을 하필이
면 비포 바벨 군단이라고 이름 지었는가. 그 궁금증 속에 제
가 말하려는 번역관과 이론이 담겨 있습니다.

　《구약》의 〈창세기〉에 등장하는 바벨탑 이야기는 "온 땅의

구음이 하나요, 언어가 하나였더라"의 언어 이야기로 시작됩니다. 대홍수로 인류가 멸망한 뒤 노아의 후예들은 동방으로 옮겨오다가 넓은 시날 평원에 이릅니다. 그리고 홍수가 나도 침수되지 않을 만큼 높고 거대한 탑을 쌓습니다.

벽돌로 돌을 대신하고 역청으로 진흙을 대신하여 성과 대를 쌓았다는 말에서 우리는 자연을 대신하는 인간의 기술 문명과 그 오만을 읽게 됩니다. 그리고 "하늘에 닿게 하여 우리 이름을 내고 온 지면에 흩어짐을 면하게 하자"는 말에서도 언어(이름)와 도시의 집중 현상을 엿볼 수 있습니다.

오늘의 바로 우리 모습입니다. 하나님의 노여움은 인간과 인간의 언어를 분산시켜 혼란에 빠지게 함으로써 탑을 붕괴시킵니다. 홍수가 외부로부터 닥친 재앙이라면 바벨의 붕괴는 언어 소통의 내부 혼란에서 생긴 파멸이라 할 수 있습니다. 여기에서도 우리는 바로 오늘의 문명과 인간의 재앙을 볼 수 있습니다.

그래서 바벨 이야기를 번역의 이야기로 옮기면 아주 손쉽게 번역의 본질과 그 욕망을 알 수 있습니다. "온 땅의 구음이 하나요, 언어가 하나였더라"로 시작되는 것에서도 알 수 있듯 바벨탑 이야기는 인간 문명과 언어의 관계에 대한 은유라는 사실을 확인할 수 있습니다.

바벨의 상징 구조로 볼 때 인간은 하나의 언어로 소통이 가

"바벨의 상징 구조로 볼 때 인간은 하나의 언어로 소통이 가능했던 비포 바벨의 시대와 서로 다른 언어를 가지고 분산된 애프터 바벨의 갈등과 혼란 시대로 구분되어 있음을 알 수 있습니다." 능했던 비포 바벨의 시대와 서로 다른 언어를 가지고 분산된 애프터 바벨의 갈등과 혼란 시대로 구분되어 있음을 알 수 있습니다. 당연히 비포 바벨의 세계에는 통·번역 같은 행위는 필요하지도, 존재하지도 않았을 것입니다.

애프터 바벨의 공간에서 살고 있는 오늘의 인간들은 번역 없이는 문화와 언어가 다른 사람들과 소통하지 못하고 분열과 혼란 속에서 살아갈 수밖에 없습니다. 소통의 단절로 인한 대립과 갈등은 형벌로 내려진 분산된 언어에 있습니다.

## 민족과 언어 그리고 번역의 탄생

애프터 바벨의 상황은 전설이 아니라 우리가 살고 있는 실제 현실 공간에서 일어나고 있습니다. 서로 다른 언어에 의해 분산과 혼란의 형벌을 겪고 있는 것이지요. 번역 역시 애프터 바벨의 상황과 관련짓지 않고서는 어떠한 말도 서로 통할 수 없다는 것을 우리는 실증적으로 밝힐 수가 있습니다.

애프터 바벨의 상황은 분리·분산이 두 가지 현상으로 나타나 있다는 점일 것입니다.

첫째는 하나였던 언어의 분리·분산, 둘째는 하나였던 인간 집단의 분리·분산입니다. 통합에서 분산으로 향한 애프터 바벨의 상황에서 과연 '언어 간 번역'에 의한 소통의 회복은 가능할 것인가. 그리고 그로 인한 공동체의 재건과 글로벌화가 가능한가. 언어, 민족 그리고 번역의 실체를 실증적으로 증명하고 검증하는 것이 거대 담론으로서 번역 문제라고 할 것입니다.

결론부터 이야기하자면 번역은 전달 행위가 아니라 전달 이상의 것이 되어야 한다는 것. 그리고 최종 목표는 애프터 바벨에서 비포 바벨로 돌아가는 데 있다는 것입니다. 그렇지 않으면 번역은 오히려 애프터 바벨의 형벌을 더 가중시키는 결과를 가져온다는 사실입니다. 그 증거로 우리가 현재 사용하고 있는 '민족'이라는 말을 샘플로 보여줄 것입니다.

> "번역은 전달 행위가 아니라 전달 이상의 것이 되어야 한다는 것. 그리고 최종 목표는 애프터 바벨에서 비포 바벨로 돌아가는 데 있습니다."

## 민족이라는 번역어

한국어의 '민족民族'이라는 말부터 따져봅시다. 민족이라는 말은 한국인들이 가장 애용하고 있는 말이면서도 누가 보아도 분명 순수한 한국 토박이말이 아닙니다. 나라에 따라 발음만 조금 다를 뿐 한·중·일 3국이 함께 사용하고 있는 용어인 것이지요.

민족이란 말을 정의할 때 가장 핵심을 이루는 부분이 고유한 언어인데, 아이러니컬하게도 우리가 쓰고 있는 '民族'이란 말 자체가 민족 고유의 말이 아닙니다. 그런데도 우리는 민족이란 말을 단군 시대부터 써온 말로 착각하기 쉽습니다. 하지만 그것은 근대에 생긴 말로 중국의 한자말도 아니라는 겁니다.

일본 학자들의 주장에 의하면, 개화기에 서양에서 들여온 말 가운데 하나인 'nation'의 번역어라는 것이지요. 이를테면 한자 역으로 된 신조어라는 겁니다. 개화기 이전에는 한·중·일 어느 나라의 문헌에서도 민족이란 단어를 찾아볼 수 없다는 겁니다. (이러한 주장에 맞서 꼼꼼한 학자들은 6세기 전반에 중국에서 간행된《남제서南齊書》안에서 그 용례를 찾아내어 위키피디아에 올리기도 했습니다.)

그 내용도 "사대부의 자녀들까지 중국의 북조 이민족의 풍속에 젖어 있다"(今諸華士女, 民族弗革, 而露首偏踞, 濫用夷禮)고 말한 대목으로 오늘 우리가 사용하고 있는 그것과 별 차이가 없

다는 겁니다. 그렇지만 이 역사책은《남사南史》편찬 뒤에는
읽힐 기회가 거의 없었고, 민족이 씨족으로 되어 있는 판본도
있어 일상적인 용어로 정착하기에는 어려웠을 것으로 추정하
고 있습니다.

　이러한 논쟁을 할 것 없이 앤더슨의 상상 공동체가 아니라
도 민족이나 민족주의란 말은 우리가 알고 있는 것보다 훨씬
최근에 생긴 개념입니다. 에릭 홉스봄이 공편한《만들어진 전
통The invention of tradition》에서 밝혀진 바 있듯이 우리가 스
코틀랜드의 스카치 무늬나 인도의 백색 군복 등 민족 고유 의
상이라고 생각하고 있던 것이 실은 근세에 들어와 디자인된
것이라는 것을 알고 충격을 받는 경우와 유사한 일입니다.

　그런데 민족의 '民'은 그 자원이 아래 도형처럼 바늘로 눈을
찔러 멀게 한 노예를 지칭하는 글자였다고 합니다. 그러한 '민'
자가 'nation'의 번역어로 등장하면서 국민의 '민', 민주주의
democracy의 '민'으로 그 지위가 업그레이드되었다는 겁니다.

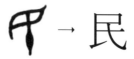

　시간이 흐르면서 본뜻이 퇴색하고 원래의 'nation'과는 다
른 뜻으로 변질, 혼자 걸음을 하게 됩니다. 그래서 이제는 '민
족'이란 말을 원래의 'nation'의 뜻으로 환원하기 어렵게 되

었습니다. 물론 옛날의 한자어로 돌아갈 수도 없습니다. 한자의 '민'은 국민과 인민 그리고 종족이나 인종처럼 사용되고 있어서 민족을 번역하면 'nation, ethnic, folk, people' 등 여러 상태의 의미를 나타내게 됩니다.

　　그래서 링컨의 유명한 게티즈버그의 연설문(사실은 존 위클리프가 500년 전에 한 말이지만) "the government of the people by the people for the people"을 한자어로 번역할 때에 'people'을 '국민'이라고 하느냐 '인민'이라고 하느냐에 따라서 정치적 이념 대립이 극한적 양상을 띠게 됩니다. 수백만 명이 죽는 참담한 전쟁으로 이어지기도 합니다. '대한민국'과 '조선민주주의인민공화국'이 영어로 번역될 때에는 같은 'people', 같은 'democratic'인데 말입니다.

　　정치적 색채와 관련이 없어도 'nation state'는 민족국가라고 번역하고 'gross national production'은 국민총생산이라고 합니다. 영어로는 같은 'nation'인데 국민이 되기도 하고 민족이 되기도 합니다. 서울대학교도 영어로는 'Seoul National University'입니다. 하지만 아무도 그것을 민족 대학이라고 부르는 일은 없습니다.

　　적어도 동아시아의 상황에서는 번역 행위가 비포 바벨이 아니라 오히려 애프터 바벨의 혼란과 분열을 더욱 가중시켜 왔다고 할 것입니다. 민족이라는 번역어가 일본에서는 천황

주의와 결합하여 국수주의·군국주의를 낳아 한국과 중국을 침입했고, 한국에서의 민족이란 말은 반사적으로 독립이란 말과 결합되어 항거했습니다.

민족이란 말은 한편으로는 통합의 원리를 또 한편으로는 분리의 원리로 작용하고 있습니다. 혼란이지요. 여기에 나치 독일의 'volks'의 역어인 국민이라는 말까지 합쳐 한국은 혹독한 식민지의 고통을 겪습니다.

현재 동아시아 3국이 공통으로 사용하고 있는 말들 가운데에는 민족이란 말처럼 개화기에 한자역으로 된 신조어들이 많습니다. '存在, 自然, 人權, 自由, 憲法, 個人, 近代, 美學, 愛, 戀愛, 文學, 藝術, 藝術家' 등은 모두 개화기의 신조어입니다. 《맹자》에 나오는 '수신제가치국평천하修身齊家治國平天下'를 살펴보면 개인과 가정의 단계에서 곧바로 국가와 천하(세계)로 확대되어가는 것을 알 수 있습니다. '사회'란 말이 결락되어 있다는 것을 분명히 알게 됩니다. '회사'를 뒤집어 '사회'라는 말이 생겨나는 그 사이에 사회란 말이 빠져 있습니다. 회사란 말은 있었으나 사회란 말은 없었지요.

일본 사람들이 가장 고심했던 말이 바로 영어의 'society'였습니다. 'society'라는 말을 번역할 때 회사를 뒤집어 사회를 만들어낸 것이지요. 이 같은 이유로 영화 제목 〈Dead Poets Society〉가 일본과 한국에서는 〈죽은 시인의 사회〉라는 어마

어마한 말로 번역되기도 하지요. 사실 여기서 'society'는 대학생들이 잘 쓰는 '동아리'란 말인데도 말입니다.

이 불안전한 사회라는 말에서 사회주의라는 말이 파생되고, 그것이 지금도 민족주의·사회주의 등 온갖 서로 개념이 다른 갈등을 빚고 있습니다.


## 번역은 깨어진 항아리의 도편을 모으는 것

이 전설로 유추해보면 현재 우리가 사용하고 있는 전 세계 6천여 개 언어는 비포 바벨 시대의 언어 항아리가 탑의 붕괴와 함께 깨어진 조각들인 셈이지요. 제 말이 아니라 번역론에서 자주 등장하는 비유지요. 그런데도 사람들은 저마다 자기 언어의 우월성을 논하고 있습니다. 그리스 사람들은 그리스어가 아닌 말로 이야기하는 사람을 '바르바로스barbaros'라고 합니다. 야만인이란 뜻입니다.

남을 흉볼 일이 아닙니다. 한국인들이 큰 소리로 시끄럽게 떠드는 것을 "호떡집에 불났다"고 말하는 것 역시 중국 말을 비하하는 자국어 우월주의입니다. 그러나 우리가 애프터 바벨의 부서진 항아리의 한 조각 언어에 갇혀 지내는 사람들이라는 사실을 알게 되면 결코 한 언어가 세계를 지배할 수 있다는 망상은 하지 않게 될 것입니다.

우리가 하고 있는 언어가 애프터 바벨, 지금까지의 모든 번역과 번역 이론의 패러다임을 바꾸게 할 것입니다. 그 파편이 아무리 큰 언어라고 해도 다른 작은 쪼가리들을 대신하여 원래의 비포 바벨의 항아리로 돌아갈 수는 없습니다.

크고 작은 차이는 있지만 그 파편화한 언어들은 전체의 일부라는 사실과 서로 연결될 수 있는 요소들을 지니고 있다는 점에서 평등한 것입니다.

이런 관점에서 본다면 언어 패권주의, 즉 단일의 언어가 세계의 복수 언어들을 커버할 수 있다는 생각이 바벨탑을 쌓으려는 그 오만과 어리석음이라는 것도 알게 됩니다. 그리스어와 라틴어를 비롯해 세계의 모든 언어를 《코란》에 적힌 아랍어로 번역하여 지혜의 보고(도서관)에 쌓아두려 했던 아바스 왕조의 작업도 허망한 모험임을 깨닫게 됩니다.

《성경》의 라틴어 불가타판vulgata版으로 20세기 초까지 영광을 누리던 히에로니무스의 번역조차도 대수롭지 않게 보입니다. 72인의 장로들이 모여 72일간 각기 다른 방 안에서 번역한 것을 대조했더니 한 자도 틀리

> "우리가 애프터 바벨의 부서진 항아리의 한 조각 언어에 갇혀 지내는 사람들이라는 사실을 알게 되면 결코 한 언어가 세계를 지배할 수 있다는 망상은 하지 않게 될 것입니다."

는 것이 없었다는 것은 결코 애프터 바벨의 현실 속에서는 두 번 다시 일어날 수 없는 기적이기 때문입니다.

번역의 힘으로는 비포 바벨로 돌아갈 수 없다는 번역의 숙명을 안다면 히에로니무스 때부터 축어역이냐 의역이냐 하는 문제로 시간을 소비하는 번역론도 별 도움이 되지 못합니다. 물론 오랫동안 논쟁의 핵심을 이루어 온 번역 가능·불가능의 담론도 마찬가지일 것입니다.

'나의 언어'와 '타자의 언어' 사이에 있는 소통 단절의 괴로움에서 벗어나기 위해서는 번역의 기술에 의존할 수밖에 없지만, 번역가 역시 그 십자가를 지고 비포 바벨의 시대로 돌아가기에는 너무나도 나약한 존재일 것입니다.


## 번역의 정의를 덮자

번역의 정의는 아주 명쾌합니다. 그것은 서로 다른 두 문화 사이에서 벌어지는 기호의 전환을 의미합니다. 그러니까 언제나 원본을 ST Source Text, 번역본을 TT Target Text라고 분리해서 생각해왔습니다. 그럴 경우 지금까지의 번역론의 쟁점은 ST에 중점을 두느냐 TT의 자국어에 더 충실해야 하느냐하는 문제로 요약되기도 합니다. 그리고 항상 번역 기술은 키케로나 히에로니무스 때부터 따져온 직역과 의역의 문제로

귀결되기도 합니다.

명치 초기의 일본에서는 TT(번역문) 속에 ST(원문)의 흔적을 지워버리는 것을 이상으로 삼았습니다. 그래서 생경한 번역투를 없애고 문화적 이화감異和感을 소거하기 위해서 작중 인물이나 지명의 고유명사까지도 자국어로 바꿔버리는 번안 소설이 유행하기도 했습니다. 그러나 이 같은 번역의 토착화 과정은 정반대의 결과를 나타내《아! 무정》은 원제목 그대로 《레미제라블》이 되고 《암굴왕》은 《몬테크리스토》로 바뀌게 됩니다.

번역은 결코 한 언어를 다른 언어 체계로 옮기는 단순한 작업이 아니라는 사실을 깨닫게 됩니다. 한국말로 더빙된 외화나 드라마를 생각해보십시오. 성우가 더빙한 한국말은 그 음색이나 억양의 말투가 한국말과는 조금 다른 느낌을 줍니다. 서양 사람이 서툰 한국말을 하는 경우와는 다른 완벽한 한국말인데도 말입니다.

한국말이면서도 어딘가 외국 말처럼 들리는 미묘한 차이, 그리고 그 흔적들을 남기는 것이 바로 성우의 더빙 기술입니다. 눈 감고 들어도 그게 한국말로 더빙된 외화라는 것을 금시 알아챌 수가 있는 것, 외국어와 한국어의 경계에서 생겨나는 낯섦의 틈새야말로 번역이 숨 쉬고 존재하는 영역이라 할 수가 있습니다.

이 같은 번역의 역설은 《성경》의 경우에 가장 잘 나타나 있습니다. 《성경》은 세계에서 가장 많은 언어로 번역된 책입니다. 번역어의 총수는 2,527건에 달한다고 합니다(2010년 12월 31일 기준).

하지만 분명한 것은 어느 나라 말로 번역되든 '아멘amen' '할렐루야alleluia' '호산나hosanna'처럼 기독교에서 많이 사용하는 키워드, 그리고 '달리다 쿰talitha koum' '엘리 엘리 라마 사박다니eloi eloi lama sabachtani'처럼 예수님이 직접 하신 어구들은 아람어나 히브리어 그대로 번역하지 않은 채로 남겨두었다는 점입니다. "소녀여, 일어나라" "주여, 날 버리시나이까" 등 얼마든지 자국어로 쉽게 번역할 수 있었는데도 말이지요.

아담과 이브를 비롯해서 성경에 나오는 인물들의 이름을 만약 토착어로 바꿨다면 이미 그것은 기독교의 의미를 상실하게 되고 그 나라의 토착 종교와 구별할 수 없게 됩니다. 번역하지 않고 남겨둔 그 언어들 때문에 자국어로 번역된 일상적 말까지도 종교적 울림을 갖게 되는 것이지요.

## 시날의 초원을 꿈꾸는 번역

그렇다면 번역의 희망은 없는가. 아닙니다. 그 절망 끝에서 우리는 비포 바벨의 불가능한 꿈을 꾸게 되고, 거기에서 벤야민 같은 조금은 황당한 '순수 언어'를 목표로 하는 새로운 번역 문화의 인식이 싹트게 될 것입니다. 그것이 제가 꿈꾸는 비포 바벨 브리게이드BBB의 소망인 것입니다.

그 꿈속 세상에서 번역은 여기서 저기로 건너가는 'trans'가 아니라 여기와 저기가 만나는 'inter'라 할 것입니다. 그러니까 번역은 부딪침이고 어긋남이고 접속입니다.

두 언어가, 혹은 둘 이상의 복수 언어가 어느 하나에 흡수되는 것이 아니라 서로가 '잃음loss'과 '얻음gain'을 공유하는 것이기도 합니다. 나의 익숙한 언어가 낯선 다른 언어를 만남으로써 서로 다른 차이와 틈을 발견하게 됩니다.

그리고 거기에서 서로 결여된 부분을 맞추고 채워나가는 보완과 결함을 메우는 작업이 시작됩니다. 다른 언어와 만나지 않았더라면 그는 영원히 자신을 가둔 감옥에서 벗어나지 못했을 것입니다. 번역은 언어의 벽을 넘는 행위이고 탈옥이고 비포 바벨의 탁 트인 시날 초원을 꿈꾸는 행위인 것입니다.

성급하게 결론부터 다 이야기해버린 것 같지만 제가 말하려고 하는 번역 행위란 단순한 전달을 위한 것이 아니라는 것. 그래서 번역 행위란 언제나 번역 안 되는 것에 대한 욕망이며 그곳에서 발견되는 의미와 가치라는 것. 그러니까 아인슈타인의 유명한 공식 '$E=mc^2$'이라던가 옥시젠oxygen을 '산소'라고 번역하는 것들은 번역하고는 무관하다는 것입니다.

그것이 바로 "번역은 침묵을 만들고 기다리는 것"이라는 벤야민의 말에 동의하는 까닭입니다. 그리고 바벨의 형벌로서 언어를 받아들이고 그 조각들을 모아 비포 바벨의, 깨어지기 이전의 완벽한 언어의 항아리를 복원하려는 당치도 않는 광기에 몸을 던지는 행위입니다. 벤야민이 말하는 순수 언어 그리고 그가 바라본 횔덜린의 마지막 작업인 희랍극의 번역.

그리스 말과 독일 말 사이에서, 고대와 근대 사이에서 또한 그리스와 서양 사이에서, 시와 철학 사이, 생과 죽음 사이, 그 틈 사이에서 마지막 숨을 거둘 때까지 방황한 횔덜린의 번역 행위에서, 순수의 언어로 접근하려던 벤야민이 꿈꾸던 황당무계한 번역론에서부터 다시 시작하자는 것입니다.

그래서 번역의 운명과 그 최종 목적지는 번역하고 남은 부분에 있으며 그것이 침묵하고 있는 이 나라 말과 저 나라 땅 위에 존재한다는 역설을 인정할 수밖에 없습니다.

그런 시각에서 보면 번역자translator란 그에게 늘 붙어 다니던 배신자traitor가 아니라 처음부터 패배를 각오한 순직자라고 부르는 편이 옳을지도 모릅니다.

# 한국문학
# 번역의 문제점과
# 개선 방안

부
록

반갑습니다. 이 자리는 제가 14년 전에 은퇴식을 한 그 자리입니다. 다시는 못 올 줄 알았는데, 이 자리에 또 앉아서 마지막 강의를 했는데, 또 한 번 강의를 하게 됐습니다.

아시다시피 저는 이미 5년 전에 한·중·일을 중심으로 한 아시아권 언어를 유럽권의 언어로 번역할 때, 그리고 그 반대의 경우 번역의 어려움을 말씀드린 적이 있습니다. 특히 한·중·일 내에서도 유럽권 언어를 다르게 번역하기도 합니다.

가령 《성경》의 〈창세기〉 제1장에 나오는 단어 'void'만 예를 들어봐도 그렇습니다. 우리는 암과 흑 두 개의 뜻으로만 받아들입니다. 그러나 'void'에는 공허, 변화의 의미도 들어 있습니다. '빵'이라는 말은 한·중·일이 다 다르게 번역합니다. 우리나라에서는 '떡', 일본에서는 'パン', 중국에서는 '食物'이에요. 이런 글자 관계를 살펴봐야만 하는 거예요.

한·중·일이 어떻게 영어권이나 유럽권 문학을 번역할 수 있느냐, 그 구체적인 사례를 듣고 싶다고 하셔서, 예전에 했던 이야기는 빼고 번역하시는 분들이 도외시하는 부분들을 언급하려고 합니다.

먼저, 로만 야콥슨이 번역을 어떻게 구분했는지에서부터 출발하겠습니다. 첫 번째가 '언어 내 번역', 두 번째가 '언어

간 번역', 세 번째가 '기호 간 번역'입니다. 우리가 일반적으로 '번역'이라고 할 때는 두 번째 것을 지칭하는데, 실은 이 모두가 다 있어야 제대로 된 번역이라 할 수 있을 것입니다.

우리나라는 월드컵을 개최했지요. 그전에 제가 서울올림픽을 준비할 때 열두 나라 언어 동시 번역을 시도했습니다. 세계 최초입니다. 12개국이 리시버를 끼고 개회식과 폐회식 중계를 동시에 즐긴 것입니다. 퍼포먼스 이벤트를 실시간으로, 제 나라말로 들은 것이지요. 제가 기획했습니다. 제가 쓴 대본을 12개 나라말로 읽은 것입니다. FM라디오로 송출했지요. 이 예를 드는 건 제 자랑을 하려는 게 아닙니다. 그로부터 수십 년이 흘렀지만 이 예가 지금 필요하기 때문입니다.

번역이라는 것에서 저만이 특이하게 경험한 사실을 오늘 털어놓음으로써, 일반적인 이야기가 아니라 여러분에게 정말 도움이 되는 이야기, 번역의 잘잘못이 아니라 번역 시 알아야 할 것을 말씀드릴 수 있겠습니다. 책에 나오는 내용이 아니라 제가 경험한 것을 중심으로 말씀드리겠습니다.

소치와 베이징에서 열리는 올림픽을 보셨을 거예요. 올림픽은 자기 나라의 문화와 언어, 모든 것을 전 세계에 보여주는 거예요. 전 세계 사람이 올림픽을 보니까요. 세계 축제에서 언어들이 어떻게 다른 언어들에 전달되느냐 하는 그 세부를 살펴보면 여러분이 번역할 때 도움이 될 것입니다.

세계의 공용어가 영어와 프랑스어입니다. 영어권과 프랑스어권에 계시는 분들은 굉장한 혜택을 누리고 있지요. 하지만 마이너한 언어는 설 자리가 없어요. 세계인의 축제인데 영어권만의 행사가 되어버리는 것이죠. 200개 가까운 나라들이 모이는 올림픽에서조차 그렇습니다. 제가 세계인의 축제를 위해서 BBB라는 것을 제안하고 만들었습니다. 제가 어떻게 언어의 '벽'을 넘었는가, BBB라는 통역 장치와 함께, 텍스트를 어떻게 번역했는가 말씀드리고자 합니다.

어떤 개회식이든 자기네 나라 것을 발신합니다. 그러니까 다른 사람들은 남의 문화를 보는 겁니다. 서울올림픽은 규모도 작고 돈도 덜 들이고 또 그다지 화려하거나 크게 안 만들었는데, 개회식에 참석한 관객들은 왜 저렇게 기뻐할까요?

서울올림픽 전에 우리는 반쪽짜리 올림픽을 두 번이나 겪었어요. 이념의 벽 때문에 사회주의권 나라들이 올림픽에 불참했고, 그 전에는 서방 국가들이 올림픽 보이콧을 했지요.

분단국 한국에서 열리는 올림픽을 화합의 장으로 만들어야겠다고 생각했습니다. 한국의 잠실에서 동서로 갈라진 젊은이들이 같은 마당에 모여 스크럼 짜는 그림을 그린 것입니다.

한국전쟁 당시 한국은 그렇게 큰 나라가 아니었습니다. 무엇 때문에 전 세계 젊은이들이 이 작은 나라에서 죽었습니까. 유엔군, 소련군, 중공군(당시는 중공군이라고 불렀죠) 등 각국의 엄청난 수의 젊은이들이 한국으로 왔습니다. 한국 땅을 파보면 전 세계 젊은이들이 나오겠지요. 이 땅에서 대학살이 일어난 겁니다. 그런데 한국전쟁 이후 50년도 안 되어서 다시 전 세계 젊은이들이 한국으로 모인 거예요.

전쟁을 겪어봤고 알던 사람들이 참여하는 올림픽, 분단국인 한국에서 열리는 올림픽에서는 동과 서가 만나야 한다고 생각했습니다. 이념의 벽을 넘어야 했습니다. 민족이라는 언어 공동체가 처음으로 만난 곳이 바로 서울올림픽이었습니다. 개회식과 폐회식은 물론이고 국제학술대회 등 서울올림픽의 '문화'를 담당했던 저는 고민했습니다. 이런 화합의 장에서 언어의 역할은 무엇인가. 그리고 그 주제를 '벽을 넘어서'라고 했는데, 이 표현이 어떻게 만들어지고 그것을 어떻게 서울올림픽 개회식과 폐회식에서 보여준 걸까요.

여러분도 잘 알다시피 절대로 번역할 수 없는 것이 있어요. 바로 고유명사입니다. 야콥슨, 데리다뿐 아니라 여러 사람이 말했어요. 고유명사는 번역을 못 합니다. 번역을 못 하는데 번역해야 하는 거죠. 우리는 침묵할 수밖에 없는 거예요. 아인슈타인의 '$E=mc^2$'를 어떻게 다른 말로 번역할 수 있나요.

그러니까 처음부터 완전히 탈퇴할 각오가 아니고서야 번역은 안 되는 거예요. 여기 번역하시는 분들이 동의하실지 몰라도, 이후에 바벨탑 이야기를 하겠지만, 이 세상에 가장 무모

한 사람들이 번역하는 사람들이에요. 실패할 것을 뻔히 알면서 하는 사람들. 번역자translator는 배신자traitor입니다. 번역하는 자는 형벌받은 자이고 처형당한 사람입니다. 바벨탑 이야기가 처형 아닙니까?

제가 지금부터 하려는 것은 번역에서 지금까지 논의되지 않았던 새로운 이야기입니다. 벤야민도 저런 이야기를 했지, 말씀하실지 몰라도 여러분이 생각하던 번역하고는 달라요. 아주 상식적인 이야기일 수도 있어요. 제가 올림픽과 월드컵을 치르면서 직접 겪고 노력했던 이야기입니다.

다시 서울올림픽으로 돌아가서, 서울올림픽은 당시 아시아에서 두 번째 열리는 올림픽이었습니다. '서울'이라는 말은 번역 안 되지요. '코리아' 이것도 번역하면 안 되는 거예요. 물론 '고려'에서 나온 거라 '코리아'라고 번역된 것 같지만 그냥 우리말입니다. 그러니까, 한국이라는 것, 서울이라는 것, 이 절대 번역될 수 없는 것을 번역할 수 있는 길은 뭔가? 그 길이 올림픽 개폐회식이고, 올림픽을 치른 첫 번째 목적입니다. '올림픽'도 번역할 수 없습니다. 그리스, 로마에서는 올림픽이 통하지만 아시아에서는 올림픽을 모른다는 거죠.

서울올림픽, 고유명사에 가까운 겁니다. 서울과 올림픽, 이 두 개 단어가 합해져 서양인에게는 서양인이 이해할 수 있고, 동양인에게는 동양인이 이해할 수 있게 하는 순간을 제공하는 것, 서로에게 수수께끼 같은 언어를 공유할 수 있는 순간을 제공하는 것이 바로 번역이라는 거죠.

저는 국문학자이고, 대학에서는 기호학을 연구하고 가르치는 사람이죠. 한국에서 최초로 기호학연구소를 만든 사람입니다. 그런 사람이 올림픽을 그냥 치렀겠습니까? 나는 완전히 문화비평가, 국문학자로서 올림픽을 본 거예요. 정치적으로, 경제적으로 볼 수 있지만, 나는 언어의 측면에서 모든 것을 언어 활동으로 본 거죠. 번역 행위로 본 거죠. 서울올림픽이라는 것은 번역이 안 된다는 겁니다. 서울올림픽이라고 하는 것은 존재하지 않는다는 거죠.

그래서 제일 먼저 만든 것이 주제어입니다. 오픈어라고 말할 수 있죠. '벽을 넘어서'라고 했어요. 여러분들은 쉽게 생각하지만 어떻게 해서 '벽을 넘어서'라는 용어를 만들었을까요? '벽을 넘어서'라고 하면 우리나라는 분단국가니까 판문점을 떠올리는 겁니다. 철조망을 떠올려요. 그다음 베를린 장벽, 벽wall을 떠올려요. 세계 모든 사람들에겐 벽의 이미지가 있어요. 그게 '통곡의 벽'이든 판문점이든 철조망이든. 각자 말은 달라도 피지컬한 벽은 다 통한다는 거예요. 판문점이나 DMZ는 몰라도 벽이라고 하면 다 안다는 거죠.

그러니까 여러분은 번역 이전에, 무엇을 번역하기 이전에 야콥슨이 얘기하는 '언어 내 번역', 즉 리워딩, 다른 말로 바꾸어서 표현하지 않으면 번역이 안 되는 거예요. 자기 나라말을 자기가 먼저 패러프레이즈해야 하는 거예요.

외국어로 번역하는 것이 문제가 아니라 서울올림픽에서 내가 보여줘야 할 것을 위해서는 내 자국어인 한국 텍스트를 바꾸는 거였어요. 그게 번역이에요.

이게 안 되니까 심지어 뭐가 있는지 아십니까? 최남선의 〈해에게서 소년에게〉에서 '해'가 바다 해海 자거든요. 그런데 최남선 때만 하더라도 한자어를 그냥 일상어처럼 썼어요. 요즘 세대의 영어 전문가라는 사람들이 이것을 번역했는데, 해가 'sun'인 줄 안 거예요. 바다가 해로 바뀌어버렸어요. 번역 아무리 잘하는 사람도 '해에게서 소년에게' 해놓으면 누구나 해를 'sun'이라고 번역합니다.

한자어라든가 또는 개화기 때 말이라든가 심지어 고려가요라든가 향가라든가, 그것을 우리말로 뭐한다고 해요? 번역한다 그러잖아요. 그런데 왜 우리는 남의 나라 말만 번역하는 것을 번역이라고 할까요? 번역의 정신은 자기 나라말을 자기 나라말로 번역하는 것입니다. 이것을 전혀 하지 않고 있는 거죠. 일본도 중국도 하고 있는 것을요. 그러니까 외국 사람들도 프랑스어권, 스페인어권, 영어권 사람들이 자기 나라로 들어온 라틴어를 번역할 때는 반드시 실패한다는 거예요.

가령 영어의 'serpent'는 라틴어에서 온 거예요. 자기네 일

상어가 아니고 라틴어에서 온 거라고요. 색슨어의 'snake'하
고 라틴어의 'serpent'를 패러프레이즈나 리워딩하지 않으면
폴 발레리의 시를 어떻게 번역합니까?

서정주는 신화적인 뱀에 화사花蛇라고 '꽃 화' 자를 붙였어
요. 일반적인 뱀의 이미지이지만 대단히 신화적이에요. 서정
주는 이미 보들레르를 읽었던 거죠. 그러니까 우리의 뱀을 번
역한 거예요. 화사, 꽃뱀으로.

꽃뱀이 지금은 이상하게 쓰이고 있지만 서정주의 꽃뱀은
그런 꽃뱀이 아니에요. 아름답고도 징그러운 뱀입니다. '징그
러운'을 여기에다 얼마나 커다란 슬픔으로 표현했기에 그것
을 원어原語에는 "을마나 크드란 슬픔으로 으으으으"라고 할
까요. 이것 절대 번역 못 하시죠? 입을 이렇게 열어야 돼요.
우리 징그러울 때 '으으으' 해요. 성적인 말이고, 좋아한다는
말이에요. 그러니까 서정주 시를 번역할 때는 서정주 자신이
'언어 내 번역'을 이미 했다는 것을 알아야 합니다. 그래서 시
인인 거죠. 한국어를 한국어로 번역한 텍스트를 가지고 있어
야 되는데, 바로 그게 '벽을 넘어서'입니다.

지금 여러분들 '벽을 넘어서' 하니까 보통 일상어 같죠? 처
음 그 말이 나왔을 때는 대학교수로 구성된 자문단이 있었고
번역팀이 있었는데, 내가 "이번 올림픽 구호로 주제어가 '벽
을 넘어서'입니다" 했더니 벌떼처럼 일어나요. "한국이 도둑

이냐?" "여기 오는 사람이 도둑놈이냐?" "왜 벽을 넘냐?" 그 랬어요. 담을 넘는다면 이해를 하겠지만 벽을 어떻게 넘느냐, 하는 비난이었어요.

저는 레토릭을 공부한 사람이고, 한국에서 베스트셀러였던 《흙 속에 저 바람 속에》는 7개 언어로도 번역됐습니다. 그 번역본들을 보면 마땅하지가 않습니다. 번역자들이 한국어도 잘하고 자국어도 잘합니다. 하지만 번역은 실패했습니다. 첫 번째는 리워딩, 즉 자국어를 자국어로 옮기는 1차 번역에 실패한 거예요. 그 1차 번역에 성공한 사람이 바로 저입니다. 만약 '장벽을 넘어서'라고 했다면 그건 그냥 일상어일 뿐입니다. 임팩트가 하나도 없는 슬로건이 됐을 겁니다. 그러니까 광고 카피도 그렇고 슬로건을 만들 때는 반드시 먼저 자기 나라말을 자기 나라말로 번역해야 하는 거예요.

세계 사람들에게 또는 자기 영역과 다른 과학을 공부하는 사람들에게, 한국말은 거의 속수무책이라는 거예요. 절대 좋은 말이 아니라는 거예요. 한국말 텍스트를 번역할 수 있는 세계의 언어에 그야말로 벽 넘기를 못하면 '벽을 넘어서'라는 말이 그냥 언어 장벽language barrier이라는 거죠. 전 세계 사람들이 한국에 왔을 때 자기네 나라말로 안 들리는 이 장벽들을 넘으라는 거죠. 장벽이라는 말에는 메타포가 없어요. 그냥 일상 용어일 뿐입니다.

올림픽이 동네잔치가 아니라 세계 잔치가 되려면 한국말도 바꾸어야 합니다. '장벽'은 물질성을 상실한 개념적인 단어입니다. 임팩트가 사라지는 거예요. 장벽에서 '장' 자 하나만 떼내면 벽이 살아나요. 벽돌이며, 금이며, 때가 보이기 시작합니다. 진짜 베를린 장벽이 보이는 거예요. '통곡의 벽'이 보여야 벽을 넘을 수 있어요. 서울올림픽은 우리 잔치가 아니에요. 익명의 벽이 가장 강화되고 빈부의 벽이 가장 강화된 우리가 너무나 많은 벽을 올림픽을 통해서 넘은 거예요.

그런데 이 동과 서의 벽이 엄청났습니다. 서울올림픽이 아시아에서는 두 번째로 열린 올림픽이었습니다. 그때 '벽'이라는 말은 물리적인 벽, DMZ이며 마음의 벽이기도 했습니다. 세계 모든 사람이 가지고 있는, 지금도 남아 있는 인종의 벽이기도 하죠. 한국에는 지금 다문화 가정이 있잖아요. 그 벽을 못 넘으면 올림픽은 없다, 이런 뜻이었죠.

서울올림픽 개막식에 언어도 다른 사람들이 함께 모여서 박수 치고 엄지를 치켜세우는 걸 보셨을 겁니다. 왜? 12개국어로 거의 커버됩니다. FM수신기로 영어는 물론이고 프랑스어, 러시아어, 중국어를 들을 수 있었어요. 자기 나라말로 개막식을 봤어요. '벽을 넘어서'라는 말도 전부 자기 나라말로 들으니까 실제 체험을 자기 나라말로 한 거죠.

처음에 다 반대하던 대학교수들을 설득해서, 저는 '벽을 넘어서'를 관철했어요. 너무 익숙해서도 안 되고, 가장 쉬운 말이면서도 낯섦이 있어야 합니다. 이때 벽은 아주 피지컬해야 메타포를 가질 수 있습니다.

일본 사람은 일본 말로 번역합니다. 명치 초기에는 전부 번안을 했어요. 《레미제라블》을 살펴볼까요. 얼마든지 일본어로 번역될 수 있죠. '불쌍하다' 이런 걸로 번역한 거예요. 그런데 다시 '레미제라블'로 바꾸었어요. 왜 그랬을까요?

《성경》에 나오는 단어들 '아멘amen' '할렐루야alleluia' '호산나hosanna' '달리다 쿰talitha koum' 다 번역할 수 있는데, 왜 번역을 안 하고 그냥 쓸까요? 번역 안 하기 때문에 《성경》이 되는 거예요. 아담과 이브부터 시작해 전부 이스라엘 지명 그대로 나옵니다. 낯설기 때문에 기독교가 되고 내 종교와는 다른 것으로 메시지가 오는 거예요. 이것을 저는 메타 언어라 그래요. 언어를 설명해주는 메타 언어. 음악 하기 전에 장조를 먼저 이해해야 하듯이, 우리말로 번역해야 하는 말인지 먼저 판단해야 합니다. 그 메타 텍스트를 정해야 합니다.

한국어로 더빙된 외화를 예로 들어볼까요. 엘리자베스 테일러가 "가세요" 하는 걸 따라서 똑같이 "가세요" 하더라도 성우들이 하면 다릅니다. 눈감고 들어도 저거는 외화야, 하고 알아요. 번역은 그런 것입니다. 완전히 우리나라 말처럼 들리면 번역에 실패한 겁니다.

'벽을 넘어서'는 순수 우리나라 말이라도 처음 들으면 낯설어서 귀를 기울여요. 즉 낯선 말이기 때문에 동네잔치가 안 되고 올림픽 잔치가 될 수 있어요. '벽을 넘어서'라는 게 새롭게 들렸을 뿐만 아니라 우리 판문점 벽은 물론 베를린 장벽을 넘는다는 의미를 가질 수 있어요.

한국 사람들에게 베를린의 벽은 베를린 '장벽'입니다. 리워딩을 해서 '벽'이라고 하면 우리는 철조망을 생각할 것이고, 저쪽에서는 베를린 벽돌을 떠올리겠죠. 그래야 '넘어서'라는 말이 나올 수 있습니다.

사람들이 이념의 벽도 넘고, 남녀의 벽도 넘고, 빈부의 벽도 넘습니다. 무수한 벽이 있으니까, 무슨 벽이라 안 쓰고 주어도 없고, 넘어서자는 말만 써요. '벽을 넘어서'라는 말만 해요. 한국 워딩으로 해도 아무런 말을 하고 있는 게 아니에요.

그래서 '벽을 넘어서'가 성공한 겁니다. 한국 명문 선집에서 가장 명문이라고 하는 게 '벽을 넘어서'입니다. 지금까지도 '벽을 넘어서'는 해석하지 않고 있어요. 내가 만약 의미 있는 뚜렷한 환경을 줬으면 지금 '벽을 넘어서'는 아무 감동도 주지 않았을 거예요.

그런데 문제는 영어를 번역했을 때예요. 죽어라고 설득해서 '장벽'의 '장' 자를 빼서 피지컬한 벽을 썼는데, 위원회에 계시는 분들이 절대 권한을 가지고선 반대를 하는 거예요. 한국 사람이 아무리 번역 잘해도 네이티브 스피커 앞에 가면 키가 완전히 줄어들어요. 한국 사람이면 한국 시 잘 압니까? 한국말 잘합니까? 네이티브 스피커라서 영어를 정말 잘해요? 일상어는 잘할지도 몰라요. 그러나 네이티브 스피커라도 과학 용어는 모르는 거죠. 그러니 절대 꿀릴 필요가 없어요.

'넘어서'는 어떻게 번역할까요. 'beyond'도 있고, 'cross'도 있어요. 제가 테니슨의 그 유명한 〈Crossing the Bar〉를 해석한 사람이니까 그 생각이 나는 거예요. 나는 그거를 아는 거예요. 저쪽에는 어둠이 있고, 여기에는 생이 있고, 이 경계의 이미지를 넘는단 말이죠. 약간 슬픔도 있고, 벽이라는 것은 나를 보호해주면서 동시에 도망가고 싶은 거예요. 나를 지켜주는 벽, 내벽, 그러나 뛰어넘어야 할 외벽, 벽의 중간이 어딨어요? 내벽하고 외벽 사이는 어딨어요?

이 벽을 꼭 보여주고 싶었어요. 그래서 전광판에는 한국말로는 '벽을 넘어서'이고, 영어로는 '장벽을 넘어서'란 말이 나간 거예요. 번역이라는 것은 벽이 있을 때라야 가능합니다.

고싸움놀이는 양쪽에서 돌진해 부딪치는 아주 과격한 이미지입니다. 쾅, 부딪혀요. 충돌해요. 하늘로 올라갑니다. 양쪽이 충돌해서 하늘로 올라가요. 딱딱한 철판을 가지고 부딪히면 다 죽어요. 한국 사람의 충돌은, 충돌은 하는데 충돌해도 부드러워서, 지푸라기라 하늘로 올라가요. 그것도 '벽을 넘어서'라고 할 수 있어요.

한국의 아이들에겐 전쟁고아로 상징되던, 깡통 들고 막 울던 이미지가 있었습니다. 그랬던 어린아이가 굴렁쇠를 쫙 굴립니다. 폭격을 맞아 폐허가 되어버린 공간에서, 바덴바덴에서 "서울"할 때 태어난 아이가 굴렁쇠를 굴리면 그 공간은 미학적인 공간이 됩니다.

서양에서는 빈 공간을 색으로 채우지만 우리나라 그림에는 텅 비워둔 공간이 있어요. 그린 것과 그리지 않은 것 사이에서 그림이 태어나죠. 거기에 시도 쓰고 도장도 찍고 그러잖아요. 그 공백을 보여주자는 것이죠. 그림자도 지워진 그 대낮의 이미지를 주자. 텅 빈 공간을 주자. 폐허의 폭탄 맞은 공간이 아니고 몇천 년간 우리가 그려온 한국화, 그려져 있지 않은 공백과 그린 것과의 사이에서 빚어지는 미학을 보여주자.

그리고 역대 올림픽 개막식에서 여섯 살짜리 어린아이가 출현한 적이 없습니다. 대개가 젊은이들이고 여자들였지요. 여섯 살짜리가 나온다니까 전부 반대했어요. "유치원이냐?" 제가 설득했습니다. 이 아이는 시간이다. 6년의 시간을 이 아이를 통해 보여주자. 바덴바덴에서 올림픽 개최지가 서울로 결정될 때 태어난 아이가 개막식에 등장하면 그것 자체가 스토리텔링이다. 떠들썩했던 운동장이 한순간 멈추고 아무것도 없는 공백을 전 세계 사람들이 보았을 때 비로소 올림픽의 의미를 보여줄 수 있다. 그것이 곧 서울올림픽의 번역이다.

월드컵 치를 때는 BBB로 말의 번역을 시도했습니다. 스마트폰에 17개국 3천 명의 번역가가 모이는 겁니다. 전화를 걸면 영어, 프랑스어는 물론이고 수화도 나옵니다. BBB는 약자이기도 하고 의성어이기도 해요. 삑삑삑, 화면을 터치하거나 버튼을 누르는 소리가 연상되죠. 그것도 제가 만든 겁니다.

언어학자들이 하는 말인데, 비포 바벨이라는 하나의 큰 항아리가 있었다고 합니다. 애프터 바벨은 바벨이 무너지면서 이 항아리가 산산조각이 난 것이라고 합니다. 몇천 개의 조각으로, 몇천 개의 언어로 깨진 것입니다. 비포 바벨의 인간은 민족이나 지역에 관계없이 통일된 언어를 가지고 있었는데, 오늘 우리는 그 항아리의 부서진 조각을 자기 언어로 가지고 있어서 조각 하나가 아무리 커도 항아리가 안 된다는 거예요.

세계 언어를 영어로 다 번역을 해놓아서 구글만 봐도 프랑스어가 몇 퍼센트밖에 번역이 안 되어 있어요. 영어로 된 정보가 아무리 세계를 덮어도 그 조각이 아무리 커봤자 항아리가 안 됩니다. 하나의 언어가 모든 언어를 대변하는 힘을 가질 수가 없다는 거죠.

그러니까 비포 바벨은 통역하는 사람이 없었을 것이고, 번역이라는 말도 없었을 것인데, 애프터 바벨이 돼서 비로소 번역에 의존하지 않고는 쪼가리를 모을 수 없게 된 겁니다. 무수한 언어들이 자기가 가지고 있지 않은 언어를 번역을 통해서 얻고, 언어가 안 되는 것은 잃어버리는 거예요. 그러니까 번역이라는 것은 끝없이 로스트 게임, 개인의 게임입니다.

제가 만약 〈Crossing the Bar〉를 안 읽었더라면, 영어나 프랑스어를 모르는 사람이었으면 '벽을 넘어서'라는 내 언어도 나올 수가 없었습니다. 남의 언어가 자기 언어에 영향을 미치고, 자기 언어는 다시 남의 언어에 영향을 미칩니다. 그렇게 끝없이 진동하며 갱신하는 겁니다. 그래서 번역은 완성될 수가 없고, 완성돼도 그건 죽음이라는 거예요. 결국 번역가가 남기는 것은 "나 이거 번역 못 한 거예요"예요. 그 침묵 속에 깨진 조각들이 모입니다.

성급하게 결론부터 이야기해버리는 것 같지만 제가 말하려고 하는 번역 행위란 단순한 전달에 대한 것이 아니라는 것, 그래서 번역 행위란 언제나 번역 안 되는 것에 대한 욕망이라는 것, 그것에서 발견되는 의미와 가치라는 겁니다.

그러니까 아인슈타인의 유명한 공식 '$E=mc^2$'를 상대성이론이라고 번역하는 것은 번역과 무관하다는 것입니다. 그것이 바로 번역은 침묵을 만들고 기다리는 것이라는 벤야민의 말에 동의하는 바입니다.

우리가 쓰는 언어는 완전하지 않아요. 그래서 《성경》에서는 어떻게서든 언어를 넘어서려고 해요. 문자에서, 언어에서 벗어나는 것이 가장 이상적입니다. 말이라는 것 자체가 형벌입니다. 말 때문에 싸움도 나고 편견도 생기죠. 그러니까 벤야민의 말에 동의할 수밖에요.

그리고 바벨의 형벌로서 언어를 받아들이고 그 조각들을 모아 바벨의 깨어지기 이전 완벽한 언어의 항아리를 복원하려는 시도는, 당치도 않고 미친 짓입니다. 횔덜린의 예를 봐도 그렇습니다. 그는 마지막에 희랍극을 번역했죠. 그러나 그것은 방황이었고, 가당치도 않은 도전이었던 것이죠.

그리스 말과 독일 말 사이에서, 고대와 근대 사이에서, 또한 그리스와 서양 사이에서, 시와 철학 사이에서, 생과 죽음 사이에서, 그 틈에서 마지막 숨을 거둘 때까지 방황했던 횔덜린의 번역 행위에서 우리는 순수의 언어로 접근하려는 특권, 번역자의 꿈을 발견할 수 있습니다. 따라서 번역가가 하는 일은 십자가를 짊어지는 일입니다. 번역이 불가능하다는 것을 증명해줌으로써, 이것은 절대로 번역이 안 된다는 것을 증명함으로써 개개인의 언어가 남의 언어와 섞이고 그것을 통해 보완하고 그것을 위해서 손해를 보는 것입니다.

번역자는 순교자이고, 순직자이고, 항상 실패합니다. 실패하는 그 지점에서 우리는 끝없이 비포 바벨을 그리워합니다. 비포 바벨이 있기 때문에 언어는 폭력이 아닐 수 있고, 이념을 만들지 않을 수 있고, 인간을 괴롭히는 불행의 씨가 되지 않을 수 있는 것입니다. 차라리 번역을 안 했더라면, 남의 나라 말을 몰랐더라면 충돌과 갈등이 없었을 거예요. 서툰 번역이 편견을 낳으니까요. 김치를 김치 아닌 어떤 걸로 번역해서 외국에 알려줄 수 있을까요? 러시아의 농노를 농노가 아닌 다른 말로 번역할 수 있을까요?

순수한 언어, 몸짓의 언어, 침묵의 언어를 느끼는 순간 패배하는 것입니다. 패배하기 위해서 싸우고 패배가 승리가 되는 모순입니다. 제가 여태 한 말은 다 잊으셔도 됩니다. 한 가지만 기억하시면 됩니다. 패배할 때 승리한다는 모순. 번역자는 위대한 패배자입니다. 여러분을 칭찬하는 말이며, 여러분에게 용기를 주는 말이라고 생각합니다.

'민족民族'이라는 말이 얼마나 반민족적인가 살펴보겠습니다. 100년 전에는 없었던, 어떤 문화에도 안 나오는 말이에요. 서양의 'nation'을 번역한 겁니다. '民'은 꼬챙이에 눈을 찔린 형상으로, 노예라는 뜻입니다. 그 글자가 민주주의에도 들어 있어요. 북한Democratic People's Republic of Korea의 'Democratic People'이 나쁜 말은 아니에요.

그런데 링컨의 "for the people, by the people, of the people"을 다르게 번역하면서 편이 갈립니다. 'people'을 '국민'으로 번역하는 사람은 우파가 되고, '인민'이라고 번역하는 사람은 좌파가 됩니다. 이렇게 분단되어 목숨 걸고 싸울

일일까요? 아닙니다, 번역을 잘못한 거예요.

　시니피앙signifiant 속에 시니피에signifié가 들락날락하니까 시니피앙과 시니피에는 영원히 겉돌아요. '민족'이라는 말은 일본인이 번역해놓은 말을 중국인이 쓰고 우리가 쓰게 된 것입니다. 그런데 세 나라 공히 이 언어를 달리 씁니다. 일본인에게 민족은 황국 신민과 반대되는 의미로, 우리는 일본과 맞서 싸우던 항거의 의미로, 중국에서는 통합의 의미로 씁니다.

　새로 만들어진 또 다른 단어를 살펴볼까요. 〈Dead Poets Society〉를 우리는 〈죽은 시인의 사회〉로 번역합니다. '동아리'를 '사회'로 번역해놓은 겁니다. 내 몸 다음에 집, 집 다음에 사회가 있어야 하는데, 우리는 집 다음에 바로 국가로 갑니다(수신제가치국평천하修身齊家治國平天下). 사회가 없었습니다. '회사會社'라는 말이 있었지만 'society'의 번역어로는 적합하지 않다고 생각해서인지 일본 사람들이 '회사'의 단어 순서를 바꿔 '사회社會'로 번역했습니다. 하지만 '사회'라는 개념조차 가지지 않았던 사람들이 어떻게 제대로 이 말을 받아들일 수 있었겠어요. 그러니까 이상한 사회주의, 이상한 민족주의가 탄생한 겁니다. 이런 것들이 번역의 문제입니다.

　영어의 개념어 대부분이 라틴이나 희랍에서 나온 것처럼 우리말의 개념어들도 한자에서 나왔습니다. 이 한자를 다시 토착어로 생각해야 합니다. 한자에 주어가 없죠. 주어가 없으면 안 되는 줄 아는데, 그리스·라틴어에도 주어가 없습니다. 주어 없는 게 정상이에요. 영어에도 원래는 주어가 없었어요. 주어가 있는 게 이상한 거예요.

　언어의 장난이 아니라 언어의 플렉시블한 놀이가 우리에게 혼란을 준 것입니다. 그 혼란이 쪼가리를 만들고 그것을 하나의 인류가 통할 수 있는 말로 만들고자 하는 것에 실패할수록, 번역을 통해서 패배할수록 애프터 바벨 시대를 살아가는 우리는 비포 바벨을 더욱더 그리워하는 것입니다.

　끝없이 패배한다, 그래서 비포 바벨을 그립게 하라. 그것이 번역의 최종 목표입니다. 번역은 침묵이다. 이것이 저의 결론입니다. 이 엉터리 번역론을 여러분들의 토론을 위해서 안줏감으로 만든 것이니까, 토론하실 때 마음껏 제 말을 인용하길 바라면서 끝내겠습니다.

거시기 머시기